童心文學의 研究

趙 明 烈

集玉齋

童心文學의 硏究

발행일　2011년 7월 30일
지은이　조 명 렬
펴낸이　김 미 영

펴낸곳　집옥재
등록번호　104-06-30074
100-846 서울특별시 중구 을지로 3가 320-12번지 신화빌딩 201호
전화 02-2279-3372, 팩스 02-2279-3340

값 15,000원
ISBN 978-89-964478-4-9

童心文學의 研究

趙明烈
略歷 및 硏究業績

1946년 7월 11일 전북 정읍군 감곡면 계룡리 552에서 부친 조동윤과 모친 유판남의 4남 5녀 중 다섯 번째 딸로 태어났다.

■ 學歷

- 원광대학교 불교교육과 졸업(문학사)(1966. 3.~1970. 2.)
- 숙명여자대학교 국어국문학과 학사편입.(1970. 3.~1971. 2.)
- 이화여자대학교 대학원 국어국문학과 수료(문학석사)(1971. 3.~1973. 2.)
- 일본 경도 불교대학 대학원 박사과정 문학연구과 수료(1980. 4.~1983. 3.)
- 일본 문부성장학금 수령(1981. 4.~1983. 3.)
- 위 대학에서 문학박사학위 취득(1989. 2. 22.)

■ 經歷

- 원광대학교 국어국문과 조교 및 마한백제문화연구소 간사(1975~1979)
- 원광대학교 사범대학 국어교육학과 전임강사(1976~1979)
- 숙명여자대학교 아동복지학과 강사(1978. 9.~1979. 8.)
- 인천대학 강사(1984. 9.~1986. 8.)
- 동덕 여자대학 강사(1985. 9.~1988. 2.)
- 동국대학교 강사(1986. 3.~1996. 2.)
- 중앙승가대학 강사(1987. 9.~1990.)
- 중앙승가대학 전임강사(1990. 7. 10.~1992. 9. 30.)
- 중앙승가대학 조교수(1992. 10. 1.~1997. 9. 30.)
- 중앙승가대학교 부교수(1997. 10. 1.~2004. 6. 30.)

• 중앙승가대학교 교수(20004. 7. 1.～현재)

• 日本 岐阜聖德學園大學 객원교수(2005)로, 집중강의-강좌 명 : "異文化論Ⅱ"

■ 受 賞

• 제5회 불교아동문학상(1987. 5.)

• 제2회 행원문화상(1993. 10.)

• 동화추천 『현대아동문학』(1978) – "꽃구름"

■ 著書 및 論文

저서 『불교동화의 세계』, 1984, 동국대 불전간행위원회.

공저 『아홉 선생의 이야기』, 동화집, 1978.

『한국 불교 문학사 입문』, 불교문학사 연구회, 1991.

『부처님 전생이야기』 1, 불교아동 문학회, 2009.

『부처님 전생이야기』 2, 불교아동 문학회, 2010.

역서 雲井照善 著, 『불교사상의 발자취』, 동국대 불전간행위원회, 1987.

논문
• 「한국아동문학의 특성」, 이화여자 대학교, 1973.
• 「한국아동문학」, 이대학보, 1974.
• 「동심문학시론」, 원대신문, 1978.
• 「익산지역의 백제설화」, 『마한백제문화』 3집, 원광대학교 마백연구소, 1979.
• 「불심의 표현과 동심문학」, 『한국불교』 5집, 동국대 불교문화연구원, 1980.
• 「韓國文學に 現れた佛教思想」, 『友の輪』, 일본 불교대학, 1982.
• 「불교설화연구Ⅰ」, 『불교설화연구』Ⅰ, 불교 아동문학회, 1984.

• 「불교설화연구 Ⅱ」, 『불교설화연구』Ⅱ, 1985.
• 「불전의 문학적 특성」, 한국불교문화협회, 1986.
• 「高麗文學における 均如の位置考」, 『정토세계』, 불교대학동창회한국지부, 1986.
• 「佛陀における아동교육관 연구」, 987.
• 「한국 고시가의 불교 문학적 연구」, 일본경도불교대학 박사학위청구논문, 1989.
• 「동심의 추구 또는 귀향의식」, 불교문학사연구회, 동화출판공사, 1991,
• 「효행설화고」, 『중앙승가대논문』 1집, 1992.
• 「설화문학으로써의 자타카」, 『이지관스님논문집』 논문간행위원회, 1992.
• 「宮澤賢治의 동화고 Ⅰ」, 『중앙승가대논문』 3집, 1994.
• 「백제무왕 서동설화의 신화적 성격」, 『마한백제문화와 미륵사상』, 마백연구소, 1994.
• 「宮澤賢治의 동화고 Ⅱ」, 『중앙승가대논문』 4집, 1995.
• 「宮澤賢治의 동화에서 "꿈"의 설정고」, 『중앙승가대논문』 5집, 1996.
• 「朝鮮時代の佛教歌辭に現われた淨土信仰」, 『일본인도학불교학연구』 46권 2호, 1998.
• 「미륵사상과 원불교」, 『불교어문논집』 3집, 불교문학사연구회, 1998.
• 「영원한 동심의 추구」, 『중앙승가대논문』 7집, 1998.
• 「童子像으로 표현된 불교신앙」, 『중앙승가대논문』 8집, 1999.
• 「한국 불교설화에 나타난 동자상」, 『일본인도학불교학연구』 48권 2호, 일본 논설 자료 보존회 논문으로 수록됨(정리번호 ; c42-04071-21504-6-1179),

2000

- 「宮澤賢治작품에 나타난 유토피아에 대한 일고」,『중앙승가대논문』 9집, 2001.
- 「宮澤賢治の作品に現われた 法華思想」,『일본인도학불교학연구』 51권 2호, 2002.
- 「설화를 통해본 익산문화의 성격」,『益山의 先史와 고대문화』, 마백연구소, 2003.
- 「宮澤賢治의 동화사상」,『중앙승가대논문』 10집, 2002~2003.
- 「塵點劫의 교훈적 표현- 宮澤賢治의 동화-」,『일본학』 제24집, 2005
- 「불교교의의 대중적 접근」,『중앙승가대논문』 12집, 2007.

책머리에

동심의 경지를 불심佛心이라고 생각하면서 나의 화두는 동심 곧 불심이었다. 그리하여 연구과제와 창의력의 문제는 불심에서 동심을 찾고 동심에서 불심을 찾는데 관심이 많았다. 동심추구는 일반적으로 아동문학을 통해서 표현한다고 생각한다. 그러나 본인은 동심의 근원을 아동성에 한정하지 않고 불심에서 찾는 관심과 노력을 기울여왔다.

미야자와겐지宮澤賢治는 불심, 동심의 관계를 작품을 통해서 잘 표현하고 있다는데 본인의 관심을 끌었다고 생각한다. 그는 동화 작가이기 전에 법화경 신앙인이었고, 농촌지도자였다. 그는 "이와떼" 지역을 "이와또보"란 유토피아 건설을 꿈꾸고 농촌 지도자 자격으로 순회 강의로 계몽하는 헌신적인 노력을 하면서 창작을 병행했다.

그에 대한 관심은 법화문학의 창달에 원력을 세우고 많은 동화를 창작한 것이다. 법화경에 심취한 법화신앙인이 법화경사상을 소재하여 작품을 창작하는 분명한 목적성이 미야자와겐지의 작가정신 이었다고 생각된다. 그런 작가정신이 그의 작품에 활력을 주었다고 생각되기 때문에 그의 작품은 많은 독자에게 관심을 모우고 있는 것이다.

그의 작품은 다양해서 간단히 정리하기가 쉽지 않다. 초등학교 저학년부터 어른까지 독자층이 다양하다. 법화정신의 다양성을 잘 나타내고 있다.

미야자와겐지는 법화행자, 진점겁塵點劫의 여행자로 불리기도 한다. 37세의 짧은 일생이었지만 많은 유고를 남겼다. 그는 생전에 시집 "봄과 아수라阿修羅"와 동화집 "주문이 많은 요리점"을 자비 출판했다.

1996년은 겐지 사후 100주년이었다. 그에 대한 연구, 학회발족 등 그에 대한 연구가 활발했다. 세계에 전해진 그의 시, 동화는 220편(1983년 통계)에 이르고, 번역어는 영어를 비롯해서 독어, 불어, 중국어, 헝가리어, 스웨덴어, 힌디어, 에스페란토 등 각국에 전해졌다.

겐지 동화의 특성은 대승불교 문학의 창달 즉 법화문학의 창달이라는 목적이 핵심을 이루고 있음이라고 본인은 정리한다. 그의 법화경에 대한 신실한 믿음이, 절대 긍정적인 입장에서 법화사상을 표출해 내려는 성실한 신앙과 원력이, 그의 창작정신에 힘차게 불꽃을 지핀 결과라고 생각한다. 응시하는 사고를 독자에게 안겨주고 세련된 단어사용과 적절한 의성어 의태어의 생동감이 작품의 격을 고조시키기도 한다.

그래서 본인은 겐지 작품 연구에 몰두한 바 있고 계속해서 관심을 갖고 싶다. 그러기위해서 법화경사상을 더욱 심화시키고 그의 작품에 지속적인 관심을 갖고 싶다.

끝으로 아동문학을 통한 학문연구에 매진할 수 있도록 방향을 제시해 주시고 격려를 아끼지 않았던 상산 박장식常山 朴將植선생님과 용타원 서대인선龍陀圓 徐大仁선생님, 상타원 선종철相陀圓 田宗哲 선생님의 영전靈前에 소책자를 올립니다.

2011년 7월 30일

趙明烈

童心文學의 研究

사원 순례를 하다보면 가끔씩 동자상을 만나게 된다. 그럴 때마다 문득문득 '동심의 표현'에 대해서 잠시 생각해 보게 된다.

사원에서 만나는 동자상이 우리의 불교신앙과 어떤 의미의 상징일까? 또는 교학적인 차원에서 동자상은 어떤 위상을 지니고 있을까? 아니면 단순히 장엄의 한 영역인 것일까?

童心

불교미술에 있어 동자상의 위치

『전국사찰 소장 동자상 조사보고서』, 문화재관리국, 1991. 12.

불교미술에 있어 동자상의 위치

1. 동자童子의 의미

어린이의 티 없이 맑고 투명한 모습은 보는 이들에게 신선한 생동감을 느끼게 한다. 그것은 어린이의 모습 그 자체가 바로 동심의 표현이기 때문일 것이다.

사원 순례를 하다보면 가끔씩 동자상을 만나게 된다. 그럴 때마다 문득문득 '동심의 표현'에 대해서 잠시 생각해 보게 된다.

사원에서 만나는 동자상이 우리의 불교신앙과 어떤 의미의 상징일까? 또는 교학적인 차원에서 동자상은 어떤 위상을 지니고 있을까? 아니면 단순히 장엄의 한 영역인 것일까?

수없이 많은 생각들이 줄을 잇지만 단아한 모습의 동자상을 바라보고 있으면 어느 듯 마음은 순진무구해짐을 느끼게 된다. 그러면서 동시에 생각되는 것은 동자상에 대한 불교적 일고一考가 필요한 부분이라는 것이다.

아직까지는 정리된 문헌이나 논문이 발표되어 있지는 않으나, 동심추구에 오래전부터 관심을 가져왔기 때문에 그동안의 생각들을 일차적으로 서술해 보고자 한다.

우선 동자에 대한 개념규정을 불교에서는 어떻게 하고 있는지 그 의미부터 살펴보면 다음과 같다.

동자란 범어梵語로 Kumāra(파리어도 Kumāra로 동일)이고, 서역어로는 bu, gson-nu라고 하고 범명梵名으로는 Kumāraka라고 표현하고 있으나 한역으로는 구마나가鳩摩羅伽 혹은 구마나鳩摩羅로 음사한다. 그 뜻은 동아童兒, 동진童眞, 동남童男이라하며 의미는 출가전의 유동幼童이라고 한다. 출가전의 유동이란 뜻은 상당히 폭이 넓다는 것을 느끼게 된다. 출가전이라고 하는 말의 내용과 유동이라고 하는 단어에서 우리는 동자의 개념을 막연히 짐작할 수가 있다고 본다.

현대의 학문에서처럼 유아기, 아동기, 소년기 등등으로 구체적인 분류를 찾아 볼 수는 없으나 그저 막연히 느껴지는 것은 유아기에서 소년기를 거친 청년기까지를 동자의 개념으로 파악했었음이 아니었을까 하는 생각을 갖게 된다. 그러나 불교에서 표현되는 유동이란 의미는 현대의 아동학에서 분류하고 있는 유아기를 뜻하고 있지는 않는 것 같다. 왜냐하면 유동에 대한 개념을 아동발달의 분류상에서 볼 때 4살이나 8살 이상으로 보고 있기 때문이다.

『대지도론大智度論』에서는 동자는 4세 이상 20세 미만까지를 동자라고 표현하고 있으며, 당시대의 『현응보의玄應普義』에서는 8세 이상이라고 하는 내용이 명시되어 있고, 당의 의정義淨이 인도에 다녀와서 인도에서 보고들은 이야기와 불법의 유통에 대하여 저술했던『남해기귀내법전南海寄歸內法傳』에 의하면 세속의 사람들이 스님이 계신 곳에 가서 불경을 열심히 읽고, 머리를 깎고 스님이 되기를 희망하는 사람을 동자라고 부르는데 이때의 나이는 4세, 혹은 8세 이상에서 20세 미만의 사람을 칭하여 동자라고 했다고 한다.

결국 동자의 의미를 정리하여 보면 스님이 되기를 염원하는 4세 혹은 8세 이상에서 20세 미만의 연령의 총칭이라고 할 수 있다.

불교에서 말하는 동자의 의미는 이상에서 살펴본 바와 같이 불교적인 독특한 의미를 지니고 있다고 할 수 있는데 그것은 곧 동자라고 하는 개념규정의 기준을 신체적인 성장발달에 중점을 두었다기보다는 구도의 원력에 두었다는데 주목을 할 필요가 있다고 생각된다. 스님이 계시는 곳에 나아가서 송경誦經을 전력으로 하고, 끝내는 삭발하고 스님의 옷으로 갈아입기를 간절히 염원하는 4세 이상 20세 미만을 총칭하여 동자라고 했으나 거기에는 반드시 불법에로의 귀의를 염원하고 있다는 소망이 곁들어 있다는 것이다. 그 말은 곧 구도에의 희망을 간직하고 있으나 아직은 스님은 되지 않은 상태를 표현한다고 할 수 있다. 그러므로 년령적인 조건만이 아니라 구도의 조건이 구비되어야 한다는 표현이 가능한 것이며 그것은 또 신체적 조건과 정신적(=구도에의 서원) 조건이 구비된 사람을 동자라고 했었다는 서술이 가능하다.

또 한 가지의 가능한 표현은 경전을 읽고 있노라면 불교에서는 보살이라고 하는 표현을 때로는 동자로써 하고 있음을 본다. 곧 문수보살文殊菩薩을 때로는 문수동자라고 하기도 하고, 월광보살月光菩薩을 월광동자 등으로 보살을 동자로 표현하고 있음에 주목을 할 필요가 있을 것 같다. 그러면서 보살과 동자에 대하여 생각을 멈추어 보아야 할 필요를 느낀다.

또 다른 동자의 표현은 불보살과 제천諸天을 모시고 여러 가지의 역할을 하고 있는 이들도 동자라고 부르는 것을 볼 수 있다. 그것은 흔히 듣는 이야기는 아니지만 문수보살을 모시는 동자를 8대동자 혹은 36동자라고 이름해서 동자 각각의 이름들이 정해져 있으며, 건달바신왕乾闥婆神王의 권속들을 일컬어 귀동자鬼童子라고 하며 15명의 귀동자를 두고 있다.

이상과 같이 동자의 의미는 세 가지로 표현하고 있는데 그중 관심을 끄는 것은 불보살을 동자라고도 표현하고 있는 부분이라고 생각을 해 본다. 즉 문수보살을 문수동자라고 표현이 가능한 의미의 파악이 중요한 것이란 생각이다. 보살=동자의 등식을 이해할 수 있는 시각이 심히 중요한 내용이 아닐까 생각한다.

2. 경전에 나타나는 동자상

이미 알고 있는 바와 같이 불교 경전 속에는 동자상이 가끔씩 나타나고 있다. 그것은 동자의 모습과 마음을 통하여 불과를 증득해 가는 구도의 모습을 비유한 표현으로써 이해가 가능할 수도 있다.

우선 부처님의 전생이야기를 엮은 본생경本生經 중에도 여러 명의 동자가 나타나고 있음을 볼 수 있다. 본생경 혹은 본생담本生譚은 원래 부처님이 되기까지의 여러 생을 덕을 쌓고 인욕고행을 해왔던 윤회전생輪回傳生의 모습을 가지각색으로 표현하고 있다. 온갖 종류의 몸을 받아서 인욕 수행한 석가모니불의 전생들을 다양한 모습으로 다루고 있다. 지금까지 필자는 이 본생경을 설화문학과 우화문학寓話文學의 보고라고 믿고 있었으나 동심문학의 한 근원이 되고 있음을 다시 느끼게 되었다.

본생경은 그 양에 비하면 동자의 모습은 오히려 적게 나타나고 있다고 할 수 있는데 그 동자 표출의 대부분의 내용이 거의 비슷한 패턴을 이루고 있다.

보살의 화현으로 태어난 동자가 두드러진 공덕을 쌓는다는 이야기지만 뒷부분의 해설에서는 "그때의 ○○동자는 나(석가모니)였느니라"고 하는 부언이 따른다. 그것을 본생경의 구성요소로써 생각하고는 있으나 또 다른 입장에서 그 의미를 파악해 본다면 불교의 근본교의에 귀의(歸依)한다고 하는 것과 관련해서 생각할 수도 있으며 여기서 귀의의 의미는 본연의 마음, 물욕으로부터의 해탈을 넘어서 본래심本來心을 얻는다는 경지까지라고 생각해 본다면 동자의 모습을 통해서 불심을 터득할 수 있는 상징적 비유 표현의 가능성을 찾을 수 있지 않을까하는 생각이 든다.

보살이 부호의 아들로 환생했다는 즉 보살 → 동자로 환생한 동자의 모습은 니구율동자尼拘律童子의 전생, 소보리동자전생小菩提童子前生, 구경球莖의 전생이야기에 나오는 지현동자, 대호법大護法의 전생이야기에서의 호법동자護法童子, 무언동자無言童子, 월광동자月光童子, 금광왕동자金光王童子, 금요동자金耀童子 등등의 동자들인데 이들은 모두 보살의 화신으로 모습을 나타내고 있다.

특히 본생경에서 보살은 셀 수 없을 만큼의 수많은 종류의 몸으로 화현하는 것을 볼 수 있는데 그 의미는 수없는 윤회전생의 세월동안 인고의 수행을 쌓은 공덕을 비유하기 위함을 보여주고 있는 것이다.

결국은 동자상의 화현도 그 비유의 일부라고 믿을 수는 있으나 동자상을 통해서 귀의라고 하는 단어의 의미는 더욱더 빠르게 파악되고 쉽게 공감을 줄 수 있다는 것이다.

불교의 가르침은 불과佛果의 증득이라고 하지만 불과란 곧 자내증自內證의 원리를 체득함에 있고, 자내증의 원리를 체득한다는 것은 자아를 발현함에 있다고 본다. 자아란 인간 모두가 평등하게 지니고 있는 본래심을 의미하며 이 본래심은 원만평등한 불심과 같다고 한다. 누구나 본래심을 회복하면 부처를 이룰 수 있다는 것이며 본래심의 회복은 곧 마음의 본 고향에 돌아옴을 뜻한다.

어린이의 모습을 통해서 어른들은 순수함과 평온함을 느낄 때가 많다. 그 까닭은 아동의 모습을 통해서 동심이 표출되기 때문이라고 생각된다. 동심의 세계는 어린이의 세계일 수도 있지만 어른들의 향수어린 마음의 고향이기도 하다. 동심의 세계는 추억의 동산이기도 하지만, 세상살이에 찌들고 때 묻지 않는 그리움의 안식처이기도 하다.

결국은 원초적인 인간의 마음, 그것이 동심의 세계라고 한다면 동심은 보다 더 폭넓은 image를 안겨준다고 생각한다.

결국 동심은 시간과 공간을 초월한 여유 있는 마음의 세계, 고산의 정상에서 산 밑을 내려다보는듯한 달인의 마음, 본래 원만 평등한 본래심의 세계라고 해도 좋을 것이다.

동심은 어린이의 마음이며, 지고지순至高至純한 원초심原初心이고, 완전히 회복된 인간본래면목이라고 의미를 부여할 때 동심회귀童心回歸로의 공감이 쉽게 이루어지리라고 생각된다.

그런 의미에서 본생경에 등장하는 동자상은 그 공덕을 쌓는 모습 하나하나가 진면목에로의 귀의를 위한 발자취임을 발견하게 된다. 동심으로의 귀의, 그것은 곧 원만평등한 자아의 회복인 것이며, 불과佛果를 증득하는 방법인 것인데 그 방법론으로써 동자상을 부각시켜서 상징적인 비유로 표현하고 있다고 본다.

동심으로의 귀의라고나 할까 아니면 불심으로의 귀의함에 있어서의 상징적인 비유로써 표현되는 동자상은 여러 경전을 통해서 발견된다.

우선 경전상의 동자상을 이야기하면 누구나 쉽게 떠오르는 경전이 화엄경華嚴經과 법화경法華經임에 틀림이 없을 것이다. 그러나 두 경전 속의 동자의 모습은 약간의 상이점을 지니고 있다는 것을 느낄 수 있다.

먼저 화엄경의 동자를 살펴보자.

화엄경은 탐현기探玄記에서 밝혔듯이 법法(=불법佛法)을 비유한 경전인데 동자의 등장은 80화엄, 60화엄의 입법계품入法界品에 해당되는 40화엄의 말회末會의 모임부분에서 부터이다.

선재동자善財童子라고 하는 문법聞法의 사명을 띤 동자가 구법을 위하여 53인의 선지식先知識들을 차례로 순례하는 구도 역정의 행로를 서술한 내용이다.

선재동자가 3아승지겁의 인행을 거쳐서 십신十信, 십주十住, 십행十行,

십회향十廻向, 십지十地, 등각等覺, 묘각妙覺의 과위果位에 오르는 구도의 과정을 묘사하여 결국은 제법실상諸法實相이라고 하는 화엄경의 교의를 천명하려는데 그 의미가 있는 것이다.

여기서 선재동자의 출현과 함께 구법을 위한 순례를 목적으로 하고 있음에 주목을 하지 않을 수 없다.

선재동자는 보살의 인격화라고 표현할 수 있을 것이다. 53인의 선지식을 찾아서 일보일보 남방으로 향한 순례의 발걸음을 통해서 무한한 법열法悅의 충만함을 살펴 볼 수가 있는데, 그러한 법열의 충만은 곧 자내증의 원리를 체득한 체험자의 모습이라고 할 수도 있다. 구도에의 정열이 끊임없이 지속되는 과정이며, 선지식의 가르침에 깨달음을 얻고 기뻐하면서 감사하는 모습은 구도 역정에 오직 전진만이 있다는 신선한 느낌을 안겨주기도 한다.

선재동자에게는 선행동자善行童子, 선금동자善禁童子, 선계동자善戒童子, 선사유동자善思惟童子, 선지동자善智童子, 선혜동자善慧童子, 선안동자善眼童子 등의 오백권속이 있고, 실제로 선재동자가 남으로 남으로 순례를 하면서 찾아가는 53인의 선지식 중에도 동자 몇 명이 들어 있다.

원만다문국圓滿多聞國의 묘문성을 찾아가서 근자재주동자에게서 성론聲論에 대한 지혜를 얻고, 길성광의 아들 위덕주태자와 서가씨의 딸 길상동녀 만나서 해탈의 길을 얻는다. 또 가비라성에서 선지중예동자善知衆藝童子를 만나 보살의 글자지혜법문을 듣고, 묘한 뜻 꽃문성을 찾아가 덕생동자德生童子와 유덕동녀有德童女를 만나 등각等覺에 이르는 해탈법문을 듣는다.

53선지식을 순례하는 선재동자 발걸음은 환희로 충만된 모습임을 잘 표현해 주고 있다. 그런 환희에 가득 찬 발걸음은 보현보살을 찾아서 묘각을 이루어 일진법계라고 하는 제법실상의 이치를 이룬다고 하는 화엄경 교의의 단계적인 해탈을 묘사한 것이나 선재라고 하는 명칭의 동자를 내세워 구도의 순례를 상징적으로 표현하고 있음이 관심을 모으게 하고 있다고 본다.

선재동자가 순례하는 궁극의 목표는 제법실상諸法實相이라고 하는 의미의 파악에 있다. 그것은 곧 원융무애한 본래의 모습을 파악한다는 것 일 수도 있고, 인간 본연의 마음으로 돌아온다고도 할 수 있다. 그것은 또 귀의, 귀향의 의미와도 상통하는 뜻을 지니고도 있다.

선재동자의 순례의 모습은 환희에 충만된 귀향의 모습과 조금도 틀림이 없음을 느낀다. 귀향의 발길에는 상봉의 설렘과 고향에 돌아오는 편안함이 충만하기에 먼 길도 멀게 느껴지지가 않고, 식사를 걸러도 배고픔도 느끼지 못한다. 오직 부푼 희망이 하늘 끝까지 닿을 것만 같은 느낌의 연속일 뿐 이듯, 선재동자의 발걸음을 통해서 표현되는 모습도 그와 꼭 같은 느낌을 준다. 그것은 목마르게 애태우며 찾고 있는 구도에의 정열이 사무치게 솟구치고, 한 가지 한 가지씩 깨달음의 발걸음이 확연해지기 때문에 희망에 부푼, 기쁘고 당당한 선재동자의 모습을 발견할 수가 있을 것이라고 생각된다.

그러나 법화경의 신해품信解品의 궁자窮子의 모습에서는 선재의 모습과는 대조적으로 느껴진다.

궁자는 원래 장자의 외아들이었다. 어려서 가출하여 50년 후에야 거지의 행각으로 돌아온다. 그동안 외아들을 기다린 장자는 거지꼴의 아들이 돌아옴을 반가워하고 있으나 그 궁자는 아무것도 모르고 장자를 가까이하기를 두려워한다. 장자는 거름 내는 일을 시키고 밥을 주면서 한 가지씩 신뢰감을 갖도록 인도하면서 궁자가 가까이 대할 때까지 기다린다. 이 내용은 곧 무명無明에 빠져서 생사계生死界를 유랑하다가 아뇩다라삼먁삼보리의 미증유未曾有를 얻게 된다는 것을 비유한 것인데, 걸인으로 타락한 궁자는 50년만에 고향에 돌아와서 자기집 문전에 이르렀으나 자신의 아버지를 몰라본다. 오직 50년을 아들을 기다렸던 진실의 부모에 의해서 고향을 찾고, 부모를 찾는다는 비유인데 이미 앞에서도 언급했듯이 이 궁자의 모습은 화엄경의 선재동자와는 그 표현된 모습이 매우 흥미를 갖게 한다.

선재동자의 일보일보一步一步는 남쪽, 즉 희망이 솟구치는 발걸음인데 비하여 궁자의 발걸음은 걸식인의 유랑의 발걸음이었다고 할 수 있다. 유랑의 발걸음이 자연스럽게 고향의 문전에 이르렀다는 것이다. 선재동자는 희망의 발걸음을 통해서 고향을 찾는다고 한다면 궁자는 유랑의 발걸음 속에서 고향을 찾았다고 할 수 있다.

여기서 선재동자의 모습은 의기양양하고 궁자는 오직 휴식을 목마르게 기다린다고 할 수 있다. 고향에서 애태우며 기다리는 부모의 따뜻함을 갈구한다고도 할 수 있다. 여기서 보살과 대비하여 보면 화엄경의 문수보살은 선재동자에게 앞으로 갈길을 밝혀주고 있는데 비하여, 법화경의 관음보살은 내영자來迎者로서 왕생인往生人을 맞이하는 것이다. 즉, 문수보살은 동자 선재에게 지혜의 인격화임에 대하여 관음은 자비의 인격화라고 표현할 수 있다. 여기서 불심의 표현에 있어서도 전자는 어디까지나 동화력위에 나타나게 하는 것이라면, 관음은 응화의 힘을 모두에게 나타내는 것이라고 할 수 있을 것이다.

또한 법화경의 비유품에 삼승三乘의 법을 비유하여 동자를 내세워 서술하고 있다.

'장자의 집에 불이 나서 타고 있는데 그 집안에 동자들은 불의 위험을 전혀 느끼지 못하고 아주 재미있게 놀고만 있었다. 밖에서는 부모들이 동자를 부르고 애태우고 있는데 아이들은 그런 걱정을 아랑곳 하지도 않는다. 마침내 아이들에게 문밖에 세 수레를 마련해 놓았으니 어서 나와서 타라고 하자 그제야 아이들이 집밖으로 나온다'는 내용이다. 이 내용은 이미 널리 알려진 화택의 비유로써 여기서 세 수레(양, 사슴, 소가 끄는 수레)는 아이들로 하여금 불이 타고 있는 집에서 뛰어나오도록 사용했던 가법假法인 것이다. 가법을 통하여 아이들이 진실의 법을 찾도록 한다는 의미이다. 여기서 진실의 법이란 곧 불심의 세계로의 귀의라고 할 수 있을 것이다.

한편 선가禪家에서 선을 통하여 수행하는 과정을 묘사한 내용가운데 십우도十牛圖라는 것이 있는데 이 십우도에서도 주인공으로 동자의 모습을 내세우고 있음에 주목할 필요가 있다고 본다.

십우도는 중국의 청거화상淸居和尙이 지었다고 하는 설도 있으나 대체로 지원志遠의 작으로 알려져 있다.

주인공인 동자를 내세우고 게송偈頌을 지어서 선의 순서와 경지를 표현하고 있다. 십우란 동자가 맨 먼저 심우尋牛를 하게 되는데, 이것은 법을 찾고 있음을 뜻하며, 두 번째는 견적見跡이라하여 소의 발자국을 찾는다고 하는데 이는 경에 의지해서 의미를 알게 됨을 뜻하고, 세 번째는 견우見牛인데 이는 우적牛跡을 좇아 법을 발견한다는 의미이고, 제

4의 득우得牛의 의미는 동자가 법은 붙들었으나 법과 동자가 일치되지 못하는 인법불이人法不二의 경지임을 의미한다. 그 다음에 동자는 더욱 더 수행정진을 해서 제5의 목우牧牛의 경지에 이르러서 법을 얻게 된다.

그렇게 법을 구하는 동자의 염원은 계속되어 제6 기우귀가騎牛歸家, 제7 망우인존忘牛人存, 제8 인건구망人件俱忘, 제9 반본환원返本還源, 제10 입록수수入鹿垂手의 경지에 이르게 되는데 이것은 다시 세간으로 돌아옴에 의하여 확실한 성불을 이룸을 표현하는 것이다. 본래면목本來面目을 찾아가는 과정을 소에 비유했는데 동자의 모습을 묘사해서 성불에 이르는 과정을 그리고 있다.

이상에서 살펴본 동자의 행방行方은 화엄경의 선재동자는 법을 취향상趣向上에서 찾고, 화엄경의 궁자窮子는 환원還源에서 법을 찾았다고 한다면 십우도十牛圖에서의 동자는 취향과 환원 즉 왕환이회往還二回의 향상向上에서 찾고 있음을 알 수 있다.

여기서 우리가 다시 한 번 중요하게 생각되는 것은 왜 구법의 주인공으로 동자상을 내세우고 있는 것일까 하는데 있다.

우리는 불교미술의 조각품을 통해서 탄생불의 동자상을 접하게 된다.

이러한 탄생불의 동자상에게서 구법의 주인공인 동자상의 의미를 살필 수 있지 않을까 한다.

석가모니불은 탄생과 더불어 7보를 걷고 천상천하 유아독존天上天下唯我獨尊이라 했다고 한다. 여기서 탄생불의 7보는 깊은 의미를 지닌다고 생각된다. 그것은 탄생불은 6보에서 6취六趣를 초월하고, 7보의 초인

超人임을 의미한다고 할 수 있다. 6취의 세계는 부자유不自由의 세계이고, 인과율因果律의 세계, 업業에 속박을 받는 세계이나 7보의 세계는 자유와 해탈이 있는 즐거움의 세계이다. 어린이들 즉 동자들에게는 아무런 속박도 없고, 인간으로써의 고통도 없는 오직 자유로움만이 있을 뿐이다. 불佛은 언제나 자유로움의 주인공인 것이다. 그런 의미의 부각을 위해서 많은 경전은 동자의 모습을 빌리고 있음에 틀림이 없을 것이다. 그러므로 보리수 아래서 성도成道한 30세의 석존은 탄생불이라고 하는 소입상小立像을 통해서 진실의 자유와 독립을 밝히고 있다고 생각된다. 그렇다면 경전에 나타난 동자상은 불심의 상징이라고 할 수 있을 것이다.

3. 불심의 표현과 동자상

이상에서 동자상에 대하여 고찰해 보았다.

불교에서의 동자라고 하는 단어의 의미를 찾아보았고, 나아가서는 간단하지만, 경전에 나타난 동자상에 대하여 일별을 해 보았다.

결국 불교에서 뜻하는 동자의 개념은 스님이 되기를 희망하는 더 나아가서는 구법을 지극히 염원하는 4세이상 20세미만의 유동을 동자라고 한 내용을 살펴보았고, 경전에 나타난 동자에 대해서 서술을 해 보았다.

결국 본생경本生經이나 화엄경華嚴經, 법화경法華經 또는 십우도十牛圖 등등을 통해서 표현되는 동자상의 의미는 구법을 함에 있어서 가장 적합한 상징적인 비유로써 묘사되어 있었음을 발견할 수가 있었다.

그렇다면 왜 상징적인 비유로써 동자의 모습이 필요했을까 하는 점이 궁금해지게 되는데 그것은 곧 동심의 세계에 대한 친화력이나 동화력同化力같은 심리적인 작용이 있었을지도 모른다. 왜냐하면 동심의 세계는 어른들의 마음의 고향이고, 무한한 희망과 꿈이 어려있는 곳이기 때문이다. 동심이 충만한 동자의 모습은 바로 불심의 세계를 찾고 있는 구법인求法人들에게 무한한 친화력을 주고 있다고 할 수 있다. 동심은 동자를 통해서 쉽게 발견될 수 없으며, 모든 인간세계의 일상적이고 평범한 현실성을 평안하게 수용할 수 있는 마음이고, 그것들을 총섭할 수 있는 마음이며, 순진무구한 마음이라고 한다면, 그는 곧 불심의 세계에로의 연결이 가능하리라고 생각된다. 곧 동심의 세계는 불심의 세계로 연결의 가능성을 추론하고 싶은 것이 필자의 이론이다. 그 이론을 뒷받침해 주고 있는 것이 불심을 추구하는 경전상의 동자상이라고 할 수 있다.

시간의 흐름에 따라 인정과 세태가 수없이 바뀌어도 동심의 근원만큼은 언제나 그 자리에서 싱그러운 내음으로 어른들을 자극한다. 그렇기에 동심은 모든 이들의 마음의 고향으로 그리움의 귀의처로 남아 있을 것이다. 문수보살이 선재동자에게 불심을 찾아 순례를 가르치는 마음이나, 궁자가 불심의 고향을 찾아 안주하는 마음은 지고지순至高至純한 인간의 원초심原初心이고 불심佛心임과 동시에 동심童心 바로 그것일 것이다.

결국 경전 상에 나타난 동자상은 동심의 표현일 뿐 아니라 불법佛法의 인격화로써 우리의 앞에 표출된다고 생각된다.

그 인격화의 표현을 교의적으로 한다면 화엄경 노사나품華嚴經 盧舍那品의 제일보장엄동자第一普莊嚴童子는 신信의 인격화이며, 불소상광명공덕품佛小相光明功德品의 제2지옥동자第二地獄童子는(=도솔천동자兜率天童子)로 해解의 인격화, 선재동자善財童子는 증證의 인격화라고 할 수 있다. 이렇게 신, 해, 증의 체험자들로 인격화된 동자를 우리는 찾을 수 있다.

그 밖에도 인격화된 동자로써 우리의 의식 가까이 존재하고 있는 동자에 관한 전설, 설화도 많다. 그 대표적인 것으로 오대산 상원사에 모셔진 문수보살상文殊菩薩像을 들 수 있을 것이다.

문수보살은 지혜의 상징으로 알려져 있으며 여덟 명의 동자를 권속으로 한다고 전해지고 있다. 그러나 상원사에 모셔진 문수동자상은 문수보살의 인격화였음을 표방하고 있음에 관심을 갖게 한다.

상원사 문수동자에 얽힌 설화는 다음과 같다.

조선시대 세조대왕은 온 몸에 종기가 심했었다. 온갖 의약을 동원해 치료했으나 효과가 없었다. 오대산의 문수도량을 찾아가 정성껏 기도 올리고 흐르는 계곡에 내려와 목욕을 하고 있을 때 한 동자가 지나가고 있었다. 그 동자를 불러서 등을 좀 씻어달라고 부탁을 하니 그 동자가 기꺼이 응해 주었다. 목욕을 마친 세조는 그 동자에게 "너 혹시라도 이 계곡에서 임금님의 등을 씻어 주었다는 이야기는 하지 말아라"고 했더니 그 동자가 "예, 그렇게 하겠습니다. 그런데 임금님께서도 혹시라도 문수동자를 만났다는 말씀은 하지 마십시오."라고 한 뒤 그 동자는 어디론지 사라져 버렸다.

세조는 그 소리를 듣고 몹시도 이상했다. 몸을 살펴보니 온 몸의 종기는 말끔히 나아졌고, 그 동자는 찾을 수가 없었다.

세조는 화공을 동원해서 자신이 만났던 동자의 모습을 그리게 해서 모신 것이 상원사에 모셔진 문수동자상이라고 전해지고 있다. 이는 곧 인격화한 문수보살의 한 단면으로서 문수동자상을 생각하게 해준다.

또 불교에 있어서 동자의 모습은 구법인求法人의 모습임과 동시에 귀의자歸依者의 모습으로 표현되기도 한다. 귀의자의 모습은 귀의하기 위하여 공덕을 쌓았던 본생경本生經에 나타난 동자상들도 있고, 선재동자善財童子처럼 순례의 발걸음이 마냥 즐겁고 감사하고 희망이 용솟음치는 모습의 동자도 있으며, 유랑의 세월을 접고 안주를 염원하는 동자의 모습도 살펴보았다.

그러나 그런 동자들이 지닌 공통점은 귀의歸依, 즉 고향을 찾는다는 것, 다시 말해서 불심의 세계에 돌아가기를 염원하고 있음이었다.

인격화된 동자상을 통해서 불심을 추구하는 상징적인 비유가 깊은 감동과 감명을 주듯이 동심과 불심의 무리 없는 연결이 과제로 남는다고 생각한다.

수자水子라는 단어는 치지稚子라고도 쓰였으나 사전적 해석을 빌리면 출산전후의 아기, 혹은 태아라고 할 수 있는데 수水, 즉 '미즈'라는 말은 일본의 나라奈良시대 이후의 고어古語였다고 전해지기도 한다. 그러나 최근의 일반적인 해석은 사산아死産兒, 유산아流産兒의 의미로 사용하고 있다.

童心

보이지 않는 살생, 낙태와 태아천도

일본의 水子공양을 통해 본 종교와 생명윤리

『다보』, 불교진흥원, 불기 2536년 겨울호(1992)

보이지 않는 살생, 낙태와 태아천도

일본의 水子공양을 통해 본 종교와 생명윤리

일본을 방문했던 사람이면 누구나 길 한 쪽에 모셔져 있는 불상을 대하게 된다. 빨간 앞치마 아니면 턱받이 같은 천을 목에 두르고, 혹은 빨간 모자를 쓰고 있는 모습을 대하면서 얼핏 이색적인 감정을 느끼게 될 것이다.

이른 아침이면 그 앞에 작은 꽃을 꽂고 정화수를 떠 올리면서 정성스럽게 기원하는 사람의 모습을 통해서도 이색적인 감정의 폭은 묘하게 깊어지는 것을 느끼게 된다.

궁금해진 마음을 견디지 못하고 노숙한 할머니들 붙들고 그 불상佛像의 이름을 물으면 어디서나 모두 지장보살이라고 간단하게 대답한다. 그 대답을 듣고 우리는 또 다시 당황하게 되는데 그 이유는 지장보살님에 대한 개념의 차이에서 오는 것이라고 생각한다.

우리 한국의 불교인들이 믿고 생각하는 지장보살의 의미image는 지옥중생을 구제하려고 발원을 하신 분으로 알고 있는데, 일본의 길모퉁

이에 모셔진 지장보살은 일본인들의 현실생활 속으로 가까이 와 있다고 하는 것이다. 이것은 불교신앙의 변천과정과 무관하지 않다고 생각되는데 그 구체적인 서술은 생략하고 우선 수자공양水子供養 내지는 신앙에 대해서 언급해 보려 한다. 지금부터는 수자공양이란 단어를 사용하려고 한다.

1. 화찬和讚에 나타난 수자水子이야기

화찬和讚이란 일본어로 씌어 진 불교찬가, 즉 경문의 게偈라고 할 수 있다. 그 내용은 불 · 보살과 교법의 공덕을 찬양하고 또한 고승대덕들의 행적을 찬탄하는 불찬佛讚, 법찬法讚, 승찬僧讚으로 분류한다. 이 화찬의 형식은 5 · 7조로 시작했는데 7 · 5조로 바뀌어졌다고 전해진다.

화찬和讚이라고 하는 장르의 성립은 평안平安시대 중기 이후라고 보고 있다. 당시의 화찬을 고화찬古和讚이라고 해서 이때의 화찬을 일본문학에서는 귀족중심의 가요라 불리고 있다. 그러나 카마꾸라鎌創시대에 이르러서는 민중불교운동의 전개와 함께 화찬和讚도 민간신앙과 결합되어서 민간중심의 가요로 변천한 것을 발견할 수 있는데 그것이 곧 여기에 소개해 두려고 하는 '사이노가와라 지죠우 와산寒の河原地藏和讚' 이다. 풀이해 보면 다음과 같다. 즉 '추운 강가의 모래밭에 지장의 가요' 라고 할 수 있겠다.

여기에 이 화찬의 내용을 소개하면 다음과 같다.

"이것은 이 세상의 일이 아닌 사후死後 산 아래 추운 강가의 모래밭의 이야기이다. 불쌍한 영혼들, 두 살, 세 살, 네 살…… 열 살도 되지 못한 영아嬰兒들이 추운 강가의 모래밭에 모여서 '아버지 그립다, 어머니 그립다, '그립다' 면서 울고 있는 소리의 슬픔이 뼈를 깎는 것 같다. 그 영아들은 모래밭의 돌을 주어서 회향의 탑을 쌓는다. 한 층을 쌓아올려서는 아버지를 위해서, 또 한 층은 어머니를 위해서, 또 한 층은 고향의 형제들을 위해서 회향하는 탑을 쌓으면서 부모형제를 기다리지만 밤이 되면 어느덧 지옥의 귀신이 찾아와서 하루 종일 쌓아올린 탑을 무너뜨려 버린다. 어린 영들이 지쳐 있을 때에 지장보살이 나타나서 하는 말이 "너희들은 단명해서 죽은 것이다. 이승과 저승은 아주 다른 세계여서 너희 부모를 만날 수 없다. 그러니 나를 이 명부세계의 부모로 생각하고 의지하여라." 하면서 아직 걷지도 못하는 영아들에게 지팡이를 사용토록 하고 인욕자비의 포근함으로 감싸주는 연민의 포근함에 감사한다."

라는 지장보살 찬탄가요다.

위에 소개한 가사의 내용이 수자신앙, 즉 수자공양에 대한 의의를 잘 표현하고 있음과 동시에 지장보살의 현실적 접근가능성을 충분히 읽을 수가 있다고 할 수 있다.

이 화찬은 앞에서도 언급했듯이 카마꾸라鎌創시대부터 달라진 화찬의 양상이었다고 할 수 있고, 지장보살은 명부세계의 영아들을 돌보는 명부의 부모로서의 표현되고, 이때부터 지장보살은 어린이의 교육을 위한 보살로서, 또는 어린이의 평안함을 지켜주는 지장보살로서 널리 신앙되어져 왔다고 전해지고 있다. 또한 지장보살의 신앙은 서민신앙으로서 널리 유포되어져서 노천불路天佛의 모습으로 민간들 사이사이로 깊숙이 뿌리를 내려왔다고 하는데 그것의 연장이 곧 앞에서 언급한 일본의 거리 어디서나 불상을 대할 수 있는 상황으로 연결되어져 왔음도 사실이라고 생각된다.

따라서 그러한 화찬이 곧 일본불교의 수자신앙供養의 의미를 부각시켜 주는 근원이 되어왔다고 하는 점에 주목을 해야 한다고 생각한다.

2. 수자水子의 정의

수자水子라는 단어는 치자稚子라고도 쓰였으나 사전적 해석을 빌리면 출산전후의 아기, 혹은 태아라고 할 수 있는데 수水, 즉 '미즈'라는 말은 일본의 나라奈良시대 이후의 고어古語였다고 전해지기도 한다. 그러나 최근의 일반적인 해석은 사산아死産兒, 유산아流産兒의 의미로 사용하고 있다.

왜 사산아나 유산아를 수자라고 불렀는지에 대해서는 여러 가지 설이 있다.

옛날에는 출산 직후 영아의 사망률이 높았었는데 그 당시에는 사망한 영아를 바다나 강물에 흘려보냈기 때문에 그렇다고 하는 이도 있고, 또 다른 의견은 수자水子에 대한 생각은 오직 생각뿐이지 볼 수 없는 아이見ず子라는 의미로서 부모도 세상도 볼 수 없는 아이라는 의미를 부여하는 설도 있다.

그러나 현대의 일반적인 해석은 유산한 아이를 뜻하고 있다.

유산이라고 해도 인공유산, 자연유산을 포함한 것을 의미하는 것이다. 유산에 의해서 목숨을 마친 태아들은 단지 생존했었다는 기록이 없다는 이유로 방관해서는 안 된다. 그렇기 때문에 현대적인 수자의 공양은 유산 낙태 등으로 죽어간 태아를 중심으로 이루어져야 함을 주장하는 경향이 많은 것 같다.

현장玄奘법사 번역의 『구사론』에서는 한 인간이 수태되어서 출산까지 5가지의 변천 단계를 거친다는 기록을 볼 수가 있는데, 결국 불교에 있어서는 수정受精 그 자체부터를 한 사람의 인간으로서 인정하고 있다는 것을 알 수 있다.

그러나 발달된 현대 의학에서는 체외体外수정까지도 성공하고 있기 때문에 요즈음 새롭게 논란이 되고 있는 문제들이 어떻게 정리가 될지는 모르지만 단지 여기서는 일본의 수자공양에 한해서만 기술해 보려고 한다.

이상에서 수자水子에 대한 정의를 정리해 보았고 앞에서 언급한 '추운 강가 모래밭에 모여 있는 영아' 들에 대해서 좀더 구체적으로 살펴보고져 한다.

수자水子가 죽으면 강가 모래밭에 모여서 삼도천三途川을 건너 불계佛界를 가야 한다는 것이다. 명복을 받지 못한 수자령水子靈들은 삼도의 강을 건너가지 못한 채, 강 이쪽 모래밭에서 수자령들은 날마다 부모와 형제들을 위하여 탑을 쌓고 회향을 하지만, 살아있는 부모들이 수자령을 위해서 아무것도 해주는 것이 없게 되면 시간이 흐를수록 이들의 부모에 대한 회향과 그리움은 원망으로 깊어지게 된다는 것이다. 그러다가 밤이 되면 회향심으로 쌓은 탑과 수자령 앞에 명부의 귀신이 나타나서 하루 종일 쌓아둔 탑을 무너뜨리면서 부모형제를 원망하도록 부추기고 있다고 한다.

눈앞의 강에는 물이 있어도 수자령들은 아직 채 걷지도 못하기 때문에 흘러가는 강물을 마실 수도 없다고 한다. 그러나 삼도의 강을 건너간 수자들은 강 건너 저쪽 꽃밭에서 재미있게 놀기도 하고, 불계佛界의 공부와 수행을 하면서 사람의 몸을 받아 다시 태어나기를 염원하며 노력하고 있다고 한다.

3. 흉사와 수자령水子靈과의 관계

일본인들의 조상숭배의 관념이나 제례祭禮의 의식은 매우 이색적이라고 생각된다. 누구든지 죽은 후 50년이 지나면 그 혼령은 카미사마神樣가 되어서 후손 일족의 씨신氏神이 된다고 믿는다. 그래서 사후 50년이 지나면 제사를 모시지 않게 되어 있다. 따라서 제사도 매년 모시는 것이 아니고 3회기, 7회기라고 해서 죽은 후 3년이 되는 해, 7년이 되는 해, 13년 · 17년 · 23년 · 27년…… 등의 해에 해당할 때 제사를 모시고 있다.

물론 이러한 관념은 수자령에게도 연결되고 있다.

민족학적인 입장에서의 일본의 영혼관은 대체로 몸은 죽었으나 인간의 연장으로서 또는 가족의 일원으로서 조상의 일원으로서, 정령精靈이 되어 중음中陰의 세계에 있다가 50회기가 지나면 비로소 현실의 가족들과의 관계를 벗어나서 씨신이 된다고 믿는 것이 일반적인 관념이다.

수자령도 그러한 일반적인 관념 아래서 이런저런 주장을 하는 것을 볼 수 있는데 쉽게 말하면 수자령의 원한을 달래주지 않으면 집안의 온갖 흉한 일이 야기된다고 하는 많은 사례가 쏟아져 나오고 있다.

한번 사람의 몸으로 태어나기 위해서는 7번의 윤회전생을 한 후에야 겨우 인간의 몸으로 태어난다고 그들은 믿어 왔다. 7번의 환생還生을 한 후에 겨우 인간의 몸을 받으려고 하는 도중, 본의 아니게 태중에서 수자가 되어버린 수자의 원망은 표현할 방법이 없다고 한다. 그래서 수자의 령은 이름도 없고 장례식도 못 치르고 단지 쓰레기통에나 버려지고(옛날에는 물에 띄웠다고 함), 묘도 없이 죽었기 때문에 이승과 저승 사이에 흐르고 있는 삼도천을 건너지고 못하고 떠도는 수자령이 되었기 때문에 이승의 부모형제에 대한 그리움과 원망이 크다고 한다. 그런 수자령의 바람은 빨리 삼도천을 건너서 불계佛界에 가고 싶어 하지만 양친의 공양이 없이는 이루어질 수 없기 때문에 공양해 주지 않는 양친에 대한 원망이 쌓여 간다고 한다.

중음계에 떠도는 수자령을 13년, 17년, 23년이 지나도록 방치해두면 그때부터는 수자령은 가족을 괴롭힌다고 한다. 제일 먼저 어머니의 몸에 악화를 일으키게 되고 교통사고를 일으키고, 노여움이 길어지면 수자령은 스스로가 부모를 불러서 하루라도 빨리 이 삼도천을 부모와 함께 건너야 한다는 생각에서 가정에 흉사를 안겨주는데, 그러한 일련의 행위는 부모의 공양을 받고 삼도천을 건너려고 했던 소망이 이루어지지 않으므로 수자 자신의 존재를 보모에게 알리려고 하는 행위라고 해석하는 경우도 있다.

일반적으로 믿고 있는 통계에 의하면 수자의 3회기三回忌, 7회기, 13

회기, 17회기에 해당되는 해에 재앙이 많이 일어난다고 하는데 그 중에서도 13주기, 17주기에 해당되는 해에 심한 재앙이 따른다고 한다. 그 중에서도 13주기가 되는 해는 마魔의 13회기라고 할 만큼 위험하다고 한다. 그러나 자연유산인 경우는 17주기의 해에 주의를 해야 한다고 전해지고 있다.

어쨌든 집안의 흉사가 일어났을 경우 조사해 본 결과, 모두 수자의 주기[回忌]에 해당된 해年가 많다고 한다. 부모가 병이 드는 것도, 자녀의 입학시험과 결혼문제, 신축, 사업, 교통사고, 파산, 살인, 자살, 변사 등등의 온갖 흉사가 도무 수자령과의 관계라고 믿고 있다. 따라서 그때마다 수자령을 위안시키고 공양을 올린 결과 나타난 좋아진 사례들도 많이 밝혀졌다.

특히 살인, 자살, 변사자의 영을 흉악령이라고 하는데 수자령의 경우에 있어서는 임신 6개월, 7개월이 된 후에 낙태했을 경우의 수자령은 흉악령이 된다고 한다. 그러한 흉악령을 위해서는 오랫동안 공양을 하지 않으면 안 된다고 한다.

4. 수자신앙(공양)의 대상

1) 수자지장 水子地藏

앞에서 언급한 바와 같이 수자령의 활동은 가정의 온갖 흉사와 관계되지 않는 것이 없을 만큼 다양하다고 믿고 있다.

그러한 수자령을 위한 공양을 올리는 대상으로서 지장화찬에서 언급한 대로 지장보살을 모시고 수자령의 안착을 위해서 공양을 올려 왔는데 그것을 일반적으로 수자지장水子地藏이라고 부르고 있다. 그래서 수자지장의 상像이 사찰은 물론이고 묘지에도 세워졌고, 각 가정의 불단에도 작은 수자지장을 모시게 되어졌는데 원래 지장보살에서 수자지장으로 변천해 온 교의적, 역사적 배경은 대체로 다음과 같다.

원래 지장은 고대 인도의 천지天地의 사상이 불교에 섭렵되어서 이상화되어진 신앙사상으로 알려져 왔다. 지장의 어의語意는 대지大地혹은 태장胎藏으로서 지신地神, 그것을 의미했다. 지신은 우주만물을 생성시키는 대지모신大地母神으로서 생멸生滅 생사生死와도 무관하여 명부세계까지 관계를 유지한다고 믿어왔다.

『지장보살본원경』에 의하면 지장의 전생前生은 여성이었다고 하는데 그 여성은 토지가 기름지고, 집안이 편안하다고 하는 10가지 이익과, 여인안산女人安産, 신근구족身根具足, 수명장수의 10가지 복덕을 갖추었다고 해서 지장은 세인의 존경을 받아왔다.

그러한 지장의 복덕이 결국은 '사이노가와라寒の河原' 라는 사상의 성립과 함께 지장신앙의 출현을 가져왔다고 생각되어진다.

결국 수자지장의 출현은 지장의 전생이 여성이었다는 점과 지장의 복덕이 명부계까지 연결되어지고 명부계는 다시 환생과 이어져서 드디어 임부와도 관계가 되어 진다고 하는 흐름으로 살펴볼 수가 있다.

지금도 일본 각지에는 안산安産이익을 위해 모셔진 지장상이 있는데 임부가 안산을 위해 공양을 올리는 곳으로 알려진 유명한 사찰은 대강 다음과 같다.

안산지장 : 북조시北條市 하원정河源町 연말사

바라밀지장 : 송판시松阪市 반강정般江町 약사사

복대지장腹帶地藏 : 동경도東京都 항구港區 수응사

잉아지장孕兒地藏 : 청삼현青森縣 대선사

안산지장帶解き지장 : 내량시奈良市 대해사 등

이상이 안산으로 영험이 있다고 전해지는 지장상이다. 위의 지장들은 임신부 이상으로 아이들과도 관계 깊다고 할 수 있다. 우리들 눈에 잘 뜨이는 빨간 턱받이를 하고 있는 지장상은 어린이를 보호하는 본존으로 불리고 있는데, 그러한 지장상의 이름은 임제종 안국사의 자안지장子安地藏, 조동종 광진사의 자육지장子育地藏, 진언종 지장원의 자수지장子守地藏, 정토종 선도사 적자지장赤子地藏 등등 일본 전국에 널리 조성되어 있다.

편안한 해산解産과 어린이를 지키고 보호하는 지장에서 수자지장으로의 전개는 앞에서 소개한 지장화찬地藏和讚의 역할이 컸다고 생각한다. 결국 수자지장의 공양이 일본 사회에 성행하게 되었던 점은 '지장화찬'의 역할이 컸다는 것을 간과할 수가 없다. 그런데 초기에 '추운강가寒の河原' 신앙은 '부사입혈초자富士入穴草子'에 두고 있는데 이것의 근원은 『묘법연화경』 방편품과 『왕생요집』의 지옥 사상이 합해서 이루어진 것으로 추정하고 있다.

추운 강가 모래밭에서 어린 영들이 삼도천을 건너지 못하고 부모를 그리면서 회향의 탑을 쌓고 있는 수자령들을 보호하고 지켜주는 지장의 찬양을 노래한 '지장화찬'의 시작이 오늘날 일본불교의 한 특징적 모습으로 남아 있다고 생각한다.

『대승대집지장심륜경大乘大集地藏十輪經』에 의하면 지장보살은 관음보살과 같이 수많은 응화신應化身을 가졌다고 수록되어 있다. 『지장보살본원경地藏菩薩本願經』에서는 지장보살은 석존 멸후 미륵의 출세까지의 56억 7천만년 동안 육도중생을 구제한다고 해서 '6지장'이라고도 했는데 이 6지장의 신앙은 결국 현세적인 것으로 연결이 되어서 일본의 도조신道祖神(행인을 보호하는 신)과의 습합을 이루었다고 한다. 그런 도조신과 6지장의 습합이 결국은 행인과 마을을 수호하는 역할을 담당하여 마을마을, 거리거리에 지장을 모시게 된 것이다.

이상에서 지장신앙의 흐름을 살펴보았는데 결국 주목되어지는 것은 지장신앙이 중세의 현밀顯密 부흥을 통해서 일어났다고 볼 수 있다는 것이다.

정토종의 진출에 의해서 현밀의 모든 종파는 민중을 구제하는 점과의 직접적인 연결을 강조하기 위해서 지장신앙을 미래신앙으로 수용하면서 한편으로는 현세이익의 신앙화를 정착시켰다고 할 수 있겠다.

현세이익을 목적으로 신앙화된 모습이 곧 안산安産지장, 자육子育지장, 수자지장으로서 일본불교의 현세적 이익을 도모하려는 합리적인 모습의 일단을 느낄 수가 있다고 본다.

대체로 진종, 일련종 이외의 각 사찰에서 꼭 접할 수 있는 수자지장의 모습은 거의가 입상立像이고, 오른손에 지팡이를 왼손에는 갓난아이를 안고 있는 것을 볼 수 있다. 지장보살의 모습은 비구형을 하고 있음이 많지만, 밀교의 '태장계만다라'에서는 보살형을 하기도 한다. 『십륜경』에서는 동남동녀童男童女의 모습을 나타내기도 하는데 이는 지장 변화신의 하나라고 할 수 있다. 대체로 수자지장의 모습은 거의가 삭발한 비구형을 하고 있음을 볼 수 있다.

2) 수자관음 水子觀音

일련종日蓮宗을 비롯해서 『관음경』을 소의경전으로 삼고 있는 종파에서는 수자지장과 동일한 의미로서 수자관음의 안치를 주장하고 있다.

지장보살과 관음보살에게는 공통된 점 두 가지가 있는데 첫째는 인도의 고대신화 속에 나오는 여인이었음이고, 둘째는 응화신應化身이라는 점이다.

『관음경』에서는 관세음보살이 중생의 음성을 관해서 해탈을 얻도록 하는 관음보살의 능력을 기술하고 있다. 특히 관세음보살께 공양드리고 아들을 원하면 복덕과 지혜를 갖춘 남자아이를 낳게 해주고, 딸을 원하면 단정하고 예쁜 딸을 주신다 하였으며, 관음화신 중에는 '준제불모准提佛母' 라고 불리는 화신을 공양하는 다라니경을 읽고 공양을 올리면 아이를 낳을 수 있게 해준다고 한다.

그런 까닭에 관음보살을 향하여 아이를 얻으려고 하고, 안산安産을 기원하게 된 것이다. 아기를 점지 받고 안산하기 위해서는 『법화경』과 『관음경』 사경을 하고, 일본 각지에 모셔진 관음 영장靈場(관음의 위력이 있는 곳으로 알려진 곳)을 순례해서 공양을 올려왔다. 그 가운데 아이 낳기를 기원하는 유명한 곳은 청수관음淸水觀音으로 알려졌고, 안산으로 알려진 관음은 중산사中山寺의 중산관음, 낙법사의 우인雨引 관음, 광명사의 금목金木 관음, 관룡사의 복대자안腹帶子安 관음 등이 있다.

또한 어린이 교육과 관계된 관음을 내세우고 있는데, 그 근거는 관음보살의 33화신 중 동남신, 동녀신을 어린이를 수호하는 본존적 성격의 관음으로 모셔왔는데 그 중에 널리 알려져 있는 관음의 이름은 자안관음子安觀音, 자수관음子守觀音, 자육관음子育觀音이라 불리고 있다.

수자지장이 그러했듯이 수자관음도 안산관음, 자육子育 관음에 뒤이어 일어나서 현재는 수자관음 공양이 더욱 성행하는 경향이 있다.

수자관음의 모습도 수자지장처럼 입상立像이고, 오른손에 갓난아이를 안고 그 발밑에는 아이들이 있는 모습을 하고 있음이 보통이다. 그런데 수자관음이라고 하지만 자모慈母관음으로 부르기도 한다. 자모관음은 성聖관음의 모습을 하고 있다.

수자관음의 공양과 신앙의 내용은 수자지장과 동일한 의미에서 이루어지고 있다고 할 수 있기 때문에 구체적인 언급은 생략하기로 한다.

수자지장, 관음에 대한 공양방법은 먼저 수자의 이름(법명)을 지어서 위패를 쓴다. 위패는 '○○수자', '○○해자孩子' 라고 쓰는 것이 상례다. 위패를 모신 후 향, 초, 꽃과 깨끗한 물을 올리고 그 다음으로는 먹을 것을 올리는데 이것은 수자를 위한 공양이기 때문에 우유, 초코릿을 포함한 어린이용을 준비한다고 한다. 결국 수자공양의 방법은 살아있는 사람과 동일하게 하고 있으며, 이런 수자공양은 부모가 매일 아침 저녁 스스로 행하는 것을 뜻한다. 각 집안에 불단이 모셔져 있어서 가능한 일이기도 하다.

그렇지만 적어도 년 1회 정도는 스님을 초빙해서 수자공양을 올리고 경전을 봉독하는 의식을 하고 있다.

5. 맺음말

일본에 있어서 불교신앙의 뿌리는 민중 깊숙이까지 뻗어 내렸다고 그들 스스로 자랑을 하고 있음은 사실이다. 지나치게 현세이익과 접목되어 있지 않으냐는 비판의 소리도 없지는 않으나 현세이익과 밀접해진 신앙의 형태를 통해서 인간의 존엄성 내지는 생명의 존엄에 대한 신념을 돈독히 하려는 노력을 읽을 수 있을 것 같다. 불교의 나라임을 자랑하는 만큼 불교의 가르침을 잘 믿고 따른다고 볼 수 있다. 그렇기 때문에 수태 그 자체부터를 생명으로 인정해 왔고, 그 신앙이 수자공양이라고 하는 신앙형태를 조성해온 것이라고 말할 수 있다.

그러나 그런 분위기에서는 수자의 실태가 연간 200만에 이르렀던 때가 있었다. 낙태천국이 되었음을 강조하면서 생명의 존엄성, 인간의 윤리, 도덕성을 일깨우는 반면 낙태가 살인이라는 것을 주장해 온 일본 불교계에서는 수자의 영을 위한 공양을 통해서 생명존중의 사상을 일깨워주는 역할을 꾸준히 해오고 있음을 볼 수 있다.

낙태나 유산이 살인행위이고 낙태자나 시술의사나 동조자도 살인을 한 범죄자라고만 몰아붙이는 것이 아니라 그런 범죄자의 고뇌를 승화시킬 수 있는 또 다른 한 장을 일본불교는 만들어 왔다고 할 수 있는데 수자신앙(공양), 그것이 바로 그런 맥락에서 이해되어질 수 있고 반면 지극히 현세이익적이고 합리적 신앙구조라고 느껴지게 된다.

그러나 우리나라의 경우는 어떤가. 1992년 7월의 통계에 의하면 연간 150만 건의 낙태가 이루어지고 있는데, 이는 신생아의 두 배를 훨씬 초과하는 숫자이며, 인공유산의 경우에는 10대를 포함한 미혼모가 50%

를 차지하고 있다고 한다. 실로 심각한 상태에 이르렀는데 가톨릭을 제외한 타종교에서는 표면으로는 침묵을 하고 있는 것 같다.

신앙이 외경畏敬으로부터 시작되는 것이 사실이라면 종교단체에서는 이 외경심을 심어주든지 불러일으켜 주는 작업부터 게을리 하지 않아야 할 것 같다. 인구문제 등등을 내세우는 정책에만 일임하려는 것보다는 진정한 생명의 윤리를 바로 일깨우고 현실적 상황과 부딪혀 오는 문제는 또 다시 신앙으로써 극복 내지는 승화할 수 있는 장을 마련하는 노력이 곧 종교의 역할이 아닐까 생각된다.

유산이나 낙태를 죄악으로 인정하기 때문에 수자신앙(공양)이 존재하는 것이고 그런 수자공양은 곧 생명의 존엄성과 외경심을 동시에 지니게 해주는 합리성을 지니고 있다고 볼 수 있다.

宮澤賢治의 童話考 I

宮澤賢治(1896~1933)는 日本 近代文學史에 있어서 독자적인 文學世界를 갖었던 作家로써 높은 평가를 받고 있다. 그는 詩人으로 童話作家로써 많은 作品을 남기기도 했다. 賢治에 있어서 詩는 후에 그를 硏究한 學者들에 의해서 詩를 명명했고, 그 自身은 '心象스케치'라는 이름으로 詩를 명명했었다. 心象스케치와 童話, 그리고 많은 편지들을 通해서 그의 文學은 독특한 독자성을 지니고 있는데 그러한 賢治文學性의 구성요소를 우선 검토해 보았다. 賢治는 천부적인 作家能力은 물론이었고 그위에 佛敎思想 卽 華嚴經信仰의 깊은 심취와 함께 法華思想의 文學的포교를 목적하고 심혈을 다 했었다. 그 위에다가 스스로의 전공이 순수무학이 아닌 理科의 農業으로써 理科的인 이론의 습득이나 對農民에 대한 사랑은 유토피아의 건설이라는 理想鄕의 설계를 하게 되었다. 그의 유토피아 실현의 꿈은 그의 文學 특히 童話를 通해서 잘 表現되어질 수밖에 없었다. 결국 그의 法華經信仰의 깊은 意識化가 그의 마음이 되었고 그것은 곧 永遠한 兒童性으로 용해되어서 賢治는 法華思想의 홍포와 유토피아의 실현을 위해 한 점 흐트러짐이 없는 求道者的인 모습으로 童話속에 남는다. 그런 연유로 賢治의 童話는 그의 死後에 더 높은 평가를 받았고 現代의 古典으로써 폭넓은 독자층을 확보하고 있다는 점을 고찰해 보았다.

『승가대논문집』 3집, 중앙승가대학교, 1994

宮澤賢治의 童話考 Ⅰ

Ⅰ. 머릿말

미야자와 켄지(宮澤賢治)는 日本 近代文學史에서 獨自的인 文學世界를 갖고 있는 詩人 혹은 童話作家로써 많은 관심을 불러 일으켜 주었고 또 다방면에서의 研究도 활발했었다. 그것은 賢治의 短歌, 혹은 歌作態度와 그의 作品 외 官能的 경향과 色彩感, 自然에 대한 宗教的 美意識의 投影을 石川啄木, 北原白秋 等과 경향을 같이한다고 보는 견해도 있지만 어떻든 賢治의 작품은 사후에 더 많은 관심을 불러일으켰음은 사실이다.

宮澤賢治는 1896년에 태어나서 1933년 37世의 젊은 나이로 세상을 마친 작가였으나 그의 생존 시에는 그 이름조차도 알려지지 않은 岩手縣[1]의 무명작가였었고 농업고등학교를 졸업한 농촌의 지도자로서의 역할을 해왔었다. 그러나 그는 본래 타고난 문학적 재능을 묻어두지 못하고 高農在學時節부터 短歌2)를 썼고 散文 습작들을 하기도 했다. 처녀 작 童話『주문많은 요리점』을 써서 독자의 기반을 구축을 했으나 무명의 一生을 보냈음에는 틀림이 없다.

그의 作品이 세상에 알려지고 그 작품성에 대한 새로운 평가가 시작된 것은 賢治死後 60여 년이 가까운 세월이 흐른 뒤였다는 점에 우리는 注目을 해야 한다고 생각되어진다.

普遍化되어진 說에 의하면 昭和 58年(1983年)까지 세계 각국에 소개 되어진 賢治의 作品은 詩와 童話를 합해서 약 220編이 넘었으며, 번역되어진 언어로는 英語를 비롯해서 獨語, 불어, 중국어, 헝가리어, 스웨덴어, 힌디어, 에스페란토어 등으로 알려져 있는데 그만큼 多國語로 번역 소개되고 있다는 것은 그의 독특한 作品性이 지니고 있는 위치 때문이라고 생각되어진다. 따라서 賢治作品의 文學性 내지는 作品性의 世界는 一般的인 共感帶 내지는 共感의 요소가 포함되어져 있기 때문이 아닐까 하는 호기심을 일으키게 해 주고 있다.

宮澤賢治는 그의 作品生活을 통해서 화려한 문단의 데뷔도 없었고 눈부신 문단활동도 거의 없었던 岩手縣의 작은 농촌에서 농민의 生活지도를 위해 헌신적인 노력을 해왔다. 그래서 그가 자신의 고향인 농촌

---

1) 日本의 東北部地方에 있는 縣「이와떼껭」이라고 발음하는데 여기서 태어난 宮澤賢治는 이 지역을 dreamland化 하려는 理想으로「이하또-보」라고 하는 유토피아를 소망했었다고 한다.

2) 물론 長歌에 대한 短歌다. 日本詩歌의 한 형태로 5, 7, 5, 7, 7외 5句 31音으로 成立되는 형식을 지녔다. 近代以後에는 전통적인 和歌에 대해서 短歌라고 하기도 했다. 賢治가 썼던 短歌는 明治維新 以後 낭만주의 사실주의 영향을 지나 明治末경부터 大正初期까지의 흐름이 있었던 때였다. 賢治는 石川縣 출신 島田淸次郎의 영향을 받아서 글을 썼고 특히 賢治의 短歌는 감상적이고 낭만적이었다.

지도에 대한 평가를 후대의 사람들은 과히 전설적인 헌신이었다고 하는 찬사를 아끼지 않고 있음을 볼 수 있다.

賢治는 농민들이 지니는 감사심과 당시의 시골농촌의 찌들린 빈곤과 그것을 극복해낼 수 없었던 기술의 무력함, 체험을 통해서 일어나는 좌절감과 실망, 그리고 육체적인 쇠약 등등이 그의 눈앞에 전개되어졌던 생활이었음에도 그가 그런 현실의 좌절과 실망을 극복해서 자신의 고향 岩手를 유토피아화 해 보려는 굳은 집념과 소망을 그는 作品을 통해서 표현하고 있었음을 발견할 수가 있었다. 그의 生家는 淨土眞宗의 독실한 신자였었고 賢治는 中學校를 졸업하던 해부터 『法華經』을 읽고 심취하기 시작하여 고등학교를 마칠 즈음부터는 철저한 채식주의 자가 되었다고 한다. 후에는 日連宗의 신앙단체였던 國柱會[3]에도 입회해서 신앙과 포교에 열심 했었다고 알려져 있는 만큼 그는 佛敎思想 특히 『法華經』의 신앙이 철저했었다고 전해지고 있다. 그에게 있어서 佛敎的 신앙심은 자신의 고향을 유토피아화 해 보려는 노력으로써 현실의 좌절과 실망을 극복해 나가는 촉진제가 되었었다고 생각되어진다. 그런 佛敎的 사상과 신앙을 기반으로 한 念願위에 타고난 文學的 才能이 조화를 이루어서 남겨진 作品들 이었기 때문에 日本 近代文學史에서 독특한 위치를 평가받을 수 있었던 것이 아닌가 생각되어 진다. 비록 37歲의 짧은 一生이었으나 그는 다양한 Genre에 관심을 가졌었다. 童話를 비롯해서 戱曲을 쓰기도 했고 小說風과 또 隨想風에 이르기

3) 田中智學에 의해 創設된(1885) 日蓮宗의 信仰團體다. 賢治가 入會할 때는 田中智學은 만나질 못했고 高知尾智耀로부터 文藝로써 法華신앙의 보급을 권장 받았다고 한다.

까지 끊임없이 노력했고 쉼 없이 作品化해 왔던 것들을 모아서 그를 연구해온 후학들은 그의 全集을 정리하게 되었고, 최근에는 「宮賢澤治童話事典」4), 「宮賢澤治 詩人事典」5), 「賢治童話 語彙辭典」6)들이 정리되었다. 그것은 賢治文學의 독자성 내지는 硏究의 必要性이 요구되었던 것이 아니었던가 하는 생각을 갖게 된다. 더불어서 賢治文學이 차지하는 위상에 대하여 더 깊은 사고가 필요한 것이라고 생각된다. 그는 詩에서도 童話에서도 희곡과 수상에서도 특수한 표현과 고유명사 내지는 자기식의 調語들을 구성해서 표현하고 있는데 과연 賢治文學의 精神 내지는 賢治가 所望하고 念願했던 久遠의 思想이 그의 文學作品에 얼마큼이나 용해되어 있다고 할 수 있겠으며 따라서 賢治의 童話精神이 얼마큼의 文學情緖를 포용해 주고 있는 것인지 등에 대하여 고찰하고 져 함에 본 논문의 목적을 두고 져 한다.

Ⅱ. 賢治의 生涯

賢治는 1896년(明治29년) 8月 27日 岩手縣 稗貫郡 花卷町 大字里川弟12地 割字川口町 295(現在의 花卷市 豊澤町 41~1)에서 父 政次郎과 母 이찌의 長男으로 태어났다. 生家는 옷집과 전당포를 겸한 넉넉한 집안이었는데 父親인 政次郎은 독실한 淨土眞宗의 佛子여서 賢治는 어

4) 編 · 小澤後郎, 「賢治童話事典」, 『宮澤賢治必携』, 學燈社, 1980.

5) 編 · 左藤泰正, 「宮澤賢治詩人事典」, 앞의 책.

6) 原子郎編, 「賢治童話語彙辭典」, 『國文學』, 學燈社, 1982.

려서부터 經典이야기를 듣고 가족들과 같이 佛前에 모여앉아 經典을 암송하기도 했다. 형제로는 3人의 여동생과 남동생 한명이 있었다.

1903년 4月에 그는 花巻町 立川口 小學校 尋常科에 입학을 했으며 이때부터 그는 經典과 童話를 좋아했고 진흙으로 佛像을 조성하기도 하고, 광물채집이나 곤충채집에도 열심이었다고 한다. 소학교에 입학했던 해부터 賢治는 父親을 따라서 「佛教講話會」에 매년 출석을 했다고 한다.

1909년 岩手縣立 盛岡中學校에 입학하여 집을 떠나 기숙사에 들어간다. 中學校 3學年 때 이미 石川啄木[7]의 「一握의 砂」라는 短歌에 영향을 받고 短歌를 짓기 시작했다.

1914년 3월 中學校를 졸업한 賢治는 4월에 축농증수술을 받고 그 후유증으로 岩手병원에 두달동안 입원했다가 집으로 돌아와 家業을 돕는다. 그 해에 그는 「漢和對照妙法蓮華經」을 읽고 깊은 감동을 받고서 『法華經』에 대한 깊은 신앙을 지니게 된다.

1915년에 盛岡高等農林學校 農學科 第二部(現在의 岩手大學 農學部)에 首席合格해서 기숙사에 들어간다. 그는 매일 밤 암호문자로 일기를 썼고 항상 『法華經』을 가까이 했고 한가한 시간이면 기숙사에서 큰 소리로 법화경을 낭독해서 주위를 놀래키기도 했다고 한다.

농림학교 본과를 마치고 研究生으로 學校에 남아서 稗貫郡의 土質調査의 助手로써 活動을 했는데 그때도 그는 조사하러 가는 곳마다 『法華經典』 인쇄한 것을 가지고 가서 나누어 주기도 했다고 한다. 그때

---

7) 岩手縣出身의 歌人, 詩人(1886～1912) 처녀시집 あこがれ(동경)을 냈고, 自然主義風의 소설도 썼지만 인정을 못받았고 短歌로써 歌人으로 인정받음.

부터 5년 동안 채식생활을 하면서 동화를 썼고, 佛典童話風의 작품을 인쇄해서 無名으로 배포하기도 했다.

日本女子大學에 在學했던 누이동생 도시가 폐렴으로 입원했다는 소식을 듣고 母親과 上京하여 賢治는 東京에서 實業을 해보려고 했으나 부친의 승낙을 받지 못하고 돌아온다. 여동생 도시가 賢治의 詩 600여 수를 정서해서 歌集을 만들고 그 다음해에(1920년) 賢治는 盛岡高等農林學校 地質學部 硏究科를 마치고 독서와 지질조사를 계속하지만 신앙도 깊어졌고 마침내는 日蓮宗의 신앙단체인 國柱會에 입회를 감행하고 그 후로부터는 父親에게까지 改宗을 권유했다. 父親의 슬하를 떠나 上京해서 國柱會를 방문 高知尾智耀와 만난다. 그로부터 그는 낮에는 「文信社」라는 출판사에서 일하고 밤에는 국주회의 강연회에 출석을 하고, 上野公園에서 포교를 했다. 高知尾智耀로부터 文學으로써 가르침을 넓혀가자는 제안을 받고서는 한층더 創作에 몰두했었다. 여동생 도시의 병이 악화되어 다시 고향으로 내려와 稗貫郡立 稗貫農學校(現在 花卷農業高等學校)의 선생이 된다. 담당과목은 화학 · 수학 · 영어 · 토양 비료에 이르기까지 가르치고, 농사일의 실습도 담당했다. 그러면서도 쉼 없이 童話를 발표 했으며 1922년에는 「봄과 修羅」라는 詩를 처음 썼고 그 해에 그는 독일어와 에스페란토어 공부를 시작했다. 제일 아꼈던 누이동생 도시의 죽음에 큰 충격을 받았던 그는 그날 밤 「永遠의 朝」, 「無聲慟器」을 써서 누이의 죽음을 표현하였다.

1923년 누이 도시의 分骨을 國柱會의 大靈廟에 안치하고 계속해서 作品을 썼다. 自費出版으로 그의 心像스켓치 「봄과 修羅」가 東京 關根書店에서 출판되었고 이어서 이-하또보 동화집 『주문이 많은 요리점』

이 東京 光原社에서 刊行되었다.

1924년 경부터 그는 첼로와 올갠을 독학으로 연습을 하는 열성을 보였으나 그보다도 더 중요한 것은 그의 詩 「봄과 修羅」를 읽고 감동받았다는 草野心平[8]의 권유로 「銅鑼」의 同人이 되어서 作品을 발표하였으나 이 시기에 이르러서 宮澤賢治를 대표한다고 할 수 있는 그 유명한 「銀河鐵道의 밤」이 쓰여 졌다고 한다.

1926년 花卷農學校內에 농촌지도자 단기 양성과정의 국민고등학교가 개설되어서 賢治는 거기서 農業科學과 예술개론을 가르치게 되었다. 創作生活을 꾸준히 한 것은 물론이고, 학생들과 더불어 할 수 있는 많은 이벤트 활동을 해 왔다. 레코드 콘서트는 물론이고 매주 토요일에는 어린이회를 열어서 Grimm이나 Andercen 童話와 自身의 創作童話와 음악을 들려주었으며, 밤에는 청년들과 함께 모여서 哲學과 人生과 宗敎를 이야기하기도 하는 생활을 해왔다. 언덕배기의 땅을 개간해서 스스로 농작물을 가꾸어서 수확된 물건을 직접 팔기도 하는 등의 생활을 하면서 「農民學術槪論綱要」라는 원고를 썼고 「羅須地人協會」를 설립해서 인근의 農民들까지 모이게 해서 농사짓는 법, 원예, 비료 주는 법 등에 대하여 실질적인 지도를 해주었고 비료상담소를 마을마다 설치해 놓고 헌신적인 지도를 했으며 그러한 그의 노력은 풍요로운 농촌생활을 이룩하려했던 유토피아화 하려는 그의 소망의 일단으로 생각되어진다.

「銅鑼」와 또 다른 잡지를 통해서 그는 꾸준한 作品발표를 쉬지 않

8) 詩人으로써 왕성한 활동도 했으나 宮澤賢治의 全集編輯을 通해서 賢治作品의 소개자로써도 널리 알려져 있다.

았다. 그의 日常的인 관심과 生活은 농민들에게 농업경작에 대한 실천적인 지도와 더불어 創作을 쉬지 않았다는 것이다. 羅須地人協會에서 토양학 · 비료학 비료설계와 농사지도를 강의도 하고 기록으로 남기면서 각 농촌을 순회지도 하면서 과히 헌신적인 노력을 기울였다.

1928년 오랜 시간의 과로와 영양부족이 중첩되고 더욱이 기후가 좋지 못해 농작이 실패되자 그는 결국 늑막염에 걸려 본가로 돌아가서 정양을 했으나 그의 병은 급성 폐렴까지 겸하게 되었다. 요양 중에서도 童話와 詩 創作을 쉬지 않았고 1931년에는 東北砕石工場의 기사로 촉탁 의뢰를 받고 거기서 종사하다가 다시 폐렴이 발병되어 본가로 돌아왔다. 병상에서도 편지를 써서 농사의 지도와 砕石工場의 지도를 하면서 고등수학연구를 시작했고 「아동문학」에도 작품 "쿠스꼬-부도리 전기"를 발표 등 많은 詩도 발표했다.

1933년 9월 19일 밤 花卷鳥谷崎神社祭禮를 보고 밤늦게까지 비료작법의 상담을 해준 후 급성폐렴이 발병하였다. 21일 父親에게 國譯妙法蓮華經 千部를 보시해 줄 것을 유언하고 그후로 목욕재계하고 오후 1시에 死亡했다고 전해진다. 그의 시신은 1933년 9월 23일에 花卷町 淨土眞宗 安淨寺에 埋葬했으나 그 후 1953년 7월 花卷市의 日蓮宗 身照寺로 改葬을 했고 그의 法名은 眞金院三不日賢善男子였다고 한다.

以上에서 그의 一生을 살펴보았으나 그는 평생 동안 뚜렷한 직업이 없었고 몇 군데 적을 두었던 곳들은 극히 짧은 기간들이었다. 그의 직장 생활은 農學校 교사로서 4년여가 제일 길었고 砕石工場의 기사 반년여가 고작이었다. 그럼에도 그는 농촌생활 개선을 위하여 헌신했다고 알려져 있고 실제로 농경생활도 2년여 동안 하긴 했으나 어떻든 평생을 정해진 직업이 없이 살았는데 그 삶의 내용이 너무나도 굵직하고 뚜렷하게 남아서 그를 연구하고 그 작품과 삶에서 의미를 구현해 보려는 노력이 왜 계속되어지고 있는 것인지에 의문이 생기지 않을 수 없다. 그의 作品으로는 生前에는 詩集「봄과 修羅」, 童話集「注文이 많은 요리점」이 1924년 2冊이 出版되었을 뿐 無名이었으나 그의 死後에 全集이 五回 발간될 정도로 많은 애독자가 늘게 되었다. 生前에 中央文壇과의 연결이 전혀 없었으므로 死後에도 文學史上 이색적인 作家로 취급되었던 적이 있었으나 현재는 詩와 兒童文學 분야에 커다란 영향을 준 작가로써 등장되고 있다.

Ⅲ. 賢治의 文學世界

宮賢澤治의 짧았던 一生을 돌이켜 생각해 보면 파란만장했었다고 해도 과언이 아니다. 그것 또한 그만큼의 內的 心的인 갈등을 감수했던 一生이었다고도 표현할 수 있다. 뭔지 모르게 기복과 갈등이 심했던 그의 마음의 세계를 3단계로 우선 정리를 해 볼 수가 있다. 첫 번째는『法華經』의 심취와 國柱會의 입회까지는(대체로 18歲에서 24歲까지) 疾風怒濤와 같은 청년시절을 보냈는가 하면 郡立 稗貫農學校 敎師(敎論)시대에는 조금은 안정된 시기였지 않았을까 하는 생각이 든다. 누이동생 도시의 발병으로 인해서 변화된 생활과 교사생활은 4년 남짓이었다. 그의 一生중 비교적 안온했던 생활이었을 것으로 추측이 된다. 賢治의 晩年은 교사로 생활을 퇴직한 후부터 시작된다. 下根子櫻에서 혼자서 자취생활을 시작하면서 影須地人協會 비료설계사무소 등을 설치하는 등의 生活은 했지만 獨居했던 그의 心像에는『法華經』신앙과 敎師를 했던 모습과 농경이라고 하는 자세가 함축되어서 어떠한 심경의 흐름이 일어났는지 의문스럽다. 교육자에서 가난한 농민에 이르기까지의 자신의 生活에 대한 태도를 求道者的이라는 표현을 하고 있으나 일반적으로 宮賢澤治를 간단히 聖人[9]이란 표현을 쓰기도 한다.

賢治의 像으로 定着했다고 알려진「雨にモ マケズ」[10]에서는 賢治의 求道的側面이 잘 표현되어 있다고 해서 그것은 곧 聖者賢治의 Image를 구축했다는 의미의 걸작으로 알려져 있다.

賢治의 文學世界를 간단히 정리하기는 매우 복잡하다. 왜냐면 그것은 그만큼 賢治의 작품성이 독자적이기 때문이다.『法華經』의 의미를 이해하지 못하고는 賢治思想을 이해할 수 없다고 할 정도로 賢治文學 저변에는 法華思想이 무르녹아 있다. 賢治自身이 法華文學을 목적으로 힘차게 원고를 썼고 그간 집필한 원고 량은 한달에 무려 3,000매를 썼다는 에피소드가 있을 정도로 法華信仰의 포교에 열중했던 때가 있었다. 賢治는『法華經』의 如來壽量品 16에 깊이 감동했었다고 하는데 如來壽量品 16은 널리 알려진 法華七喩中의 하나인 醫者喩이다. 내용은 독약을 마시고 고통하는 자식들에게 약을 마시게 하는 방편으로 아버지가 죽었다고 말해 그 쇼크로 정신 차려서 자식들이 약을 먹는다는

9) 左藤泰正, 菅谷規短雄외 多數

10) 이 詩는 1931년 賢治가 牀魔에서 썼다고 전해진다. '雨にも まけず' 를 필자는 '비가 내려도' 라고 뒤편에서 번역을 했는데 그것은 이 詩의 흐름을 살리기 위해서였는데 결국 모든 자연의 악조건을 극복한다는 修行의 내용이 집대성한 작품인 것임에 틀림없다.

내용이다. 賢治는 如來壽量品을 인용해서 단편적 사색이나 편지를 자주 썼다. 그만큼 賢治사상에서 佛敎思想의 深化된 상황을 곳곳에서 찾을 수 있으며 賢治 스스로도 『法華經』 七喩를 나름대로 創作해서 이른바 作品으로써 大乘佛敎 卽 『法華經』의 思想을 넓혀가려는 소망을 갖고 賢治 자신도 "詩歌 文筆로 살고 싶다"[11]고 한 적이 있다. 그의 一生중에 후반기의 작품은 거의가 『法華經』 信仰에 기반을 두고 藝術的生活을 집대성하려고 하는 적극적인 모습을 남겼다고 할 수 있다.

以上에서 살펴볼 때 賢治文學 世界에 대한 이해는 제일 먼저 『法華經』 思想의 이해로부터 시작되어야 한다는 점에는 틀림이 없다.

宮賢澤治文學은 대체로 詩 童話 그리고 200여 통 전해오는 편지 等을 통해서 그의 文學世界 내지는 文學精神을 살펴볼 수가 있다.

그러나 前述한 바와 같이 賢治文學의 理解는 『法華經』 思想의 이해를 기반으로 하지 않고서는 안 된다는 것이 일반적인 통념으로 되어 있다.

따라서 그의 詩에 대한 理解도 같은 맥락을 통해서 이해를 가능케해 주고 있음은 논의할 필요조차도 없다.

그의 첫 시집으로 아려진 「春과 修羅」는 원래는 詩集이라는 용어를 사용하지 않고 '心像스케치'라고 하는 부제가 붙어 있었고 그 후로도 그는 계속해서 心像스케치 내지는 mental sketch modyfied 등의 副題로 표현을 했었지 그는 결코 자신의 작품을 詩集이라고 하고 있지 않았음은 독특한 면이라고 할 수 있다. 心像스케치는 곧 마음세계의 표현을 일컫는 내용으로 賢治文學의 獨自性으로 간주할 수도 있다. 그가 「봄과

11) 「宮澤賢治全集」, 筑摩書房, 1979.

修羅」에서 부제로 사용했던 心像스케치 내지는 mental sketch modyfied(수식된 心像 스케치)는 독특한 조어였음은 물론이고 心像의 modify라고 하는 의미는 곧 詩的構成의 의미를 포함하고 있다고 할 수 있는데 그의 日常生活에서 그는 詩를 쓰지는 않았다. 오로지 心像 스케치로써 日記를 써서 남기는 것 보다는 계속해서 친구에게 편지를 써 내려간 것을 볼 수 있다. 그렇기에 그는 詩를 쓰고 편지를 쓰는 것을 구분하지 않았던 것 같은 생각이 들기도 한다.

그의 대표 詩集 혹은 첫 詩集 「봄과 修羅」는 初版을(第一集) 1924년 自費로 출판했고 이 詩集은 계속해서 「봄과 修羅」라고 하는 이름으로 간행되는데 修羅라는 表現 그것부터가 佛敎的 用語를 그대로 사용하고 봄과 修羅와의 Image的 조화에 있어서도 다분히 詩的인 것을 느낄 수 있다. 그의 第一詩集에서는 모두 마음의 풍경을 그리고 있다. 그가 구가하는 마음의 풍경은 4次元의 세계였다. 三次元의 空間에다 時間을 첨가한 第4次元의 세계를 기술하고 있는데 이는 곧 그의 童話에서도 발견되어 진다. 그렇기 때문에 그를 일러서 일부에서는 論理을 초월한 Logos, 宇宙의 所有者, 近代日本의 田園文響樂, 普賢菩薩 등등으로 賢治를 표현하고 있다. 그것은 그가 그만큼의 독자성을 지니고 있기 때문이다. 그의 詩는 일반적인 日本詩歌에 표현된 言語의 개념과는 상당한 차이를 내고 있기 때문이라고 한다. 「봄과 修羅」에서 수라는 阿修羅로 六途의 하나이다.

自然과 宗敎의 미묘한 감정과 농촌지도의 체험이 축적해서 이루어진 그의 文學世界는 독자적인 性格을 지니지 않을 수 없을 것이다. 「봄과 修羅」에서 봄은 단순한 계절을 의미하는 것을 초월한 표현으로 봄으로의 비약을 기도하는 賢治內面의 時空이라고 할 수 있는 像徵性[12]을 지니고 있다. 「修羅」는 원래는 畜生과 人間사이에서 떠도는 阿修羅다. 그의 봄과 修羅에서 한 구절만을 소개해 보면 다음과 같다.

雲はちぎれてそらをとぶ
ああかがやきの四月の底を
はぎしり燃えてゆききする
おれはひとりの修羅なのだ[13]

賢治에 있어서 修羅의 表現은 自己省察을 通한 內面의 表現으로 생각된다. 修羅에 대해서 賢治詩語集辭典」에서는 賢治에 있어서의 修羅는 自己의 原存在의 Image化라고 표현하고 있다. 그렇다면 이는 佛教的 意味의 表現일 것이고, 「ゆきき」(來往)한다는 단어의 Image도 같은 맥락에서 이해를 할 수 있는 것이다. 賢治는 항상 유토피아의 실현 卽自身의 고향 岩手(이와떼)를 유토피아화 해보려는 이상을 지니고 있었다. 그래서 그 유토피아의 이름을 스스로 이하또-보(イ-ハト-ヴォ)라는 하나의 이상향의 地名을 만들었다고 하는데 이하또-보는 小倉農文[14]의 解說에 의하면 創作되어진 에스페란토풍의 岩手縣의 異稱이라고 대체로 알려져 있고 지금도 賢治硏究를 위해서 イ-ハト-ヴ通信이 있으나

12) 原子郎, 「冬のスケッチ私考」, 『國文學』, 學燈社, p.53.

13) 뭉게구름 흩어져 하늘에 나는/ 아아 빛나는 4월의 저 아래
분노를 태우며 떠도는/ 나는 修羅입니다…

14) 「銀河鐵道の夜」 해설, 角川文庫, 1993, pp.251~261.

진정으로 賢治가 dream Land화하려 했었던 イ-ハト-ヴ 세계의 의미는 확실치는 않다. 다만 賢治는 理想鄕 즉 dream Land イ-ハト-ヴ의 實現과 四次元의 世界에 대한 理想性과『法華經』의 信仰과 文藝를 통한 法華信仰의 弘布와 農民生活指導의 實踐力이 賢治文學世界의 기틀을 마련했음에는 틀림이 없다. 詩를 通해서도 편지를 통해서도 한결같은 그의 思想의 용해를 체험할 수 있고 童話의 世界 역시 同一한 思想과 꿈이 있음을 볼 수 있다.

Ⅳ. 賢治의 童話世界

宮澤賢治는 짧은 一生을 통해서는 놀랄 만큼의 글을 썼음에 틀림이 없다. 文藝로써 法華信仰을 포교하겠다는 信念이 그가 쉼 없이 글을 쓰도록 했었다는 것은 이미 알고 있는 사실이다. 그는 高農時節부터 短歌를 썼으나 社會活動을 하는 동안에도 中央文壇과의 交流도 하지 않고 끊임없이 자신의 信念에 입각해서 글을 써왔다. 生前보다는 死後에 그의 作品에 대한 평가가 활발해졌고 관심의 대상으로 그의 作品世界는 끊임없는 연구를 해 오고 있다. 그것은 그의 作品의 두드러진 獨自性이라고 한마디로 표현은 할 수 있으나 獨自性에 대한 구체적인 해석은 많은 學者들에 의해서 다양한 견해로써 이해되어지고 있다. 그러한 입장에서 볼 때 그의 童話도 마찬가지이다. 그만큼 賢治의 童話世界는 Cycle이 넓고 佛敎思想의 깊은 深化와 哲學的이고 宗敎的인 思惟의 기반위에서 宇宙의 實相까지 포함하고 있기 때문에 童話精神의 多樣性 속에서 그의 童話世界를 고찰해 보고 져 한다. 물론 賢治도 動物譚을 남기고 있는데 그의 동물이야기는 Aesop동화의 교훈적이고 단편적인 의미부여의 한계를 충분히 뛰어 넘고 있다고 할 만큼 그의 童話世界는 광대한 것이다. 널리 알려진 Aesop의 동물우화는 동물중심으로 표현하는 형식의 패턴이 몇 가지 정해져 있는데 그것은 곧 대체로 등장하는 동물의 몸이 크면 지혜는 천박하고, 몸은 적으나 지혜는 뛰어나고 결국 몸이 큰 동물은 몸이 작은 동물에게 지고 만다는 motive로 엮여져 있다고 할 수 있는 교훈적이고 도덕적인 내용이 풍부한 것으로 알려져 왔다. 그러나 賢治가 지향하는 童話의 세계(동물담)는 그것을 초월했다는 점이다. 그러면서 賢治의 童話는 口演童話化하기에 쉽고 또 음악성이 곁들여 있다고 한다. 항상 底邊에는 求道的側面의 Imag, 死後世界에의 환상, 現實과 理想, 現實과 幻想의 世界에 대한 二重性 등등의 表現을 하고 있는데 우선 賢治의 童話作品만을 간단히 소개해 보면 다음과 같다.

1. 童話의 資料

賢治童話의 讀者는 作者 즉 賢治自身 속의 兒童性이었는지도 모른다. 어른이지만 그 內心에 자리하고 있는 兒童性 卽 童心 바로 그것이다. 童心 지향의 동화가 어른에게도 감동을 준 것이다. 한때에 低學年의 읽은 거리로 썼던 童詩들만을 모아서 한권으로 엮으려 했더니 그것들이 거의 모두가 初期의 작품들이었다고 한다. 그런데 그 작품들은 지금도 넓은 독자층을 형성하고 있는데 그것은 그 작품 즉 초기의 작품이 지닌 童話性 때문일 것이다.

賢治童話의 理解를 위해서 몇권을 소개하고저 한다.

賢治童話는 生前에 自費 出版[15]했던 『주문이 많은 요리점』을 刊行했으나 一般에게는 그리 알려지지 못했으나 草野心平에 의해서 그의 童話는 새로운 바람을 일으키게 되었다. 童話集 『주문이 많은 요리점』에 대한 평가는 鄕土主義的이라는 것이었다. 그러나 그 鄕土主義는 作者의 계획되어진 의도가 아니라 무의식적인 것이라는 說[16]도 있으나 결론은 賢治에 있어서 鄕土主義는 자신의 理想鄕 「이하토-보」의 표현이며, 岩手이고, 同時에 賢治의 心像의 宇宙를 표현했고, 또 現實과 理想을 접목한 觀念의 世界에서 표출된 것으로 알려져 있음이 定評처럼 되어왔다.

宮澤賢治文學은 詩에서보다는 오히려 童話가 한층더 詩的이라고 알려져 왔는데 그의 童話內容도 다양하다. 代表的인 作品으로는 童話의 선구적 작품으로 불리우는 『銀河鐵道의 夜』를 비롯한 長篇 童話篇[17]이 있고, 動物寓話集, 寓話集, 農林스케치 風의 童話, 이하토-보 民譚集, 西域異聞 등의 童話가 있는데, 長篇, 中篇, 短篇, 小童話는 이미 刊行했던 短篇集 『주문이 많은 요리점』 외에 8篇이었으며 死後5回 出版된 全集은 未完成의 遺稿(메모수첩)를 정리한 것이다.

童話의 內容을 소개하면 다음과 같다.

---

15) 大正 13年(1924) 12월 1일 東京 光原社에서 初版, 1000部 刊行 '도토리와 삵괭이' 등 9篇의 寓話收錄.

16) 水野葉舟, 「宮澤賢治氏の童話について」, 『宮澤賢治研究』, 十字屋書店, 昭和 14.

17) 「뽀란의 광장」, 「바람 볼이 三郎」, 「쿠즈꼬부도리 信記」

(1) 쌍둥이 별(雙子の星)

Story① : 하늘나라 강물 가에 있는 쌍둥이 宮에서 매일밤 별을 노래하는 음악에 맞춰서 은피리를 부는 것을 본 츈세와 뽀세 두 동자는 어느 날 아침 하늘나라 우물가에서 큰 새와 전갈이 무섭게 싸웠다. 결국 서로 많은 상처를 입고 녹초가 되었을 때 임금님의 사자 번개가 데리고 갔다.

Story② : 어느 날 밤 혜성이 童子들을 꾀어서 끌고나가 바다에 빠뜨린다. 童子들은 전갈이 되어서 바닷물 속을 기어 다녔다. 고래가 동자들을 괴롭힐 때 바다의 용이 와서 海王의 처소를 데리고 가다 왕의 호의로 회오리바람을 타고 하늘로 돌아가다.

(2) 노란 토마토

Story : 하급관리였던 큐스터가 박물관의 박제 된 꿀벌과 참새에게서 들은 이야기라는 것이다.

빼무빼리와 네리라고 하는 오빠의 누이동생 둘이서 즐겁게 농사짓고 살고 있었다. 토마토가 노랗게 열린 것을 본 두 남매는 노란 토마토가 황금으로 만들어 졌다고 생각한다. 어느 날 써커스단이 들어왔는데 입장하는 사람들이 입구에서 돈을 내고 들어가는 것을 본 남매는 노란 토마토를 입장료로 개찰대 위에 올려놓고 입장하려 한다. 돈을 받던 사람은 화를 내고 노란 토마토를 던져 버렸다. 두 남매는 깊은 상처를 받고 울면서 돌아왔다고 하면서 꿀벌과 참새는 "나는 이제 이야기 할 수 없어"라고 한다.

(3) 貝의 불

Story : 어린 토끼 호모이는 땅에 떨어져 고생하는 종달새 새끼를 구해준 상금으로 새의 왕으로부터 조개의 불을 받는다. 다음날 새끼토끼 호모이가 밖에 나가니 모든 동물들이 외경을 표한다. 호모이는 여우의 꾀임에 빠져 죄책감 없이 모든 악행을 일삼는다. 호모이가 수없이 많이 나쁜 짓을 해도 조개의 불은 좀처럼 꺼지지 않더니 작은 새들을 몹시 괴롭힌 날 밤에는 드디어 조개의 불이 흐려지기 시작해서 어느덧 불빛은 사라졌고 하얀 조가비만 남아 버렸다. 호모이 앞에서 조개는 깨지고 조가비는 호모이를 실명시킨 후에 깨진 조가비에 다시 불을 밝히고 어디론가 날아가 버린다.

以上에서 소개한 童話에서는 대체로 主人公의 천진난만한 소박성을 찾을 수 있다고 본다. Story의 단순성을 통해서 低學年用의 童話라고 할 수 있으나 오히려 순수무구한 아름다움과 슬픔과 기쁨을 발견할 수가 있다고 생각한다. 그리고 주인공의 이름이 非日本的이며 동시에 異域的인 감성과 함께 흥미를 느끼게 하고 있음에 친근감이 일기도 하나 作品 전체에서 상당한 音律性이 함축된 문체를 찾아보게 해준다고 할 수 있다. 특히 貝의 光은『法華經』安樂行品 第14에서부터 Image化하고 있다고 順田淺一郎 等의 설이 전해지고 있기도 하다.

다음은 寓話의 내용을 소개해 보기로 하자. "動物寓話集中"이란 表記를 하면서 쥐 세계의 連作 3篇과 개구리 團長, 개구리 고무구두를 넣

어서 動物寓話라 했고, 또 단순히 寓話集이라 한 童話들이 있는데 우선 動物寓話를 소개하면,

(1) 쓰에 쥐

Story : 어느 古家에 쓰에라고 하는 쥐가 살고 있었다. 별사탕에 개미가 들어있다고 족제비는 쥐에게 가르쳐 주었다. 쥐가 별사탕을 확인했더니 정말 개미가 있었다. 쥐는 오히려 가르쳐준 족제비를 찾아가서 보상하라고 요구한다. 그런 쥐에게 친구들도 떠나고 단지 낡은 기둥 쓰레기 받이, 바께쓰 등이 얼마동안 상대해 주다가 모두 절교해 버리고 단 한 가지 상대자는 철사로 만든 쥐덫뿐이었다. 그러나 자기밖에 모르는 쥐는 결국 쥐덫을 분노케 해서 쥐덫은 문을 닫혀 버린다.

(2) 鳥籍선생과 후 고양이

Story : 새장 같지도 않은 새장에 작은 새를 넣고 스스로 鳥籍(새장) 선생이라 자칭하면서 새를 교육한다. 이러 저래 말은 많지만 새에게 먹이도 물도 제때에 주지 않아서 새가 죽는다. 그러나 새장선생은 새의 죽음에 대해 '안락한 一生을 보냈다.' 고 생각한다. 또 새 4마리가 죽었다. 어느 날 쥐가 새장선생 앞을 지나가다가 그의 교훈을 듣고 감동한다. 그리고 자신의 애기쥐 후–를 맡긴다. 새장선생의 제자가 된 후-는 先生의 가르침에 고분고분하지 않고 계속 말대답을 한다. 팽팽한 자기주장이 끊임없이 이어지고 先生은 노발대발했고 후-는 달아나 버렸다. 그때에 고양이 대장

이 나타나서 "선생도 틀렸고 제자도 나쁘다"고 한다.

(3) 쿤-쥐

Story : 쥐 쿤-은 질투심이 매우 강했다. 타인의 지식도 질투를 하고 기분 내키는 대로 침을 뱉어서 상대를 기분 상하게 하는 등등 화목한 생활을 하지 못했다. 쥐의회 의원인 테 앞에서도 함부로 행동을 하고 있었다. 모두의 앞에서 쿤-이 암살되어지게 된다. 암살 직전에 고양이가 와서 고양이의 도움으로 목숨을 건져서 고양이 집의 가정교사로 들어간다. 가정교사가 된 쿤-쥐는 애기고양이를 가르치고 살다가 또 애기 고양이를 질투하게 된다. 하지만 애기 고양이는 쿤을 먹어버린다.

이상이 쥐 3連作으로 알려져 있는데 그 중에서도 쿤-쥐의 寓話를 제일의 寓話라고 한다.

(4) 개구리 團長

Story : 청개구리 30여 마리가 모여서 즐겁게 정원을 꾸미고 있었다. 어느 날 참개구리가 술집을 열고 있는 곳을 지나가게 되었다. 참개구리는 양주를 권했고 청개구리들은 물론 과음도 했지만 술값을 치를 수가 없을 정도였다.

술값 대신 청개구리를 볼모로 잡아서 참개구리는 개구리단장이 되어서 청개구리들을 이끌고 노동을 했다. 참개구리단장의 횡포가 심할 때 임금의 명령이 내린다. "사용자는 피사용자와 평등해야 한다."는 명령이 두 번 있은 후에 참개구리는 깨닫고 서로 화해했다.

(5) 개구리의 고무구두

Story : 숲속 깊은 늪가에 개구리 칸이 살았고 중간쯤 분이 그리고 저쪽 억새 그늘 밑에는 벤이 살았다. 개구리 세 마리는 여름 석양에 구름을 바라본다. 그때 人間界에서는 고무구두가 유행하고 있다는 소문을 듣는다. 칸이 한때 티푸스로 고생한 들쥐를 도와준 적이 있었다. 칸은 들쥐를 찾아가서 고무구두를 부탁한다. 고무구두를 신고 있는 칸을 분과 벤은 선망과 동시에 시기를 하고 있었다. 그때 루라는 고무구두 신은 칸을 사윗감으로 선택해서 날을 정했다. 분과 벤은 칸을 골려주기로 약속하고 결혼식 날 고무구두를 갈기갈기 찢어버리고 식이 끝난 후에는 잎으로 가려진 구멍에 손을 펴서 칸을 끌어내어 3마리 모두 구멍으로 떨어진다. 루라의 도움으로 3마리 모두 구했고 분과 벤도 改心했다.

『개구리단장』의 내용이 社會비판을 하고 있음은 쉽게 느낄 수 있으며,『개구리의 고무구두』도 질투심, 선망심 등을 예리하게 풍자하고 있음을 느끼게 한다. 역시 動物寓話에서도 主人公의 이름선택은 상당한 注目을 하게 해 주고 있음을 볼 수 있다.

일반적으로 널리 알려져 있는 動物 등장 寓話 형식을 초월했음은 물론이고 단순한 내용이나 思考의 여백을 남겨둔 풍자와 유모와 선명한 문체를 통해서 마치 한편의 회화적인 요소를 작품을 통해서 느끼게 해 준다. 動物寓話가 아닌 寓話에서도 賢治의 獨自性을 發見하게 되는데 그것은 賢治寓話의 대부분이 心情的이고, 그 內容 속에는 賢治自身이 自然에 용해되어서 나타난 自然의 모습이 거기 거기에 나타나 있음을 볼 수 있다.

賢治의 文學創作은 心像스케치를 기반으로 했었던 점이 그의 童話를 完成시킨 것 이라고 생각되어진다. 단순히 讀者를 향한 知的操作 내지는 과시 혹은 內省의 여과가 없이 밖으로만 향한 일반적인 교훈이나 풍자와 비유법을 그는 사용하고 있지 않았음을 느끼게 해 준다. 꾸준히 自身의 心像世界 卽 마음의 모습을 感性的으로 파악해서 묘사한 것이 賢治의 作品性이고 또 賢治 寓話가 지닌 獨自性이라고 생각되어진다.

한편 賢治는 西域異聞이라 하여 이른바 佛典童話도 몇편을 남겼는데 「기러기 童子」, 「인타라의 網」, 「北守將軍과 3人의 형제의사」, 「마쿠노리아 나무」 등을 들 수 있다. Jātaka的인 구조를 지닌 佛典童話도 있으나 「인타라 網」은 『法華經』의 「序品」과 「如來壽量品」을 통해서 作品着想의 가능성을 두었고 「기러기 童子」는 서역을 무대로 한 作品中에서 作品으로써 最高의 完成을 보였다고 한다. 하늘나라의 사람이 죄를 짓고 地上에 내려와서 罪의 값이 소멸되면 다시 天上으로 올라간다는 日本의 유명한 羽衣說話[18]的 구성을 하고 있고 佛敎의 三世因果의 내용을 형상화 한 것이라고 본다.

賢治는 近代科學에 대해서도 상당한 지식을 섭렵했고, 그 위에 佛典에의 깊은 理解와 心像의 內省을 해오고 있었기 때문에 作品의 형상화

18) 우리나라의 설화 '나무꾼과 선녀' 와 비슷한 구조를 지닌 일본의 옛 설화.

가 가능할 수 있었는지도 모른다. 「마쿠노리아 나무」도 역시 『法華經』 사상을 作者인식을 형상화한 작품으로 알려져 있는데 이렇게 西域을 무대로 쓰여진 작품은 선명히 佛典임이 밝혀지고 있으나 이렇게 밝혀진 作品만을 들추어 賢治童話의 佛敎的性格을 論하려는 것이 아니고 그의 童話一般에 용해되어 있는 그의 心像을 통해서 佛敎的 佛典的 체취를 감지할 수 있는 점에서 그 作品의 절대적 가치를 부여하고 져 하는 것이다.

中篇童話로는 「욧빼르와 흰코끼리」, 「3兄弟」 등이 있고 散文風童話로는 「영국 해안」 등으로 알려져 있으나 賢治가 生前에 童話로써 집필을 완성한 작품은 「돌배」, 「개미와 버섯」, 「밭끝」, 「은행나무의 은행」, 「노송과 개 양귀비」, 「재두루미와 다알리아」, 「눈먼 돼지와 무지개」, 「개구리 고무장화」라고 하는데 그 內容들은 生命에의 환희와 외경 특히 작은 보잘 것 없게 보이는 動植物의 生命에 소중함과 황홀과 슬픔을 내포하고 있는가 하면 또 宗敎的인 思考와 信仰을 바탕 한 哲學的 形而上學的인 主題의 童話와 寓話的이고 유모가 풍부한 童話도 있는데 本論에서 모두를 언급할 수가 없으므로 이제 長篇童話의 소재를 간략히 기술하고 져 한다.

賢治童話의 長篇은 널리 알려졌다. 童話의 先驅로 알려져 있는 「銀河鐵道의 夜」와 少年小說이면서 長篇인 「쿠스꼬-부도리의 傳記」와 「뽀라-노광장」이다. 「뽀라-노광장」은 꿈속의 세계라고나 해야 할지 어떻든 傳說的인 세계를 현실로 受容하려는 상상력의 표현이라 볼 수 있고 「바람몰이 三郎」에서 心理묘사는 讀者를 감동시키고 있으며 賢 治童話의 獨自性과 一貫되고 있는 心像스케치 卽 內的 투영과 內省을 통해서 발현되는 賢治의 永遠한 兒童性이 충분히 묘사되고 있다.

以上에서 賢治童話를 간략히 소개 했으나 다시 정리해 보면 먼저 「쌍둥이별」 등의 동화 3편을 제시했는데 이 동화들은 대체로 低學年 讀者를 위한 童話였고, 그 다음에 寓話的인 童話를 쥐에 관한 連作3篇과 다른 2篇, 그리고 佛典 즉 西域을 무대로 하고 있는 童話에 대해서부터는 地面관계상 제목만을 소개했다. 그리고 中篇과 散文風의 동화, 그리고 長篇童話 4篇을 소개해서 賢治童話의 理解를 하는데 있어서 가장 기초적인 作業을 했다고 할 수 있다.

2. 童話의 特性

宮澤賢治가 生存했던 日本은 大正期였고 小說界는 現實密着型的인 Realism주의의 文藝思潮였었다. 따라서 기성의 개념과 선입관과 관습과 상식을 小說에서는 쉽게 초월하기가 어려웠었던 시대사적인 배경이었다고 볼 수 있다.

賢治는 自作에 대한 表現을 心像스케치라고 일컬었음은 이미 여러번 記述한 바가 있다. 그는 口語體의 自由詩形 作品에 까지도 「詩」라고 하는 表現을 하지 않았다. 心像은 단순하게 관념을 의미하고 있지 않았음을 그의 作品을 通해서 알 수 있었다. 心像스케치했던 메모가 詩도 되고 편지로도 쓰여 졌고 童話와도 무관하지 않았던 心像스케치는 賢治文學은 물론 賢治童話를 童話답게 해 준 결정적인 근간이 되었음도 이미 잘 알고 있는 사실이다. 그러한 문학적 토양은 高農시절 습득한 自然科學的 知識과 『法華經』 信仰을 通해서 얻어진 宗教的認識, 농촌지도와 教員生活을 通해서 얻어진 實質的인 體驗들이 賢治文學의 토양이 되었고 그의 文學은 그의 心像에 투영되어서 발현된 생동감이 생명력 있게 發芽되었다고 할 수 있는 것이 가장 우선적인 특징이 되리라고 생각한다.

童話構成에 있어서도 단순하기 때문에 명쾌하다고 할 수도 있겠으나 단순명쾌성도 또 하나의 특성이 될 수 있다고 본다.

작품에 표현된 文體의 미려함은 물론이고 隱喩的인 自己表現속에서 때로는 願望(이하또-보라는 유토피아, 혹은 現實에 接木해서 그려놓는 理想 등등)과 生에 畏敬과 환희와, 현실고통에 대한 슬픔과 일종의 분노와 신랄한 풍자를 하고 있는 寓話들 등등이 그대로 賢治童話의 특성이라고 해도 좋을 것이다. 그러나 뒤에 나열한 것을 한마디로 일축해서 "永遠한 兒童性"이라고 하고 있으나 필자는 "童心의 表現"이란 단어로서 賢治童話의 특성으로 지적해 보고 싶다. 이미 試論的인 입장에서 童心文學[19]에 대해서 論한 바가 있으나 賢治作品을 읽어가면서 감정적으로 얻어지는 共感性은 童心의 表現, 童心의 상징이었기 때문이다.

한편 그는 視覺的인 언어묘사는 물론이고 적절하게 선택한 擬聲語 擬態語들이 싱그럽게 음악적이었다. 그래서 賢治의 童話는 구연하기도 쉽다고 알려져 있다.

賢治가 作品에서 즐겨 사용한 單語가 있는데 몇 가지만 골라보면 다음과 같다. 즐겨 사용하는 색상은 靑, 赤, 白, 黑, 黃, 金, 銀을 표현하고

19) 趙明烈, 「童心文學試論」, 佛敎文化硏究院, 1982.

있지만 그중에서도 파르스름(靑)한 색상을 즐겨 사용했다고 할 수 있고,「銀河鐵道의 夜」이란 동화에서는 "ぼんや"라고 하는 부사를 셀 수 없을 만큼 사용하고 있는데, 그의 童話 전반에 걸쳐서 자주 表現했다고 느껴지는 단어들을 정리해 보는 것도 의미가 있다고 생각되어질 만큼 賢治특유의 單語들은 주목을 받고 있다.

賢治는 自身의 童話集 12卷에 「이하토-보 童話集」이란 공통 타이틀을 붙여서 출판할 계획이었으나 第一集『주문많은 요리점』만 출판했었음은 알려진 사실이다.「이하토-보」는 賢治의 심상에서 추구하는 유토피아 卽 dreamland로써 賢治가 一生동안 추구해온 理想鄕이었고 因과 果의 時空을 초월한 第4次元의 世界로써 人間의 空想을 초월한 童話였기 때문에 賢治의 童話를 現代的 古典이라고 하는 것도 결국은 賢治의 永遠한 兒童性 곧 童心이 생그럽게 표현되고 있기 때문이라고 본다. 그것을 가장 구체적으로 느낄 수 있는 작품을 필자는「銀河鐵道의 夜」이라고 지적한다. 이『은하철도의 밤』을 通해서는 賢治의 모든 것을 그대로 감지할 수가 있을 수 있다. 1913년부터 집필을 시작해서 死亡직전까지 10여 년 동안 加筆과 修正을 했다고 한다. 現實世界에서 악전고투한 고독한 理想家이면서 열렬한『法華經』信仰人으로서 그의 思想의 대부분의 표현이 집약된 작품으로서 作者를 표현하고 있지만 그것은 결국 우리 모두가 共感할 수 있는 세계의 표현이었다. 절망과 죽음, 希望(生)이 共存共生하는 좁은 현실에서 現實에 忠實하면서 理想의 現實化를 所望하는 삶의 혼돈, 권태, 초조 등이 혼재하고 있음을 느낀다. 어쩌튼 賢治의 時空의 Image와 宇宙감정(=宗教的감정)의 발로는 賢治가 끊임없이 모든 生命의 存在性을 인식하고 있음을 느끼게 해주는 것은 賢治가 始原的인 人間性에 큰 의미를 두었던 것이라고 생각된다.

V. 맺음말

宮澤賢治는 日本近代의 격동의 시대를 체험한 詩人이며, 童話作家였다. 文藝活動의 시작은 천부적인 才能도 있었지만 그의 집필활동에 직접적인 정열을 쏟게 한 원인은 바로 『法華經』信仰에서 부터였다. 本家의 信仰인 淨土眞宗을 떠나서 『法華經』에 심취하고 父親까지를 改宗시키려 했으나 失敗했다. 스스로 東京에 가서 國柱會에 입회하고 『法華經』의 布敎活動도 했다. 文藝를 通한 『法華經』의 布敎에 사명감을 갖고 많은 량의 글을 쓰는 정열을 보였으며 賢治는 政治性을 갖지 않은 『法華經』信奉者로 알려졌는데 그것은 賢治의 『法華經』信仰의 모습은 日蓮에 대해서도 보편적 개인으로서 신봉을 했었기 때문이다. 그 외에 賢治에게는 Cosmopolitan에로의 志向性을 갖고 있었다고 볼 수 있는데 그 이유는 賢治自身이 에스페란토어를 읽혔고, 또 스스로의 작품집을 이하토-보라고 하는 부제를 붙인 점 등등이 賢治를 단순한 국가주의자라고는 할 수가 없다.

賢治 스스로가 「法華文學」이란 용어에 심취해서 『法華經』의 포교를 위해 집필을 하도록 감화시킨 것은 『法華經』 方便品이었을 것이라고 하는데 그 내용은 다음과 같다.

乃至童子戱 聚沙爲佛塔 如是諸人等

皆已成佛道

(中略)

乃至童子戲 若草木及筆 或以指爪甲

而畵作佛像 如是諸人等 漸漸積功德

具足大悲心 皆已成佛道[20]

어린이가 놀면서 장난으로 모래 탑이라도 세우면 그 공덕으로 成佛한다는 간절하게 사무치는 法華世界에로의 希求가 賢治에게 童話를 쓰도록 직접적인 역할을 했음에 틀림이 없다고 본다.

賢治는 평소에 많은 편지를 썼다. 그 중에서도 친구 保阪嘉內[21]에게 『法華經』의 思想을 經典중의 經典임을 강조하면서 자신의 신앙체험을 꾸준히 적어 보낸다. 예를 들면 "南無 妙法蓮華經이라고 한번 부를 때 世界와 나는 不可思議한 빛이 쌓이고 그 빛은 어떤 빛인지 나도 모릅니다."고 하면서 『法華經』의 信仰을 이끌고 있었다. 賢治는 『法華經』을 우주적인 상념에서 읽어 이해한 사람중의 하나로 보기[22]도 한다. 결국 賢治는 一生을 『法華經』 精神으로 살았다고 볼 수 있다. 死亡時에 父親께 國譯(日本語) 『法華經』 臺阡部를 刊行해서 보시해 달라는 유언을 남겼음이 그것을 증명한다고 할 수 있다. 『法華經』 精神에 입각해서 卽 『法華經』의 마음으로 살았기 때문에 그의 作品은 現在까지도 독자성을

---

20) '아이들이 장난으로 모래를 쌓아 탑을 쌓아도 이런 사람은 모두 成佛하였다.' ,내지는 '아이들이 장난으로 草木으로던지 佛像을 그리면 이 사람들도 공덕을 쌓아 大悲心을 갖추면 모두 성불한다.'

21) 아무런 이유없이 학교로부터 퇴학당한 친구의 이름

22) 紀野一義, 「宮澤賢治と法華經」, 『佛教』, 法藏館, 1990, p.83.

지니고 있는 것이라고 확신한다. 그의 詩「雨にモマケズ」는 賢治의 求道的인 側面이 잘 묘사되어 있는 것으로 賢治像의 定着이라고 해도 과언이 아닐만큼 널리 알려졌다. 이 詩의 內容을 略述해 보면

> 비가 오나 바람 불어도 눈이 내려도 더운 여름에도 건강한 몸으로 성냄 없이 돌이라도 깨뜨릴 힘으로……(중략) 동쪽에 病앓는 어린이 있으면 가서 간병하고 서쪽에 지친 어머니 있으면 가서 그 일을 돕고 남쪽에 죽어가는 사람 있으면 가서 두려워하지 말라고 일러주고(略)

以上에서 볼 때 비가 오나 바람이 불어도 어떤 악조건에서도 기쁜 마음으로 헌신적인 노력을 한다는 의미이므로 이를 賢治의 『法華經』마음, 보살의 정신으로 이해하게 해 주는 것이다.

결국 『法華經』 信仰과 思想이 意識化되어서 그의 마음이 되어버린 것이다. 영원한 兒童性 즉 童心은 『法華經』의 精神이 賢治內心에 용해되어서 그것을 바탕으로 해서 創作된 童話는 童心이 발현되지 않을 수 없었다고 본다. 그런 연유로 그의 童話는 現代의 古典으로 多數의 讀者를 지니고 있는 것이다. 童心 卽 永遠한 兒童性의 發現은 어린이에서 어른에 이르기까지 폭넓은 讀者層을 확보하는 것이라고 본다.

賢治는 분명히 詩人이었으나 훌륭한 童話作家였다. 詩人 중에서도 抒情詩人이 아닌 心像스케치가였다. 그는 항상 모든 사물의 存在의 內面에 들어가서 世界와 자기를 同時에 파악하려는 노력을 해왔다.

그러한 노력이 賢治의 資質에 어울렸고 그렇게 해서 創作되어진 童話는 賢治에게 제일 어울렸던 Genre가 되었을 것이다. 賢治童話의 研究

는 多角的인 面으로 문제를 제기해 주고 있다. 예를 들면 宗教的인 문제와, 心像스케치를 비롯해서 童話的인 구도, 童話의 思想 등 內面的인 要素가 있으며, 作品을 通해서는 文章과 文體의 考察을 通해서 究明되어지는 童話的 要素로 大別할 수가 있다. 한마디로 童話精神이라고 하면 적합하지 않을까 하는 생각을 한다. 賢治의 童話精神이라고 하면 물론 영원한 兒童性 卽 童心의 發現을 의미한다. 童心은 至高至純한 根源으로 인식할 때 永遠한 時間과 無限한 空間을 초월해서 항상 그렇게 생그럽게 있는 生命의 共感性이며 賢治童話는 그렇게 共感成을 일으켜주기 때문에 多數多層의 讀者를 갖고 있다고 본다. 그리고 賢治에 있어서 童心의 表現은 어린 시절부터 신앙해온 佛教의 가르침에 근원적인 영향을 받은 것이라고 생각한다.

[參考文獻]

中村 稔,『宮澤賢治』, 筑摩叢書 191, 1978.

高橋康雄,『宮澤賢治の世界』, 第三文明社, 1984

新修,『宮澤賢治全集』, 筑摩書房, 1979.

淺野晃編,『宮澤賢治詩集』, 白凰社, 1992.

佐野美津雄,『兒童文學セミナ-』, 季節社刊, 1979.

草野心平,『宮澤賢治研究』, 十字屋書店, 1939.

草野心平,『宮澤賢治研究』, 筑摩書店, 1958.

小野隆祥,『宮澤賢治の思索と信仰』, 泰流社, 1979.

特集 · 宮澤賢治,「日本文學」, 1960.

特集 · 宮澤賢治の世界,「解釋と鑑賞」, 1973.

特集 · 宮澤賢治,「佛教」, 1990.

「日本の佛教宗派」, 佛教信徒協會, 1980.

"카므빠네르라, 이제 우리 둘 뿐이야. 어디까지고 어디까지고 함께 가자. 나는 저 전갈처럼 참으로 모두의 행복을 위한다면 내 몸 따위가 백 번 타도 괜찮다."
"응, 나도 그렇다." 카므빠네르라의 눈에는 맑은 눈물이 고여 있었다.
"그렇지만 참행복이란 도대체 뭘까?" 죠반니는 말했다.
"나 잘 모르겠어." 카므빠네르라도 멍청히 말했다.
"우리들 열심히 해보자." 죠반니는 가슴 가득히 새 힘을 내는 것처럼 훅하고 숨을 내쉬면서 말했다.

童心

宮澤賢治의 童話考 II

-『銀河鐵道の夜』를 중심으로 -

童話『銀河鐵道의 夜』는 宮澤賢治 文學의 대표로 알려져 있기 때문에 賢治文學研究의 中心을 형성해 왔다고 해도 과언이 아닐 것이다. 단순히 童話라고 하는 Genre를 초월했다고 볼 수 있는 연구들이 지속되어 오고 있는데 그것은 이 작품의 내용을 통해서 賢治문학의 전반을 비추어 보고자 하는 의미가 있기 때문이 아닐까 하는 생각을 하게 되어진다.

본 논문에서는 충분치는 못하지만 작가 賢治가 주인공 죠반니와 카므빠네르라, 그리고 등장인물들을 통해서 표현되어진 여행이 독자로 하여금 어떻게 받아들여 질 수 있을 것인가, 그리고 賢治가 추구했던 목적은 무엇이었던가에 대하여 고찰해 보려고 했었다.

賢治가 추구하고자 했던 문학성의 구현, 즉 그의 이상세계는 다방면에서 고찰되어 질 수 있으나 결국 그는 사차원의 세계에로 향하고 있었음을 찾아 볼 수 있었다. 그가 추구했던 이상세계의 실현은 불교, 그 중에서도 법화신앙을 통해서 꾸준히 추구하고 있었음을 살펴보았다.

『승가대논문집』 4집, 중앙승가대학교, 1995

宮澤賢治의 童話考 II

-『銀河鐵道の夜』를 중심으로-

Ⅰ.序 言

宮澤賢治는 대체로 特異한 詩人, 혹은 童話作家로서 높은 評價를 받고 있다. 그것은 賢治의 문학세계가 그만큼 독특하고 다양한 특징을 내포하고 있기 때문일 것이다. 賢治의 문학은 自然과 人間의 交感이 同和되는 不可思議한 아름다움이 충만해 있어 讀者를 무한한 호기심으로 이끌어 주는 妙味가 있다고 할 수 있다. 讀者로 하여금 무한한 호기심을 이끌어가는 그의 文學世界의 특질이 多樣하기 때문이라고 하는데 그 多樣性을 몇 가지로 구분해 보면 다음과 같다.

賢治는 詩人으로서 시도 썼고 童話作家로서 童話도 썼으나 그 내용에 있어서는 詩와 童話를 구별할 수 없을 만큼 一致된 Image를 안겨 준다고 할 수 있다. 그 의미는 賢治의 詩를 읽노라면 머리에 떠오르는 Image는 마치 그의 童話의 연속으로 이어지고, 따라서 童話를 읽으면

詩를 연상시키게 해주는 일치되는 감각의 연상을 심어주고 있다는 것을 들 수 있다.

大正 13年(1924) 4月 東京 關根書店에서 自費로 출판했던 '心象 스케치'『春과 修羅』의「序」의 서두의 表現을 간단한 예로써 들어봐도 그것은 그의 童話와 함께 讀者로 하여금 계속적인 호기심을 다양하게 불러일으키게 해주고 있음을 알 수있다.

わたくしといふ現象は
仮定された有機交流電燈の
ひとつの青い照明です
(あらゆる透明な幽靈の複合體)
風景やみんなといっしょうに
せはしくせはしく明滅しなから
いかにもたしかにもとりつづける
因果交流電燈の
ひとつの青い照明です
(ひかりはたもち その電燈は失はれ)[1)]

1) 『宮澤賢治詩集』, 白凰社, 1992.
나라는 현상은
가정된 유기교류 전등의
한 푸른 조명입니다.
(모든 투명한 유령의 복합체)
모든 경치와 함께
깜빡 깜빡 명멸하면서
어떻든 확실하게 계속해서 돌아오는

賢治 자신은 '詩' 라고는 表現하지 않고 '心象 스케치' 라 表現을 했던 점에 우리는 注目을 해야겠지만 賢治의 硏究者들은 그것들을 보통 詩라는 장르로서 硏究를 해왔던 것이다.

賢治의 詩集『春과 修羅』를 賢治가 森佐一에게 쓴 편지 속에 詩는 아니고 어떤 心理學的인 사건의 기록이라 하여 心理學이라는 단어를 사용했다. 따라서 賢治의 '心象 스케치' 는 初期 童話에서도 사용이 되어 지기도 했는데, 그의 첫 童話『注文 많은 요리점』의 광고 속에 '이것은 心象 스케치다' 라는 표현이 있다.

賢治의 文學 硏究者들은 쉽게『春과 修羅』는 詩이고,『注文 많은 요리점』 등은 童話라고 분석하고 있으나 賢治가 사용했던 단어 '心象 스케치' 에는 詩와 童話 어느 쪽으로도 상상이 가능한 양면성을 지니고 있음을 느끼게 된다. '心象 스케치'『春과 修羅』 또는『眞空溶媒』는 두 편 모두 1922년에 썼다고 되어 있고 文學史에서는 시의 장르로서 硏究되어져 왔으나 사실은 詩와 童話의 兩存을 연상케 해주고 있다고 할 수 있는데, 이러한 점도 賢治文學의 특질이라고 할 수 있다고 본다.

宮澤賢治라는 한 人間에 대한 人物評도 이미 알려진 바와 같이 多樣하다. 詩人과 童話作家로서 賢治가 있었는가 하면, 法華經 信仰者였던 信仰人으로서의 賢治, 또 자신의 專攻을 등한히 하지 않고 꾸준히 노력해 온 農業技師로서의 賢治, 그리고 이와토보라고 하는 유토피아를 꿈꾸면서 농민을 지도했던 농민의 친구로서의 賢治, 以上의 4가지

인과 교류 전등의
한 푸른 조명입니다.
(빛은 남고 그 전등은 잊어라)

는 賢治의 입장에서 어느 것 하나도 소홀히 할 수 없었던 것으로써 그것은 바로 賢治文學精神의 기본적인 産室이 되었을 것으로 생각이 되어 진다.

賢治의 특징은 한 마디로 표현한다면 藝術과 宗敎와 科學을 총섭, 파악한 독자적인 정신世界를 지녔다고 해도 무리는 아닐 것이다. 그의 詩는 修羅의 의식에서부터 시작된 것이라고 볼 수 있는데 여기서 修羅의 이미지는 영원한 방랑자 내지는 영원한 여행자로서 반영시켜 볼 수가 있고, 또 영원하다고 하는 시간성에 대한 賢治的인 개념은 歷史的인 시간의식에 근거한 것이 아니고 宗敎的 · 佛敎的인 시간의식인 것이다. 이것은 賢治의 그러한 시간의식을 三世因果에 의한 六途輪廻思想을 내세운 佛敎信仰에 의해서 얻어진 것이다. 그러한 永遠한 生命的인 時間의 인식은 그의 순수한 信仰을 通해서 體得이 되어졌고 거기에다 賢治의 文學的 才能과 풍부한 科學的 學問的인 정서가 그를 독특한 자기만의 世界를 구성할 수 있도록 해 주었을 것이다. 특히 그의 一生을 통해서 일관되어졌던 法華經의 信仰이 그의 宗敎의식을 고양시켜 주었음은 이미 알려진 사실이다.

賢治의 法華信仰의 대한 심취는 여러 곳에서 발견되어지는데 우선 『法華文學』의 創作을 위해 성심을 다 했던 것과 死後 그의 수첩에 연필로 기록되었던 「雨にも まけず」라는 詩를 중심으로 賢治 晩年의 法華經 信仰의 의식은 정점을 이루고 있었음을 살필 수 있게 된다.

賢治 晩年의 法華經 信仰의 깊이는 「雨にも まけず」같이 발견된 遺書에서도 잘 나타나 있는데 그 내용은 塵点劫이라는 時間의식과 더불어 윤회의 의미를 잘 표현하고 있다.

賢治의 文學世界는 그의 死後 半世紀 동안 많은 硏究와 評價를 받아 왔다고 할 수 있는데, 그렇게 되어 진 까닭은 그의 獨自的인 文學精神에 기반해서 씌여 진 다양한 文學的 특질때문이었다고 생각이 되어진다. 그가 남긴 '心象 스케치'와 多數의 童話, 그리고 메모수첩에 남겨졌던 연필로 쓴 미완성의 작품들이 다양하게 讀者에게 호기심을 불러일으켜 주고 있으나, 그 중에서도 賢治 全作品의 頂点이라고 알려진 童話『銀河鐵道の夜』에 대해서 考察해 보고자 한다.

Ⅱ. 童話『銀河鐵道の夜』

童話『銀河鐵道の夜』는 賢治 生前의 未發表作이었음은 잘 알려져 있다. 賢治는 生前에 自身이 직접 작품을 고르고 편집해서 單行本 童話第一集『注文 많은 요리점』 1권을 출판했을 뿐이었다. 童話集『セロ彈きのゴ-シュ』는 賢治가 生前에 新聞이나 잡지에 이미 발표했던 약 10편 정도의 作品集으로 賢治의 유고였었는데 그것은 賢治가 病床에서 마지막까지 추고한 完成作品이라고 인정하기로 해서 賢治 童話集『セロ彈きのゴ-シュ』를 넣어서 生前 發表作品으로 알려지게 되었던 것이다. 이렇게 해서 賢治 童話集에 수록된 生前 發表 童話는 모두 20편을 들 수 있는데 그 가운데에서도 엄밀하게 말한다면『セロ彈きのゴ-シュ』는 未發表였으므로 準發表作으로 친다면 19편을 生前 發表 童話로 들 수 있다. 그 밖에 未完成作品들은 賢治의 自筆原稿로 남겨져 있었던 未完原稿 혹은 未完成作品이 되고 말았다. 未完成作品들은 같은 내용

의 작품이 두 가지 이상의 형태가 있는 것도 있는데 그것들을 『校本全集』에서는 '初期形', '最終形'으로 분리해 두었던 것이 많았으나 昭和 44년(1969) 2차 筑摩書房에 의해서 完結되었던 『宮澤賢治全集』의 完結로 그의 작품은 정리가 되어졌다고 할 수 있겠다.

遺作品의 정리과정에 대해서는 다음 기회에 考察하기로 하고, 本稿에서는 作品內容에 대해서 살펴보기로 한다.

賢治의 代表作이라고 오늘에 전해 오는 『銀河鐵道の夜』는 물론 그의 生前 發表가 아니었음에도 불구하고 잘 알려져 왔다. 『銀河鐵道の夜』와 작품 『セロ彈きのゴ-シュ』는 나란히 그가 死亡 직전까지 추고를 했던 작품이었다. 그리하여 『校本全集』에는 初期形 · 最終形이 수록되어 있음을 볼 수 있다. 未完成의 작품이었고 또 두 가지의 形式으로 남아 있는 이 遺作은 맨 처음 原稿整理者였던 森莊已 氏와 賢治의 동생 宮澤淸六과 岩波書店版의 편집책임자 堀尾靑史 氏 등의 노력에 의해서 오늘에 전해 오는 新版의 改訂이 되었던 것이다. 이상과 같이 遺稿의 정리, 개정의 과정을 거쳐서 오늘에 전해지는 童話들이지만 賢治의 童話는 지속적으로 높은 評價를 받고 있는데, 그 까닭은 賢治의 文學精神이 각 작품 속에 깊이 배어 있기 때문이라고 생각되어 진다. 더욱이 後人에 의해 정리, 개정이 되었음에도 『銀河鐵道の夜』는 賢治文學의 精髓로서 評價되어 지고 있음에 더욱 注目을 하게 되는 것이다.

1. 『銀河鐵道の夜』의 構造와 story

『銀河鐵道の夜』는 간단히 표현한다면 銀河의 여행록이라고 할 수

있다. 다시 말하면 銀河의 北十字星에서부터 南十字星까지의 天上空間의 기행문이라고 할 수도 있다. 그런데 이런 銀河系의 기행은 現實과 꿈속을 통해서 이루어지고 있었던 것이다. 좀 더 상세히 기록한다면 現實世界에서 꿈속으로 들어갔다가 다시 現實世界로 돌아오는 형식인데 이러한 現實 → 夢 → 現實로 엮어지는 童話의 構造는 다른 童話에서도 잘 발견되어 지는 fantasy라고 할 수 있다. 그러나『銀河鐵道の夜』는 단순한 童話의 fantasy의 틀을 벗어나서 詩的이기도 하고 童話的이기도 한 表現形式을 느끼게 해주고 있는 童話임에 틀림이 없다.

주인공 죠반니(ジョバンニ)가 겪어야 했던 日常的인 현실은 아침부터 저녁까지 고난의 연속임을 보여준다. 아침부터 저녁까지 주인공 죠반니에게는 일을 해야 하는 고통이 따랐고, 학교에서는 친구들로부터 따돌림을 당하는 외로움이 그를 괴롭혔고, 방과 후에는 친구들과 놀지도 못하고 신문배달과 인쇄소의 아르바이트가 기다리고 있었다. 인쇄소에서조차 따뜻한 눈길의 보살핌이 없이 냉정하고 썰렁한 분위기로부터 얻어지는 고통과, 집에는 母親이 病으로 몸져누워 있고 父親은 멀리 고기잡이를 떠난 후 연락이 없는 외로운 가정으로부터의 불행과 외로움의 현실 속에서 주인공의 일상이 계속된다. 모친의 우유가 배달되지 않아서 인쇄소 아르바이트를 마치고 집에 돌아온 죠반니는 우유보급소로 우유를 가지러 갔다가 銀河의 祝祭를 보러 가게 된다. 언덕에 누워서 멀리 축제에 참석하러 가는 친구들을 바라보다가 잠이 든 죠반니는 꿈속의 世界를 여행하게 된다. 四次元의 銀河鐵道를 타고 銀河系를 여행하다가 다시 現實로 돌아온 죠반니가 친구의 죽음과 父親의 귀환소식을 듣게 되어 지는 구조를 지니고 있다.

『銀河鐵道の夜』의 內容은 初期形에서는 6단락으로 이루어져 있고, 終期形은 9단락으로 분류되어 있는데 그 내용은 아래와 같다.

初期形 ①ケンタウル祭の夜
②天氣輪の柱
③銀河ステ-ション
④北十字とプリオシン海岸
⑤鳥を捕る人
⑥ショバンニの切符

終期形 ①午後の授業
②活版所
③家
④ケンタウル祭の夜
⑤天氣輪の柱
⑥銀河ステ-ション
⑦北十字とプリオシン海岸
⑧鳥を捕る人
⑨ショバンニの切符

賢治는 이 長篇『銀河鐵道の夜』를 '少年小說' 이라고 했었을 지도 모른다는 생각이 들기도 한다.

위에서 소개한 두 가지 形式의 단락을 소개하면 自然히 童話의

story도 소개가 되어 지리라 생각되어 단락을 소개해 보기로 한다.

먼저 初期形을 소개하면

① ケンタウル祭[2]의 밤

고기잡이 떠난 아버지는 돌아오지 않고 병든 어머니를 보살피는 소년 죠반니는 신문배달과 인쇄소에서 문선을 한다. 친구들로부터도 소외 받은 고독한 죠반니는 같은 반 친구 카므빠네르라(カムパネルラ)를 그리워한다.

② 天氣輪의 柱[3]

죠반니는 홀로 언덕 위에 天氣輪의 柱 아래 누워 카므빠네르라를 생각하면서 銀河를 우러러본다.

③ 銀河ステ-ション

자신도 모르게 銀河鐵道를 타고 있는 죠반니에게 은은한 목소리로 銀河世界는 地上世界와 다르다는 것을 알려준다. 정신을 차려 보니 언제 탔는지 친구 카므빠네르라도 타고 있었다.

---

2) ケンタウル는 星座의 이름으로 그 星座名으로 행해지는 祝祭이다.

3) 盛岡, 花卷 등지의 사찰에는 花崗岩의 기둥이 있었는데, 그 花崗岩의 기둥이 賢治의 창작세계에 天氣輪의 柱로 묘사되어졌을 것으로 추측하고 있다. 왜냐하면 사찰에 있던 花崗岩의 기둥을 돌면서 祈雨를 해왔다고 한다. 農事를 위해 일기에 관심을 많이 가지고 있었던 賢治였기에 그 花崗岩의 기둥을 天氣輪의 柱로 표현하였을 것으로 짐작된다.

④ 北十字와 プリオシン[4]海岸

白鳥 정류장에서 정차하는 동안 두 사람은 내려서 뿌리오싱 해안에 갔다. 호두화석을 줍고, 짐승화석의 채취현장을 보았다.

⑤ 鳥를 잡는 사람

백로, 기러기를 붙잡아 먹는 것을 업으로 삼는 사람이 합승한다.

⑥ 죠반니의 승차권

차장이 승차권 조사를 나왔을 때 죠반니는 호주머니에서 종이를 꺼내는데, 그 승차권은 어디까지든지 갈 수 있는 것이었다. 도중 어디에서인지 새잡이는 사라졌고, 대신 어린 남매를 데리고 한 청년이 승차했다. 배가 난파해서 탔다고 한다. 카므빠네르라가 그들과 이야기할 때 죠반니는 질투한다. 열차는 콜로라도 고원 같은 곳, 쌍둥이별, 전갈의 빛을 통과하여 사잔크로즈에 도착하자 청년들은 하차한다. 石炭袋에서 죠반니가 둘이서 어디까지든지 가자고 말했을 때 카므빠네르라의 모습이 문득 없어져버렸다. 울고 있는 죠반니에게 어디선가 사람의 말소리가 들려온다. "모두 카므빠네르라다. 모두 행복을 추구한다."라고. 죠반니가 꿈에서 깨어나니 부르까니로 박사가 자신의 생각을 죠반니에게 전하려는 실험을 했다고 하는 것이다.

---

4) プリオシン은 鮮新世로 地質時代의 新生代 第三期 末期로서 英國 해안의 지층이 그 시대의 것이다. 그런데 賢治는 花卷에서 떨어진 小舟度의 川岩의 泥巖에서 호두화석 偶蹄類의 足跡 등의 화석을 보고서 연상한 것이 아닌가 생각한다.

이상에서 初期形의 단락과 그 내용을 간추려서 소개했는데 다음에는 最終形의 단락과 내용을 간단히 기술해 보기로 하겠다.

① 午後의 수업

피곤한 나머지 비적극적인 죠반니와 함께 카므빠네르라도 수업 중 질문에 대답을 하지 않는다.

② 活版所

학교가 끝나고 活版所(인쇄소)의 아르바이트를 하고 있는 죠반니에게 인쇄소의 어른들은 냉정하다. 그래도 죠반니는 자신 몫의 일을 마친다.

③ 집

병든 어머니가 항상 누워 있고 아버지는 고기잡이를 떠난 후 돌아오지 않고 죠반니는 어머니의 간병까지 맡고 있다. 우유배달이 안 되어서 인쇄소에서 지쳐 돌아온 죠반니는 우유를 가지러 보급소에 찾아 간다.

④ 켄타우르祭의 밤

축제 준비가 한창일 때, 죠반니는 어머니의 우유를 가지러 보급소에 갔다가 아무도 없어서 축제가 이루어지고 있는 쪽으로 향해 간다. 친구들에게 소외되고, 고독하고 지친 죠반니는 왁자지껄하게 축제가 열리는 곳으로 가고 있는 친구들을 바라보면서 쓸쓸해져 언덕 위에 드러눕

는다.

⑤ 天氣輪의 柱

天氣輪의 柱 아래 누워서 쓸쓸한 죠반니는 자신에게 유일하게 동정심을 보내준 카므빠네르라를 생각한다.

⑥ 은하 정류장

어느덧 자신도 모르게 죠반니는 은하철도를 타고 달리고 있는데, 은하 정류장에 이른다. 은하 정류장에서 카므빠네르라가 동승한다.

⑦ 北十字와 뿌리오싱 海岸

⑧ 鳥를 잡는 사람

⑨ 죠반니의 승차권

단락 ⑦·⑧은 初期形과 별다른 차이는 없다. 그러나 단락 ⑨에서는 첫 부분이 初期形과 비슷한 부분이 많다. 그런데 카므빠네르라가 石炭袋에서 사라졌을 때 누군가 말해오는 소리는 없고, 단지 죠반니는 꿈에서 깨어나 우유를 가지러 우유 보급소에 들른 후에 다리가 있는 곳에 왔을 때 실제로 카므빠네르라의 희생적인 익사 사실을 알게 된다. 카므빠네르라의 부친이 슬픔에 빠져있으면서 죠반니 父親이 건강하게 돌아왔음을 알려 준다.

이상과 같이『銀河鐵道の夜』의 童話內容의 구성과 story를 정리해 보았다. 初期形과 最終形의 내용에는 크게 변화된 내용은 발견할 수 없으며, 현재 읽혀지고 있는 작품은 最終形으로 알려져 있다. 賢治文學의 研究와 評價는 그의 사후에 評價는 계속되어 왔으나, 아직도 그의 文學世界에 대한 호기심은 이어지고 있다. 賢治文學의 研究는 그 量이 많지만 그 중에서도 賢治文學의 代表라고 하고 있는『銀河鐵道の夜』에 대한 研究業績도 상당량을 차지하고 있다. 그것은 그 작품이 안고 있는 多樣性과 독특한 文章의 表現技法이 꾸준하게 研究의 시선을 모으고 있기 때문이라고 생각되어진다.

『銀河鐵道の夜』에서는 다양한 研究의 테마가 포함되어 있다. 예를 든다면 넓게는 宇宙의 문제, 星座의 문제, 時間의 문제, 人間의 문제, 幻想과 꿈의 이야기, 宗教와 信仰의 문제 등이 讀者로 하여금 명상과 상상력과 직관력을 불러일으키도록 해주는 부분이 있는가 하면, 時空을 초월한 신선함에 빠지도록 하는 신비스러운 느낌이 온몸에 와 닿고, 幻想的인 신비로 이끌어주는 文章의 표현이 가히 詩的인 감동을 주는 부분도 많은 것 같다. 어쨌든 賢治의『銀河鐵道の夜』는 계속해서 讀者를 갖고 있다고 할 수 있는데, 그 원인은 多樣性과 賢治 自身의 독특한 文學精神 내지는 獨自的인 精神意識 속에서 이루어진 작품이라는 점에 있다. 독자적인 정신의식은 賢治의 일생을 통해서 굵게 엮어진 모든 日常들의 연속이 그를 그렇게 이끌었다고 할 수 있다. 科學的인 지식과 교양을 섭렵한 한 젊은 지식인은 가난한 농촌의 현실을 가꾸기 위한 애정으로 농촌의 지도자로서 농민의 꿈을 理想化시키려는 끊임없는 노력과 佛教의 信仰, 특히 깊이 심취했던 法華信仰과 信仰人의 사명감,

그리고 타고난 천부적인 藝術의 魂이 賢治文學의 독자성을 낳게 했고 그러한 작품들이 또 많은 讀者들을 갖는 것이라고 생각된다. 부연하고 싶은 것은 賢治의 作品을 읽으려면 우선 기초적인 교양을 습득해야 한다는 것이다. 특이한 地名과 그와 관련된 뒷이야기들, 그리고 등장인물의 비일본적인 이름들은 신선한 느낌을 주고 있다고 할 수 있다.

2. 죠반니 여행의 의미

『銀河鐵道の夜』는 주인공인 죠반니와 카므빠네르라라고 하는 두 少年의 이야기가 대부분으로 엮어져 있다. 뿐만 아니라 賢治는 이 작품을 통해서 그의 이상세계라고 할 수 있는 四次世界에의 모색을 시현하고 있음은 잘 알려져 있는 사실인데, 그러한 시현을 죠반니를 통해서 하고 있음을 볼 수 있다.

賢治는 銀河鐵道가 펼쳐지는 世界를 일컬어서 幻想 第4次 世界라고 말했으며, 그런 第4次世界는 카므빠네르라의 자기희생적인 죽음을 매개로 해서 전개되어 진다고 볼 수 있다. 그리고 銀河鐵道의 승객은 모두 카므빠네르라와 같은 죽음을 선택한 사람들이다. 그러나 죠반니만이 유일하게 살아남은 승객이 되는 선택을 받는다. 죠반니의 銀河鐵道 여행의 의미를 규명해 보기 위해서 좀더 주인공 곁으로 다가서지 않으면 안 된다고 생각되어 진다.

죠반니는 가난하고 불우한 가정에서 병든 어머니를 보살피면서 학교도 다니고, 아르바이트도 해야 하는 生活苦를 견디면서 항상 같이 할 수 있는 친구들에게까지도 따돌림을 당하는 실제로 극히 위험스러운 환경 속에서 괴롭고 외로운 소년으로 살고 있다.

수업시간에 銀河帶의 질문에 대한 해답을 알면서도 대답을 못한다. '銀河帶'를 이루고 있는 것은 별인 것을 알면서 급우들이 바라보는 시선에 얼굴이 빨개져 대답을 못하는 것이다.

> "ジョバンニは勢いよい立ちあがりましたが立ってみるともうはっきりとそれを答えることができないのでした. ザネリが前の席からふりかえって. ジョバンニを見てくすっとわらいました. ジョバンニはもうどぎまぎしてまっ赤になってしまいました. …… やっぱり星だとジョバンニは思いましたがこんどもすぐに答えることができませんでした."5)

알면서 또 대답을 하려고 손을 높이 들고 일어섰지만, 친구들의 시선에 움츠러들어 대답을 못하는 죠반니의 지극히 내성적이고 비적극적인 성격이 잘 표현되고 있다. 곧바로 先生님은 같은 질문을 카므빠네르라에게 한다. 그러나 카므빠네르라도 그 문제의 답을 알고 있으나, 대답을 하지 않는다. 거기에 대해서 죠반니는 카므빠네르라가 자신을 위해서 대답하지 않은 것으로 이해한다. 그 까닭은 카므빠네르라의 아버지는 박사인데 그 집에서 읽은 잡지에서 銀河의 사진을 본 적이 있기

---

5) 宮澤賢治, 『銀河鐵道의 夜』, 角川書店, pp.172~173.
"죠반니는 당당히 일어섰지만 서고 보니 그것을 확실히 대답할 수 없었다. 쟈네리가 앞자리에서 뒤돌아 죠반니를 보고 피식 웃었다. 죠반니는 그때 안절부절못하여 얼굴이 새빨개지고 말았다. …… 역시 별이라고 죠반니는 생각했지만 이번에도 곧 대답할 수가 없었다."

때문이다.

죠반니는 카므빠네르라가 자신에 대해서 우호적인 우정을 표현하고 있는 것을 발견할 수가 있다. 즉 친구들이 자기를 놀려대도 카므빠네르라는 놀리는 친구들과 동조하지 않는다든지 하는 表現을 통해서 볼 때 죠반니의 카므빠네르라에 대한 우정은 일방적인 것이 아니었을까 하는 생각이 들게 된다. 방과 후 친구들은 모여서 그날 밤 축제에 갈 것을 의논하는데 끼이지도 못하고 죠반니는 活版所에 가서 활자 찾는 일을 한다. 그러나 그곳에서도 죠반니는 쓸쓸하고 고독하게 일한다.

> "よう虫めがね君, お早う."と いいますと, 近くの四, 五人の人たちが聲もたてずこっちもむかずに冷たくわらいました."6)

6시 조금 지나서 죠반니는 銀貨 한 개를 받고 活版所를 나온다. 빵 한 조각과, 설탕 한 봉지를 사서 곧장 집으로 돌아온다. 뒷골목 작은 집, 입구 방에 흰 수건을 머리에 두른 어머니가 누워 있었다. 우유가 오지 않아서 그는 다시 우유를 가지러 보급소에 간다.

ケンタウル祭의 준비로 거리에는 푸르스름한 전등이 여기저기 켜 있었다. 가로등 아래를 걸으면서 죠반니는 학교에서의 일을 연상한다. 銀河帶에 대해 골똘히 생각을 하면서 우유 집을 들렀으나, 담당자가 없어 조금 후에 오라고 한다. 우유를 받지 못하고 돌아서는데 죠반니의

---

6) 宮澤賢治,『銀河鐵道의 夜』, 角川書店, pp.176.
"어이 확대경, 안녕"하고 말하면 옆의 4~5인은 소리 없이 바라보지도 않고 냉정하게 웃었습니다.

친구 7~8명은 그날 밤 축제에 가고 있었다. 죠반니는 돌아설까 하다가 그쪽을 향해서 걸어가 "냇가에 가느냐?"고 말을 걸었다. 그러나 친구들은 죠반니를 놀리면서 떠들었다.

친구들의 놀림에 죠반니는 다시 얼굴이 빨개져 도망치듯 달아나면서 뒤돌아보니 거기에는 카므빠네르라가 안됐다는 듯한 표정으로 바라보고 있었다. 표현할 수 없이 쓸쓸해진 죠반니는 목장 뒤 언덕 위에 이르렀다.

목장 위의 평평한 언덕은 북쪽의 큰곰 별자리보다도 낮아지는 것 같았다. 숲속을 지나니 갑자기 쨍하고 하늘이 펼쳐지고 은하수가 밝게 남쪽에서 북쪽으로 펼쳐져 있고, 또 天氣輪의 柱도 보였다. 죠반니는 天氣輪의 柱 아래 몸을 던졌다. 축제의 소음이 들려오고 땀에 젖은 셔츠가 차가워졌다. 기차소리가 들려오고 기차에 탄 승객들의 모습을 보면서 죠반니는 뭐라고 표현할 수 없는 슬픔에 잠긴다. 여기까지는 현실을 묘사한 것이다.

죠반니의 銀河鐵道 여행은 銀河驛에서부터 알게 된다.

밤의 경편열차는 南으로, 南으로 달리고 있는데 카느빠네르라도 銀河驛에서 이 차를 탔다고 한다.

銀河의 光에 대한 서술이 상세히 기록되어 있고, 따라서 銀河를 달리는 경편열차의 표현을 들어보면,

> "ここの汽車は ステイ-ムや電氣でうごいていない. ただうごくようにきまっているからうごいているのだ. どこどこ音をたてているとそうおまえたちはお思っているけれどもそれはいままで音をたてる汽車に

ばかりなれているためなのだ.”[7)]

죠반니의 생각이다. 지금까지 익숙해진 습관과 관념의 벽을 무너뜨리는 思考의 一面이고, 지극히 관념적인 표현이다. “움직이도록 되어져 있기 때문에 움직인다.”고 하는 발상은 兒童的 이라고 할 수 있겠으나 그것은 그런 단순논리가 아닌 宗教的 신비의 논리라고 하는 것이 賢治의 作品構成을 이해하는데 도움이 되어 질 것이라고 생각된다. 그것은 賢治 자신이 독실한 佛教信仰人이었기 때문이다.

銀河鐵道의 여행은 계속되어 진다.

白鳥의 정류장 가까이서 눈부시도록 밝고 흰 섬이 있었고, 그 섬에는 하얀 십자가가 금색 圓光을 받으며 비추고 있었다. 검은 묵주를 목에 건 카톨릭 풍의 수녀가 동승했다.

白鳥 정류장에서는 20分 정차라고 써 있었다. 맑고 밝은 河原의 모래가 빛나고 있는 강위의 언덕 아래서는 ‘뿌리오싱 해안’이라는 팻말이 있었고, 그 해안에서는 패총의 발굴 작업을 하고 있었다. 120만 년 정도 以前의 호두 화석이 출토되는 등 대체로 3세기경 패총도 출토되었다.

뿌리오싱 해안을 지나면서 죠반니와 카므빠네르라는 어머니의 행복에 대한 생각을 같이하고 있다. 또 120만 년 전이란 시간의 서술은

7) 宮澤賢治, 『銀河鐵道의 夜』, 角川書店, p.190.
“이 기차는 스팀이나 전기로 움직이지 않는다. 단지 움직이도록 정해져 있기 때문에 움직이고 있는 것이다. 덜컹덜컹 소리를 내고 있다고 너희들은 생각하고 있지만 그것은 지금까지 소리를 내는 기차라고 믿고 있기 때문인 것이다.”

무엇을 의미하고 있는 것일까.

어머니의 幸福과 현실 생활의 고통과 친구로부터 따돌림 당하는 외로움과 쓸쓸함을 극복해 가는 데는 물리적인 힘이 아닌 精神的인 카타르시스 내지는 宗敎的인 理想世界의 구현을 위한 노력이 필요했을 것이다. 그래서 죠반니는 가끔씩 불가사의한 어떤 소리를 듣게 되고, 또 기차도 석탄이나 석유를 사용하지 않아도 달릴 수 있도록 정해져 있기 때문에 달린다고 믿는 것은 돈독한 信仰心이 있었다는 것을 들지 않고서는 이 작품을 이해하기가 어려울 것이다.

アルビレオ 관측소를 지날 때 승차권 검사가 있었다. 카므빠네르라의 승차권은 쥐색이었다. 죠반니는 승차표를 잊고 있었다. 기억은 없으나 웃저고리 포켓에는 녹색의 큰 승차권이 네 번으로 접혀 있었다. 차장은 승차권을 보고 정색을 하면서 정중히,

> "これは三次空間の方からお持ちになったのですか…(略)…よろしゅうございます. 南十字へ着きますのは, 次の第三時ころになります"8)

라며, 승차표를 죠반니에게 넘겨준다. 카므빠네르라는 물론이고 주위의 사람들은 승차권에 호기심이 생겼다. 물론 죠반니도 승차권에 호기심이 생긴다. 그러자 포수가 옆에서 승차권을 보고 서둘러 말한다.

---

8) 宮澤賢治, 『銀河鐵道の夜』, 角川書店, p.207.
"이것은 3차공간에서부터 지녔던 것입니까?…(略)…좋습니다. 남십자 도착은 다음 3시경이 되겠습니다."

“あや こいつは大したもんですぜ. こいつはもうほんとうの天上へさえ行ける切符だ. 天上どこじゃない. どこでも勝手にあるける通行券です. こいつをお持ちになれぁなるほどこんな不完全な幻想第四次の銀河鐵道なんかどこまででも行ける筈でさああなた方大したもんですね.”

“何だかわかりません”9)

어리둥절한 죠반니는 포수의 말에 다시 얼굴이 빨개져 승차권을 접어 넣는다.

죠반니의 여행은 현실에서 꿈에서, 꿈속에서의 여행은 永遠한 時間의 삽입으로 三次空間을 여행한다. 그러나 결국 자신도 모르게 幻想 第4次의 銀河鐵道를 타고 은하수를 달린다.

수리 정류장에서도 죠반니는 幸福은 무엇인가를 생각하게 되고 슬픔과 고독이 교차하면서 콜로라도 고원을 지나 쌍둥이별빛도 본다. 천상의 サウザンクロス에서는 청년과 남녀 두 아이가 내렸고, 승객은 죠반니와 카므빠네르라 둘만 남는다.

죠반니는 참 幸福이 무엇일까를 생각하면서 카므빠네르라와 함께 가기를 원한다.

---

9) 宮澤賢治, 『銀河鐵道の夜』, 角川書店, p.207.
“어머 이 놈은 대단한 놈이로세. 정말로 천상에까지 갈 수 있는 승차권이다. 천상 어디? 아니야, 어디든지 마음대로 갈 수 있는 통행권입니다. 이 녀석이 갖고 있어, 정말로 이런 불완전한 환상 제4차의 은하철도로 어디든지 갈 수 있다는 것은 말야. 당신은 대단한 사람이군.”
“뭔지 모르겠어.”

은하수 저쪽에 큰 구멍이 뚫렸다. 깊이도 모르고 구멍 속에 무엇이 있는지조차도 모른다.

> "カムパネルラまたぼくたち二人きりになったねえどこまでもどこまでもいっしょに行こう僕はもうあのさそりのようにほんとうにみんなの幸のためならば僕のからだなんか百ぺん灼いてもかまわない."
>
> "うん僕だってそうだ." カムパネルラの眼にはきれいな涙がうかんでいました.
>
> "けれどもほんとうのさいわいまいったいなんだろう." ジョバンニが言いました.
>
> "ぼくわからない." カムパネルラがぼんやり言いました.
>
> "ぼくたちしっかりやろうね" ジョバンニが胸いっぱい新らしい力が湧くようにふうと息をしながら言いました.10)

은하수의 크고 검은 구멍을 보고 죠반니는 말한다.

> "僕もうあんな大きな暗の中だってこわくない. きっとみんなのほ

10) 宮澤賢治,『銀河鐵道の夜』, 角川書店, p.235.
"카므빠네르라, 이제 우리 둘 뿐이야. 어디까지고 어디까지고 함께 가자. 나는 저 전갈처럼 참으로 모두의 행복을 위한다면 내 몸 따위가 백 번 타도 괜찮다."
"응, 나도 그렇다." 카므빠네르라의 눈에는 맑은 눈물이 고여 있었다.
"그렇지만 참행복이란 도대체 뭘까?" 죠반니는 말했다.
"나 잘 모르겠어." 카므빠네르라도 멍청히 말했다.
"우리들 열심히 해보자." 죠반니는 가슴 가득히 새 힘을 내는 것처럼 훅하고 숨을 내쉬면서 말했다.

んとうのさいわいをさがしに行く.どこまでもどこまでも僕たちいっしょに進んで行こう."

"ああきっと行くよ.ああ あすこの野原はなんてきれいだろう.みんな集ってるねえあすこがほんとうの天上なんだ.あっあすこにいるのぼくのお母さんだよ" カムパネルラはにわかに窓の遠くに見えるきれいな野原を指して叫びました.11)

라고 말하는 카므빠네르라의 말을 듣고 죠반니는 그 쪽을 바라 보았으나, 거기는 뿌연 안개가 끼어 있을 뿐이었다. 표현할 수 없는 쓸쓸함에 잠겨 죠반니는 멍청히 그 쪽을 바라보고 있노라니 저 쪽 河岸에 두 개의 電信柱가 마치 팔장을 낀 듯이 빨간 횡목을 걸고 서 있었다.

"カムパネルラ 僕たちいっしょに行こうねえ."

라고 하면서 바라보니 그 자리엔 이미 카므빠네르라는 없어졌고 단지 검은 빌로드가 드리워져 있었다.

죠반니가 당황하며 큰소리로 외치고 울었다. 그런데,

---

11) 宮澤賢治, 『銀河鐵道の夜』, 角川書店, p.236.
"나도 저런 암흑 속이라도 무섭지 않아. 꼭, 모두의 참행복을 찾아 가자. 어디까지든 어디까지든 우리 함께 가자."
"아- 꼭 가자. 아- 저쪽 들판은 왜 저렇게 아름다울까. 모두 모여 있구나. 저기가 정말로 天上이다. 아- 저쪽에 앉아 있는 이는 내 어머니다." 카므빠네르라는 갑자기 멀리 보이는 아름다운 들판을 가리키며 소리쳤습니다.

“おまえはいったい何をなっているの. ちょっとこっちをごらん.”いままでたびたび聞こえたあのやさしいセロのような聲がジョバンニのうしろから聞こえました12)

죠반니가 깜짝 놀라 뒤로 돌아보니 카므빠네르라가 앉았던 자리에는 커다란 검은 모자를 쓴 푸르스름한 얼굴에 여윈 어른이 책 한 권을 들고 웃고 있었다. 그리고는 카므빠네르라의 죽음을 알려 준다.

“おまえのともだちがどこかへ行ったのだろう. あのひとねほんとうにこんや遠くへ行ったのだ. おまえはとうカムパネルラをさがしてもむだだ.”13)

죠반니는 수긍하지 않고 다만 함께 가기로 했다고 말한다. 그러나 이 어른은,

“ああそうだ. みんながそう考える. けれどもいっしょに行けない. そしてみんながカムパネルラだ. おまえがあうどんなひとでもみんな何べんもおまえといっしょにりんごをたべたり汽車にのっだりしたのだ. だ

12) 宮澤賢治,『銀河鐵道の夜』, 角川書店, p.237.
“너는 도대체 왜 울고 있니. 잠깐 이쪽을 봐라.” 지금까지 종종 들었던 저 상냥한 첼로음과 같은 소리가 죠반니의 뒤쪽에서 들려왔다.

13) 宮澤賢治,『銀河鐵道の夜』, 角川書店, p.237.
“너의 친구가 어딘가로 간 것이겠지. 그 친구는 말야, 정말 오늘 밤에 먼 곳에 갔단다. 네가 카므빠네르라를 찾는 일은 헛일이야.”

からやっぱりおまえはさっき考えたようにあらゆる人のいちばんの幸福をさかしみんなといっしょに早くそこに行くがいいそこでばかりおまえはほんとうにカムパネルラといつまでもいっしょに行けるのだ.”14)

이 어른도 幸福을 찾고 있는 사람으로서 죠반니에게는 幸福 찾는 방법을 구체적으로 제시해 주고 있는데 그 제시방법이 상당히 합리적인 설득력을 갖고 있다는 생각이 든다.

죠반니가 모두의 幸福을 위해서 마젤란의 성운을 바라보면서 일어섰을 때 가끔씩 들었던 어렴풋한 소리가,

> "자아 승차권을 꽉 쥐어라. 너는 꿈속의 鐵道가 아닌 이 世界에서 불과 거센 파도 속을 대담하게 똑바로 걸어가지 않으면 안 된다. 은하수에 단 하나인 그 승차권을 결코 너는 잊어서는 안 된다."15)

라고 들려왔을 때 죠반니는 은하수가 저만큼 멀어지고 바람이 불어와 자신이 곧장 언덕의 풀 위에 서 있음을 알게 되었다. 멀리에서부터 부르가니로 박사의 발자국 소리가 들려왔다.

---

14) 宮澤賢治, 『銀河鐵道の夜』, 角川書店, p.237.
"아아 그렇다. 모두가 그렇게 생각한다. 그렇지만 함께 갈 수 없다. 그래서 모두가 카므빠네르라다. 네가 만나는 어떤 사람도 모두 몇 번이고 너와 함께 사과를 먹고 기차를 타기도 했다. 그래서 역시 네가 아까 생각한 대로 모든 사람의 제일가는 행복을 찾고, 모두 같이 빨리 그곳에 가는 것이 좋다. 거기서 만이 너는 참으로 카므빠네르라와 언제까지고 함께 할 수 있는 것이다."

15) 宮澤賢治, 『銀河鐵道の夜』, 角川書店, p.240.

부르가니로 박사는 죠반니에게,

“ありがとう. 私はたいへんいい實驗をした. 私はこんなしずかな場所で遠くから私の考えを人に傳える實驗をしたいとさっき考えていた. お前の言った語はみんな私の手帳にとってある. さあ歸っておやすみ. お前は夢の中で決心したとおりまっすぐに進んで行くがいい. そしてこれからなんでもいつでも私のとこへ相談においでなさい.”

“僕きっとまっすぐに進みます. きっとほんとうの幸福を求めます.” ジョバンニは力強く言いました.16)

여기까지가 죠반니의 꿈속의 銀河鐵道 여행이었다. 결국 죠반니의 여행의 목적은 뒷부분에서만 밝혀졌으나 幸福의 추구였었음을 알 수 있다.

죠반니는 우유를 찾아 집으로 돌아가는 도중 카므빠네르라가 강물에 빠진 쟈네리를 구하려다 쟈네리는 살리고 자신은 구출되지 못했다는 소식을 들었다. 그리고 카므빠네르라의 아버지로부터 자기의 아버지의 귀환 소식을 듣고 벅찬 가슴을 안고 집으로 돌아온다.

---

16) 宮澤賢治, 『銀河鐵道の夜』, 角川書店, p.240.
“고맙다. 나는 매우 좋은 실험을 했다. 이런 조용한 곳에서 멀리까지 내 생각을 전할 실험을 해보려고 행각했었다. 네가 말한 것은 모두 내 수첩에 기록되어 있다. 자 돌아가 쉬어라. 네가 꿈속에서 결심한 대로 똑바로 가는 것이 좋다. 그리고 지금부터는 무엇이든지, 언제든지 내게 상담하러 오너라.”
“저 꼭 똑바로 가겠습니다. 반드시 참 행복을 구하겠습니다.” 죠반니는 힘차게 말했다.

3. 죠반니가 추구한 幸福

童話 『銀河鐵道の夜』은 그 內容을 多樣한 시각에서 정리해 볼 수가 있는데, 등장인물 특히 주인공인 죠반니가 끝까지 가장 중요시했다고 볼 수 있는, 이 童話의 中心思想을 꼽는다면 제일 먼저 幸福의 의미와 추구였다고 지적할 수가 있다. 죠반니가 추구한 행복에 대해서 이 글을 서술해 보려고 한다.

주인공인 소년 죠반니의 눈을 통해서 참幸福은 무엇인가를 찾아 떠나는 『銀河鐵道の夜』의 묘사는 사실 幻想, 그 자체였다고 해도 과언은 아닐 것이다.

一次 空間인 線과 二次 空間인 平面, 三次 世界인 時間까지도 극복하고 四次 世界에로 향한 理想世界에의 동경은 時間과 空間까지를 뛰어 넘은 世界, 그곳에는 참幸福이 있고 그 참幸福을 구하기 위해 끊임없는 努力을 해야 한다는 것을 주인공 죠반니는 깨달은 듯한 느낌이 든다.

父親의 不在와 母親의 病臥로 환경적 실망과 절망을 안고 있던 소년 죠반니는 학교에서는 소심한 생각 때문에 알면서도 발표를 못하고, 집안일을 이끌어 가야 하므로 活版所에서 일을 하지만 活版所 어른들의 냉정한 대우, 친구들로부터 따돌림을 받아 사실상 발붙일 공간이 없는 처지였다고 할 수 있다. 고독하고 쓸쓸하고 힘든 상황이 견딜 수 없이 이어질 때 어쩌면 幻想은 유일한 친구였고 기쁨의 순간으로 틈틈이 죠반니의 곁에 있었는지도 모른다. 幻想의 대상은 대자연이었고 그 가운데에서도 달과 별과 바람과 나무와 숲과 그런 것들에 가까워질 수

있는데, 죠반니는 銀河系에 대한 幻想을 했다. 그것은 이 作品을 쓴 賢治의 生活의 日常과도 거리가 먼 덕은 아니었다고 생각한다. 왜냐하면 賢治는 初期 詩 에서도 그렇고 童話作品에서도 自然에 대한 향수 내지는 극복을 위해 노력한 흔적을 볼 수 있었다. 그래서 賢治作品에서는 『王子의 星』17)·『ひかりの素足』18)·『冬と銀河ステ-ション』·『よたかの星』19)의 童話는 물론 銀河系에 관한 내용이 많다. 그러나 이러한 銀河系에 대한 관심은 결국 第4次世界에로의 동경에 의한 발상이 아니었나 생각한다. 賢治의 이상인 第4次元 世界는 物理學的인 世界라기 보다는 宗教的, 信仰的인 內面의 세계였으리라는 생각을 해본다. 賢治는 일찍이 時間의 永續性을 그의 작품에 끌어들인 바 있고, 그 永續性은 宗教的인 것으로 過去世·現在世·未來世를 의미하고 있는데 이것은 佛教의 時間觀이다. 이러한 時間觀은 生命的인 시간의식이며 이런 의식은 賢治 특유의 사상이 아닌 佛教의 三世因果의 윤회사상을 의미하고 있으며 그것을 신앙한 賢治는 그런 생명적인 시간의식을 몸소 체득한 것으로 생각된다.

賢治의 生涯는 法華經의 信仰과 더불어 賢治 獨自的인 宇宙가 형성되었다고 알려져 있다. 賢治를 표현하는 대명하는 많다. 그 중 영원한

---

17) 生前 未發表 童話로서 순수무구 함에로의 동경을 묘사한 것이 中心을 이룬다. 마치 우리 민족의 선녀와 나무꾼의 모티브를 연상시킨다.

18) 生前 未發表作, 눈 쌓인 풍경을 묘사한 최고의 작품으로 인정받고 있으며, 如來壽量品의 世界를 잘 묘사한 작품으로 알려져 있다.

19) 生前 未發表作, 主題는 한 마리의 고독한 매가 숙업에 대한 비애와 고민을 벗어나서 昇天하려는 決意가 깊은 절망을 딛고서 기적적인 轉生을 하는 것이다. 宗教的인 觀念에 의해서 매는 解脫했음을 생각하게 해주는 作品이다.

시간의 Image를 표현해서 塵点劫[20]의 여행자라고도 한다. 그는 生前 法華經信仰을 요약한 晩年의 심경을 다음과 같이 노래한 바도 있다.

塵点劫をし過ぎていましこの妙のみ法にあひまっりしを.

塵点劫은 法華經 化城喩品에 수록된 시간의 表現으로 無始無終의 永遠한 時間의 흐름을 의미한다.

이러한 시간의식을 기본으로 해서 구하고 있는 참幸福의 의미를 賢治는 죠반니를 통해서 Image화 해 보려고 한 것이다.

'銀河鐵道'의 승객들은 南十字驛의 도중에서 하차한다. 맨 나중에까지 남은 승객은 죠반니와 카므빠네르라 두 소년뿐이었다. 그러나 카므빠네르라는 하늘에 나 있는 큰 구멍을 天上으로 믿고 거기에 자신의 어머니가 보인다고 하더니 없어졌다. 결국 죠반니는 참幸福을 찾기 위해 生者로 남고 카므빠네르라는 친구 쟈네리를 구출하려다가 死者가 되고 만다.

죠반니의 승차권은 어디까지라도 갈 수 있는 것으로써 이미 소유의 自由가 약속되어 있는 승차권이었다. 어디까지든지 갈 수 있는 승차권의 소유는 自由의 약속이라고도 할 수 있다. 그러므로 저쪽의 野原이 天上으로 보이질 않았다. 그러나 카므빠네르라에게는 天上으로 보였고 어머니가 있는 곳으로 보였던 저쪽의 野原이 죠반니에게는 그저 뽀얗

20) 法華經 化城喩品과 壽量品에서 表現되어 있는 時間槪念의 설명으로 그 뜻은 無始無終의 久遠의 時間의 흐름을 의미한다. 賢治의 作品에서의 時間의 槪念은 여기에 바탕 했다고 해도 과언이 아니다.

게 안개가 낀 듯이 보였을 뿐이다.

카므빠네르라 외에도 銀河鐵道 승객 중에는 북해 빙산 침몰로 희생된 자의 자녀(6살, 12살)의 두 아이를 구원한 청년이 있는데 그 청년은 승객들 가운데에서 가장 확실한 목적의식을 지녔던 청년으로 表現되고 있다. 그러나 죠반니의 여행은 목적도 어떤 필요성도 설명되어 있지 않다.

目的이 확실했던 靑年을 통해서는 이웃을 사랑하는 人間에의 함축을 볼 수 있고, 카므빠네르라를 통해서는 자기희생을 통한 他人의 구원을 볼 수 있으나 죠반니에게는 그런 것이 발견되어지지 않는다.[21] 따라서 죠반니에게서는 또다른 면의 世界를 볼 수 있다고 생각한다.

카므빠네르라가 사라진 후 커다란 책을 들고 나타나서 죠반니를 꿈의 世界에서 現實로 인도해 준 한 어른은 실로 죠반니에게 근원적인 것을 가르쳐 주었고, 죠반니는 그 가르침을 잘 수용한 것으로 나타난다.

참 행복을 찾아가는 것을 게을리 하지 않겠다는 죠반니의 확신에서 참幸福이 무엇이고 어디에 있는지를 확인한 듯한 느낌도 없지 않다.

여기서 賢治는 한 어른을 통해서 죠반니에게 아니면 讀者들 모두에게 가르쳐주고 싶었던 가장 중요한 生命의 意識, 그리고 生命의 存在를 가르쳐주려고 한 것이 아닌가 생각한다.

賢治의 있어서 4次元의 世界는 그의 理想世界였으나 法華信仰의 최고의 경지를 의미하고 있음이 아닌가 생각되어 진다. 信仰의 최고 경지

21) 分銅惇 作, 「塵点劫의 旅人 · 宮澤賢治」, 『國文學』 6月號, 1990, pp.17~35.

에 도달이 바로 참幸福의 추구이고 그 최고의 경지를 4次 세계라고 하지 않았을까 하는 생각을 해본다.

死亡 직전까지 추고를 했던 作品이었기에 그만큼 자신의 魂을 불어넣었을 것이고, 또 遺書에까지 法華經을 배포해 달라고 했던 그의 생애를 미루어 볼 때 그러한 상상이 가능하다고 본다.

주인공 죠반니는 修行者의 모습으로 幸福을 찾아 가기를 게을리 하지 않는다. 그 幸福을 찾으면 모두가 幸福해 진다는 것, 그러므로 어머니를 위해서, 카므빠네르라를 위해서, 모두를 위해서 幸福을 찾기 위해 죠반니는 生者가 되어 讀者 곁으로 돌아온 것이다.

또한 소년 죠반니의 銀河鐵道의 여행은 自身의 意志로써 되어 지는 것이 아님을 느끼게 된다.

꿈속에서 자신도 모르게 銀河鐵道의 여행이 시작되었으나, 여행은 이미 누군가의 관심을 받고 있다는 것을 느끼게 되는데 장면이 바뀔 때마다 들려오는 소리가 있었다. 사람의 소리가 아닌 은은히 들려오는 소리는 새 여행지로의 여행을 지도해 주는 그러한 소리로 생각되어 진다. 맨 처음 들려온 不可思議한 소리는 '銀河驛- 銀河驛-'하는 소리로부터 시작해서 セロ같이 은은히 들려오는 소리는 自然의 소리같이도 들리지만 그것은 죠반니의 여행에 새로운 광경의 전개를 알려주는 소리로 표현되어 졌다. 그 소리는 죠반니의 여행에 있어서 어떤 위치를 차지하는 것일까?

이 작품에서 마지막으로 들려온 그 은은하고 상냥한 소리는 죠반니로 하여금 여행의 目的을 깨닫게 해 주었던 중요한 역할을 하고 있음을 살펴 볼 수가 있다.

크고 검은 모자를 쓴 푸르스름한 얼굴의 날씬한 큰 사람이 큰 책을 한 권 들고 상냥하게 웃고 있었던 그 사람은 죠반니에게 참幸福에 대해서, 그리고 그것의 추구에 대하여 상세히 알려주었던 사람이었다.[22]

죠반니는 은은히 들려 온 그 소리를 인영으로 해서 참 幸福의 意味의 추구를 깨달은 것 같다.

여기서 그 은은한 소리는 무엇을 의미하고 있는 것일까. 그 소리에 의해서 죠반니는 결국 꿈에서 현실로 돌아오는 계기가 되었다. 따라서 죠반니는 한 마디로 '가슴 뿌듯한 여행' 을 하게 된다.

또 죠반니의 여행에는 三角標形의 이정표가 자주 나타난다.

銀河驛에서의 三角標는 반딧불처럼 반짝거리며 서 있었고, 白鳥의 정차장에는 鐵道가 南으로 南으로 향해 있는데 여기저기서 三角標가 빛나고 있다.

정류장 알림판의 상징으로 삼각표는 서 있기도 하고, 또 한편으로는 카므빠네르라처럼 어머니를 사모하는 이정표로서도 서 있다. 이러한 삼각표의 Image는 무엇이라고 해야 할까? 잘 모르겠지만 죠반니의 銀河鐵道 여행에서는 삼각표의 이정표 제시와 언젠가 들은 것 같은 은은하고 상냥하게 들려오는 이상한 소리가 중요한 위치를 차지하고 있다고 본다. 삼각표의 빛나는 불빛을 따라서 南으로 南으로 펼쳐진 鐵道의 여행의 대미는 幸福의 의미를 알려준 은은한 소리였었다.

이것은 소년 죠반니의 여행을 안내한 안내자의 뜻이라고도 할 수 있고, 아니면 自然의 理法에 의한 깨달음의 세계에 이르기 위한 보통

22) 주)14 참조.

사람들의 발걸음의 表現일 수도 있다. 왜냐하면 죠반니는 여행을 통해서(꿈을 통해서) 참幸福의 의미와 추구의 방법을 얻었고 그래서 가슴 뿌듯하게 돌아올 수가 있었기 때문이다.

Ⅲ. 結 言

賢治의 作品은 그의 사후에 널리 알려졌고, 많은 硏究가 되어 왔다. 그 중에서도 『銀河鐵道の夜』는 많은 관심의 대상으로 전해지고 있는데, 그 까닭은 이 作品이 賢治의 代表作으로 알려져 있기 때문일 것이다.

이 작품을 읽고 이해하기 위해서는 사전에 몇 가지 단어들을 익히지 않으면 안 되는 특수 단어들이 있는데, 이것은 賢治의 日常 生活的인 관심을 이해하게 하는 것들이라고 생각되어 진다. 그것은 그만큼 賢治는 作品構想에서부터 독특한 構成力과 表現을 지니고 있다고 생각하기 때문이다. 그리고 더 중요한 것은 基本的인 佛教의 教理와 法華經의 가르침에 대한 이해를 필요로 하고 있다고 본다.

『銀河鐵道の夜』에 대해서는 많은 硏究도 했었다. 예를 들면 작품에 나오는 사물들, 즉 天氣輪의 柱, 죠반니의 승차권, 빛나는 三角標 등에 대해서 그리고 story에 대한 의문의 전개에 대한 硏究와 작품에 나타난 事物과 人物들의 기능이나 역할에 대한 考察과 作品性 등에 대한 것, 즉 작품에 表現된 科學과 宗教(信仰), 宗教에 대해서는 佛教와 基督教에 대한 表現 등이 있었으나, 本 論考에서는 죠반니의 여행을 통해서

表現되어진 일부분을 살폈을 뿐이다. 이후에는 죠반니를 통해서 表現하려고 했던 4次元世界와 賢治의 理想世界의 表現에 대해서 관심을 갖고 그것이 佛敎의 思想과는 어떤 관계가 있는지를 考察해 보려고 한다.

이 作品은 실로 多樣한 面을 포함하고 있고 그렇기에 多樣한 思考의 발상을 야기시켜 주고 있음도 사실이다. 예를 들면 十字星은 十字架의 연상으로 생각해서 基督敎와의 관련에 대해서 論하는[23] 이도 있어, 그것을 聖經 창세기 28장에 연결하고, 더군다나 이 작품에서는 '할렐루야 할렐루야' 라는 단어가 表現되고 있기 때문에 讀者를 어리둥절하게 만들기도 한다.

그러나 賢治의 짧은 一生을 自然과 科學과 農民들의 指導와 信仰과 藝術로써 굵게 한 획을 그었기 때문에 그의 科學도 藝術도 모두가 理想世界建設의 觸媒役割로 생각했었는지도 모른다. 그 理想世界의 구현을 法華信仰을 통한 宗敎世界의 구현에 두었는지도 모른다. 4次元의 세계는 科學的인 입장에서도 제시되고 있으나 이는 곧 宗敎의 世界, 意識의 世界의 궁극임은 사실이다. 어쩌면 科學과 宗敎가 만나는 世界일지도 모른다.

4次元의 世界는 종교의 世界에서 이해해보는 것이 바람직하고, 특히 賢治는 법화신앙이 투철했었음으로 그러한 宗敎的인 입장, 佛敎的인 입장에서 추찰해 보려고 한다. 賢治가 독실했던 法華信仰인으로 살았었음은 賢治가 그 兩親 앞으로 쓴 遺書에서도 잘 나타나 있다.

---

23) 萩原昌好, 「『銀河鐵道の夜』を 讀む」, 『國文學』, 至文堂, 1990, pp.135~140.

“ご恩をいただきなからいつも我慢でお心に背きたうたこんなことになりました. 今生で万分の一もついにお返ししできませんでしたご恩はきっと次の生でご報じいたしたいとそれのみを念願いたします. どうかご信仰といふのではなくてもお題目で私をお呼びだしください. そのお題目で絕えずおわび申しあげお答えいたします.”24)

위의 遺書는 賢治에게 폐렴이 재발해서 죽음을 각오하고 쓴 것인데, 위 내용에서 今生 혹은 다음 ‘生’, 또 다음 생으로 輪廻하는 宗教的 生命意識을 表現하고 있는데 이것은 佛教思想의 體得으로 이해하지 않을 수 없다. 따라서 그에겐 宗教的 宇宙觀으로서 法界를 三世라고 하는 宗教的 時間의 흐름까지도 체득한 심경들을 그의 作品에는 잘 나타나 있다고 할 수 있다.

賢治가 추구한 幸福은 大乘的이었고 利他的이었음은 『銀河鐵道の夜』에서도 잘 나타나 있고, 그의 소망은 어디까지든지 “あらゆる人のいちばんの幸福”이었었음에도 그의 信仰을 떠나서 생각할 수 없는 것이라고 생각되어진다. 모든 사람들의 가장 幸福한 世界의 실현은 결국 大乘佛教, 즉 法華信仰으로의 심화를 얘기하는 것이 아닌가 생각된다.

法華思想은 教判思想에서는 法華涅槃時라 해서 햇빛으로 비유한다면 正午로서 해가 중천에 떠 있으면 모든 사물에 기울림 없이 골고루

24) “은혜를 받으면서도 언제나 오만으로 마음을 돌렸습니다. 금생에 만분의 일도 보답하지 못했습니다. 이 은혜는 꼭 다음생, 또 그 다음 생에서 보은하겠다는 것만을 염원하겠습니다. 어떠십니까? 신앙이라고 말할 수는 없으나 題目으로 저를 불러 주십시오. 그 題目으로 끊임없이 사죄드리고 대답하겠습니다.”

비춘다고 한다. 華嚴時의 떠오르는 태양은 높은 산부터 비추기 때문에 上根器의 사람이 먼저 法을 받아들임에 비한다면 法華는 만인이 두루 공평하게 햇빛의 혜택 내지는 法의 혜택을 받을 수 있다는 것이다.

회삼귀일의 귀납적인 사고를 할 수 있는 法華에의 信仰과 作品과의 관계에 대해서는 다음 기회에 다시한번 考察해 보려고 한다.

사실 西田良子는 그의 著書『宮澤賢治論』에서 이『銀河鐵道の夜』는 어린이가 讀者가 되기 어렵다. 아니면 이 책을 理解할 수 있는 어린이는 한 사람도 없다[25]라는 見解를 表現하고 있으나 本人은 그렇게 생각하지 않는다. 오히려 어린이들이 더 많은 흥미를 가질 수 있다고 생각하는데, 그것은 어린이는 童心의 눈을 통해서 이 책을 읽기 때문에 도리어 어른 讀者보다도 더 많은 공감을 할 수 있다고 본다. 순수한 의식으로는 어느 것도 공감되어지지 않는 것이 없는 것이며, 이는 어디까지나 意識世界의 묘사이기 때문일 것이다.

결국『銀河鐵道の夜』는 주인공 죠반니를 통해서 作者가 추구해 온 幸福이 個人을 위한 幸福이라기 보다는 모두가 幸福할 수 있는 理想的인 世界로 향한 길을 揭示해 주는데 그 의도가 있지 않았을까 하는 생각을 해본다.

모두가 다 같이 향유하는 幸福을 전제로 해서 大乘佛教, 특히 法華經의 宇宙觀, 時間觀이 賢治 나름대로의 證明과 그것의 組織을 주테마로 作品化한 것이었으며, 그것을 한 마디로 축약한다면 科學과 信仰의 同化를 테마로 한 作品이었고 作者의 의도는 모두가 幸福할 수 있는

25) 西田良子 著,『宮澤賢治文學論』, 櫻楓社, 昭和 57年.

유토피아 理想世界의 實現을 佛教的인 궁극의 경지를 제시하고 있는 것이 아닌가 생각되어 진다.

[参考文獻]

村尾清一,「宮澤賢治の手紙」,『新手紙讀本』,講談社,昭和 62년 6월.

花岡大學,「宮澤賢治の童話」,『佛教文學』,集英社,昭和 62년.

西田良子,「宮澤賢治」,『國文學』,昭和 62年.

沼田純子 編注,『宮澤賢治作品集』Ⅰ,和泉書院,昭和 62年.

板谷英紀,『宮澤賢治と化學』,裳華房,昭和 63年.

宮澤賢治,『銀河鐵道の夜』,新潮社,昭和 56年.

宮澤賢治,『銀河鐵道の夜』1~3, 角川文庫, 平成 6年.

津野晃 編,『宮澤賢治詩集』,白円凰社,1992.

中村文昭,『童話と宮澤賢治』,洋洋社,1992.

中村稔,『宮澤賢治』,筑摩叢書 191,1978.

お日さん，お日さん，どうぞ私おあなたの所へ運れてって下さい．やけてしんでもかもいません．私のようなみにくいからだでも灼けるともには小さなひかりを出すでしょう．どうか私を運れてって下さい．

宮澤賢治의 童話에서 '꿈'의 設定考

宮澤賢治의 作品은 多方面에서 평가를 받고 있다. 그러나 그의 作品評價를 통해서 정의해 볼 수 있는 대주제를 찾아본다면 그는 역시 理想主義者 또는 理想主義의 실현 내지는 理想世界의 건설을 희구해 왔던 것임에 틀림없다고 할 수 있다.

그가 추구했던 理想世界의 실현마저도 어쩌면 그의 꿈이었는지도 모른다. 그의 작품들은 그러한 그의 꿈의 실현을 위해 응축되어진, 즉 대전제를 향한 발돋움이었다고 생각된다.

본 논문에서는 賢治의 童話構成에서 꿈이 설정된 4편의 作品을 임의로 선택해서 살펴보았다.

作品에서 설정된 꿈은 단지 잠=꿈이 아닌 것을 살펴보고 싶었다. 즉 賢治의 童話에서 꾸준히 추구되고 있는 理想世界의 귀착지를 규명해 보고자 하는 것이 필자의 연구목적이기도 하다. 그의 作品을 통해서 꿈의 설정은 단순한 日常의 탈출을 통해서 얻은 수 있는 시간과 공간적인 유희가 아니고 永遠한 時間과 空間 안에서 모두가 공존될 수 있는 세계의 실현을 위해서 꾸준히 노력한 作家精神을 고찰해 보았다.

『승가대논문집』 5집, 중앙승가대학교, 1996.

宮澤賢治의 童話에서 '꿈'의 設定考

Ⅰ.머리말

童話의 世界를 일반적으로 Fantasy라고 한다. 文學에서 특히 詩에서 Fantasy는 보편적 眞實을 포착하려 할 때 隱喩라고 하는 方法으로 사용된다. Fantasy라는 말은 그리스語에서 語原을 찾을 수 있으며 그 의미는 '눈에 보이도록 하는 것'이라고 하는 데 『옥스포드 중사전』에서는 '知覺의 對象을 心的으로 理解하는 일' 또는 '상상력으로서 現實로 나타나지 않는 것을 모양으로 바꿔 놓는 활동이나 힘 혹은 그 결과'라고 정의되어 있다.

결국 Fantasy는 독창적인 상상력에서 발생하는 것으로서 그 상상력은 우리의 감각기관으로 알 수 있는 외계의 사물에서 끌어내는 개념을 초월하여 보다 더 넓은 개념을 형성하는 마음의 活動이라고 할 수 있다.

Fantasy는 작자의 독창적인 상상력이 보이지 않는 깊이까지 들어가서 凡人들이 들여다 볼 수 없는 신비한 곳에 숨겨져 있는 것을 빛이 있는 것으로 꺼내와 보통 사람들이 어느 정도 이해할 수 있게 보여주는 일일 것이다. 그래서 作家는 자신의 能力에 의한 Theme가 될 아이디어를 마음에 불러일으키고 상징과 비유와 꿈의 옷을 입히는 것이다. Fantasy에는 꿈의 옷을 입히는 형식과 그 외에 遍歷型과 自然界를 상징적으로 표현하는 형이 있다고 볼 수 있다.

그러나 作品 하나하나에는 한 가지 형만으로 구성된 것이 아니고 두 가지 형 혹은 그 이상의 형으로 혼합되어 있기 때문에 二重 三重의 型을 밝혀야 하는 복잡한 作品도 있다.

예를 들면 W.H. 허드슨의 作品『꿈을 쫓는 아이』에서 작자는 편력형을 주로 취하고 있다. 그러나 작품 저변에는 다른 형의 Fantasy도 포함되어 있음을 알 수 있다.

『꿈을 쫓는 아이』의 줄거리는 다음과 같다.

신기루를 따라가다 길을 잃은 소년 마틴이 주인공이다. 마틴은 신기루를 쫓으면서 평원과 삼림과 산의 신비를 탐험하고 마침내 바다에 이르러 방랑을 하게 된다.

그러나 마틴이 겪는 경험 속에는 꿈같은 몽롱과 그의 내면의 성장이 충실하게 융합되어 있다. 이 作品『꿈을 쫓는 아이』는 우화이다. 그러나 그 근본 Theme는 결코 도달할 수 없는 것, 우리 눈앞에 있으면서 결코 손에 잡을 수 없는 미에 대한 영원한 탐구라고 할 수 있고 또 작자 허드슨의 人生哲學이 흐르고 있다고 보여진다.

Fantasy는 꿈의 옷을 입고 편력의 모습으로 혹은 자연계의 상징적인 표현으로 미에 대한 동경, 자연에 대한 동경으로 우리에게 영향을 주는 것이다.

宮澤賢治의 童話에서도 편력이라고 해야 할지는 모르겠으나 아무튼 여행을 Theme로 하는 것이 많다, 그 여행의 의미를 賢治는 자신의 독자적인 목적 성취에 두고 있다고 볼 수 있다.

그는 또 '修羅' 에 대한 표현을 많이 썼고, 「春と修羅」라고 하는 詩는 널리 알려져 있는데 그 作品은 꾸준히 어떤 목적에로의 동경 내지는 성취를 위해 노력하고 있음을 시사하고 있는바 本 論文에서는 賢治의 꿈속의 여행을 따라서 그 꿈의 의미와 목적을 고찰해 보고자 한다.

Ⅱ. 夢의 여행으로 구성된 童話

꿈은 人間의 본능 혹은 무의식의 욕망에서 비롯되는 것이며, 그것은 또 상상세계의 현실화를 창조하는 것이라고 심리학자들은 정의해 왔다. 그래서인지는 몰라도 童話의 구성은 대체로 꿈과 여행, 아니면 자연에 대한 동경으로 이루어지고 있음을 많이 볼 수 있다.

賢治의 作品에서도 그와 같은 구성을 볼 수 있는데, 本 論文에서는 4편의 童話를 주로 해서 살펴보려고 한다.

먼저 『具の火』[1]에서 어린토끼 호모이가 새끼종달새를 구해 주고 상

1) 趙明烈, 「宮澤賢治의 童話考」Ⅰ, 『中央僧伽大學 論文集』 第三輯, 中央僧伽大, 1994, p.174.

으로 받았던 만능의 힘을 가진 조가비 불을 호모이가 잘 수호하지 못하고 마침내 여우의 꾐에 빠져 숲속의 생명을 잡는 많은 악행을 한다. 어느 날 밤 꿈을 군다. 여우가 펼쳐 놓은 그물에 새들이 많이 잡히자 조가비 불은 흐려지다가 끝내는 조가비가 깨지면서 어린토끼 호모이를 실명시켜 놓고, 다시 밝은 불을 밝히고 어디론가 날아가 버린다는 내용이다.

어딘지는 잘 모르나 불 밝히고 날아가는 조가비의 불은 단순히 권선징악의 주제를 지녔다고만은 할 수 없는 내용의 童話이다.

童話『具の火』는 물론 生前 未發表作이었다. 大正 7년(1918) 여동생 トシ에게 읽어주었고, 大正 11년(1922) 가을 교실에서 읽었다[2]고 한다. 이 해(1918)는 賢治 나이 22세에 해당되는 때였고, 盛岡高等農林學校 本科에서「腐植質中の無機成分の植物に對する價値」라는 논문으로 졸업했고, 계속해서 母校의 研究生으로 在學했던 시기였다. 같은 해 12월 말 누이 トシ가 東京帝大 부속병원에 입원하자 간병을 하려고 上京해서 다음해 2월까지 간호하면서 上野의 도서관을 출입하게 된다. 이때 즉 大正 8년(1918) 23세였던 宮澤賢治는 日蓮宗 信仰團體인 國柱會를 방문해서 법화신앙을 돈독히 했을 뿐 아니라 많은 생각 끝에 東京에 머물기로 하고 人造寶石製造業을 의도했으나 아버지의 부름을 받고 완쾌한 누이동생을 데리고 고향으로 돌아온다. 大正 8년에 여동생 トシ는 日本女子大學을 졸업했고 그 다음해에 모교인 花巻高等女學校 교사가 되었다.

---

2) 小澤俊郎 編,「宮澤賢治必携」,『賢治詩事典』, 學燈社, 昭和 55, p.94.

고향으로 돌아온 賢治는 2년 정도 家業을 잇고 있었으나 그의 生活은 밝고 명랑하지 못했다. 그러나 꾸준한 독서생활을 했다. 國柱會에 가입한 후 부모에게도 改宗을 강요했었으나 뜻을 이루지 못했고 그는 끝내 上京해서(1921. 1) 國柱會의 가두포교에 가담을 하게 되었고 東京에서의 生活은 文信社 등의 인쇄소에서 필경 교정을 하면서 생활을 했었다. 당시 國柱會의 高知尾智耀 氏로부터 國柱會가 주창하는 純正日蓮主義의 신앙은 信者들 各者가 자신의 生業을 通해서 펼쳐가는 것, 글로써 뜻을 펼치는 것 자체가 참 신앙이지 전문적인 종교인이 되는 것이 참 신앙이 아니라고 알려주면서 글로써 대승불교의 진리를 찾는 창작을 권고 받고 그에 열성을 다하는 생활을 한다. 그 해 여름(1921) 누이동생 トシ가 다시 병이 나자 그것을 계기로 서둘러 고향에 돌아온다. 고향에서는 많은 창작생활은 물론이고 音樂에도 관심을 가졌고 독일어와 에스페란토어를 독학했다고 한다. 그러나 그토록 진심으로 보살펴왔던 누이 トシ는 1911년 11월 24세의 나이로 세상을 떠난다. 당시 賢治는 26세였다. 賢治에 있어서 누이동생 トシ의 죽음은 말할 수 없이 많은 영향을 주었다고 할 수 있다. 그의 신앙은 물론이고 文學世界에 이르기까지 어느 한 곳 トシ의 혼이 담기지 않은 곳이 없다고 해도 과언이 아닐 것이다.

결국 大正 7년(1918) 12월말에 병이 났던 トシ는 (그 당시 20세였음) 大正 11년(1922) 24세의 青春이었고 누이동생과의 永訣이 賢治의 文學世界 내지는 신앙을 독려하는 촉매제의 역할을 한 것이라고 생각된다. 그래서 賢治는 꿈과 여행과 이별을 통해서 영원한 사차원의 세계에로의 동경을 했고 法華信仰을 통해서 많은 고통을 극복해 갈 수 있다는 꿈을 펼치고 있었는지도 모른다.

영원한 理想主義者라고도 할 수 있는 賢治는 모두가 같이 共存共樂할 수 있는 유토피아를 希求해 왔으며 모두의 유토피아 건설을 위해서 현실적으로 노력을 했던 적도 있었다.

童話『貝の火』에서 惡童이 되어버린 어린토끼 호모이를 떠나는 조가비의 불빛은 또 어떤 善童을 찾고 있을지 모른다는 기대와 희망을 안겨주면서 조가비의 불은 독자의 希望으로 남게 된다.

『貝の火』에 대한 吉田精一 氏의 해설에 의하면 善行善果와 惡行하고 있음을 모르는 것보다 惡行인 줄 알면서 하는 行이 더 나쁘다는 것, 善行의 공덕으로 얻은 幸福도 지키지 못하면 잃는다는 것과 어려운 일을 하면 행복이 찾아온다[3]고 한 바가 있다.

그러나 紀野一義의 說에 의하면 『貝の火』는 『法華經』「安樂行品」第十四에서부터의 내용을 이미지化한 것이라고도 하나 실제로 大正 8년에서 11년에 이르기까지 賢治에게 있어서는 사랑했던 누이 トシ와의 사별이 그의 一生에 굵은 한 획을 긋게 되었음과 동시에 法華經 信仰으로 향한 돈독해진 信仰이 父와의 갈등 같은 것을 연출한 시기였음을 감안해 볼 때 童話 『貝の火』는 平尾隆弘의 說대로 賢治의 절대적 윤리의 基軸[4]을 이룬 作品이라고 해도 무방하다.

『貝の火』에서 조가비의 불빛은 어린토끼 호모이를 한 번 더 용서해주지 않고 그냥 멀리 떠나버리지만 다음에 소개하는 『よだかの星』이라

---

3) 吉田精一, 『鑑賞宮澤賢治選集』, 天明社, 昭和 24.

4) 平尾隆弘, 『宮澤賢治』, 國文社, 昭和 53.

고 하는 童話에서는 육지의 새가 하늘의 별이 된다는 작품구성을 하고 있다. 이 童話는 소개한 적이 없으므로 간단히 Story를 정리해 보고자 한다. 이 童話 역시 大正 10년(1921) 경의 작품으로 추정되고 있다.

쏙독새(よだか)는 아주 보기 흉한 새였다. 얼굴도 더럽고 다리는 약하고 그래서 새들은 쏙독새를 상대해 주지 않았다. 매(たか)는 よだか가 자기와 비슷한 たか라는 이름을 갖고 있는 점이 항상 기분 좋지 못했다. 어느 날 たか(매)가 よだか(쏙독새)에게 이름을 바꾸라고 권한다. 그러나 よだか는 그 말을 따르지 않는다. 자기의 이름도 신이 주신 이름이기에 바꿀 수 없다고 하자, 매(たか)는 이름을 바꾸지 않으면 죽여 버리겠다고 한다. 개명한 이름표를 머리에 달고 새들의 둥지를 찾아다니면서 신고하지 않으면 죽여 버린다고 매는 엄포를 놓았다. 쏙독새가 걱정이 되어 둥지를 나와서 하늘을 바라보고 있을 때, 투구풍뎅이가 입안으로 들어와 삼켰는데 배가 몹시 아팠다. 쏙독새는 그때 저 하늘 먼 곳으로 가고자 결심을 한다. 쏙독새는 하늘을 향해서 힘껏 날아올라가 太陽에게 부탁한다. 타서 죽어도 좋으니 해님 곁에 있게 해 달라고.

그러나 태양은 よだか(쏙독새)는 낮의 새가 아니고 밤의 새이니까 밤이 되거든 별들에게 부탁해 보라고 거절한다. 밤이 되기 전 초원에 누워 잇던 쏙독새는 하늘을 날고 있는 꿈을 꾼다. 쏙독새는 밤하늘의 별자리 오리온 좌에게 부탁했지만 거절당한다. 그외 큰게별자리, 큰곰자리, 매 등 차례로 날아올라가 부탁했지만 거절당한다. 날아올라갔다가 땅에 떨어지면 다시 봉화처럼 날아오르고 또 날아올랐다. 추운 하늘을 날고 있던 쏙독새는 날개가 얼어붙고 눈물이 얼어붙었다. 얼마가 지

난 후 쑥독새가 눈을 떠보니 자신의 몸은 퍼런 인의 빛으로 아름답게 빛나고 있었다. 바로 옆에는 카시오페아좌였다. 은하수는 푸르게 빛을 내면서 뒤에 있었다. 쑥독새 별이 되어 오늘도 하늘에서 반짝이고 있다.

이상이 『쑥독새 별(よだかの星)』의 줄거리이다. 이 童話를 칭해서 근대일본문학이 낳은 최고의 美, 최상의 깊이와 높은 精神의 表現이라고 한다. 그래서 日本의 小學校, 中學校에서 教材로도 사용되었고 많은 讀者를 가진 童話이다.

쑥독새 별은 한 마리의 외로운 새에게 奇蹟的인 轉生이 이루어졌다고 할 수 있는 童話이다. 그러나 그 轉生을 다룬 이면에는 하늘 먼 곳으로 가려는 간절한 소망이 있었기 때문이라고 생각된다.

누구도 이웃해 주지 않는 철저한 고독감과 못생긴 자신의 외모, 이름을 바꾸라고 윽박지르는 매의 다그침은 쑥독새에게 또 다른 次元의 세계로 향하게 하는 동기를 마련해 주게 된 셈이었다고 할 수 있다. 즉 현실의 不公平과 孤獨은 그것을 벗어날 수 있는 계기를 만들어주었고 그렇게 해서 현실을 탈피한 쑥독새의 脫日常은 밤하늘의 별이라고 하는 영원성으로 연결되었다고 할 수 있기 때문에 현실에의 執着으로부터 벗어나는 解脫의 永遠性을 시사하고 있다고 해도 좋을 것 같다.

童話 『よだかの星』을 『銀河鐵道の夜』의 前身格인 作品으로 보고 있는 견해도 있는데 그것은 『銀河鐵道の夜』와 동일한 주제를 지니고 있기 때문이다. 주인공이 주위로부터 따돌림을 받는 철저한 고독감에서 출발하여 비애에 깊이 잠겨 있다가 꿈을 꾸게 된다. 銀河界에 대한 동

경이 일어나고 마침내 하늘로 올라가기를 희구하게 된다. 필사적으로 노력한 결과 하늘의 별이 된다는 전개좌정에는『銀河鐵道の夜』에서 표현되고 있는 他人을 위해 노력하고 있다는 내용이 없을 뿐 대강의 Story전개는 비슷하다고 해도 과언이 아닐 것이다.

大正 10년을 전후하여 賢治의 생활은 복잡다단했다. 학교를 졸업하고 연구생으로 남았으나 누이동생의 간호 차 東京에 갔고, 거기서 자신의 신앙의 돈독함을 보여주었던 國柱會 加入 및 활동, 퇴원한 여동생을 데리고 귀향한 후 곧 다시 上京하여 國柱會의 가두포교를 했다 또한 문학으로써 法華信仰을 홍포하는 자기 일거리를 찾고 신앙에 매진하는 한편 아버지와의 평온하지 못했던 감정이 그 심연에 자리하고 있었던 시절이기도 했으며, 다시 24세의 꽃다운 나이의 누이동생 トシ의 죽음이 안겨준 永訣의 슬픔 등등이 당시 賢治의 생활이었으므로 그러저러한 정황의 표현이 가미되었음직한 느낌도 든다.

유토피아 건설의 꿈을 갖고 그 실현을 위한 노력의 연결이 결국 法華信仰으로 이어졌을 것이라고 고려해 볼 때 賢治의 문학, 童話는 그의 꿈의 실현을 위한 노력의 한 표현이었다고 할 수도 있다.

다음에 소개하고자 하는 童話는『銀河鐵道の夜』인데 이 作品은 필자가 이미 소개한 바가 있었기5)에 생략하기로 하겠다.

이른바 賢治의 대표작으로 알려져 있는『銀河鐵道の夜』는 作品『セ口彈きのゴ-シュ』와 함께 賢治 死亡 직전까지 추고를 했던 作品으로 알려져 있으므로, 이는『貝の火』나『よだかの星』이 앞서 써진 것으로

5) 趙明烈,「宮澤賢治의 童話考」Ⅱ,『中央僧加大學 論文集』第四輯, 中央僧加大, 1995, pp.216~237.

볼 수 있다.

이 作品에서도 주인공 죠반니는 가난하고 어렵고 외로운 학생이었다. 학교를 마치면 활판소에 가서 아르바이트를 했고 집에는 병든 모친이 누워 있는 답답하고 암울한 어린소년의 생활이 첫 부분에 전개되고 있다. 고기잡이를 떠난 부친은 소식이 없고, 학교 친구들에게 관심을 얻어 보려는 셈이었는지 죠반니는 자기 아버지가 돌아올 때 ラッコ上衣(해달의 털로 만든 옷)를 사오시기로 했노라고 뽐냈으나 영영 돌아오지 않는 아버지 때문에 '랏꼬우와기' 라고 아이들의 조롱을 받고 말았다. 힘든 생활을 지탱해 가는 죠반니는 배달이 안 된 우유를 찾아 모친에게 드리려고 갔다가 주인이 없어 축제 광경이 내려다보이는 언덕에서 또 다시 자신을 소외시키고 몰려가는 친구들을 바라다본다. 어느덧 풀 위에 누운 죠반니는 꿈을 꾸게 되고 이때부터 銀河界로 향한 銀河鐵道를 탄다. 어디든지 통과할 수 있는 차표를 든 죠반니의 여행에서 작가는 무슨 의미를 주려고 의도했을까? 은하철도에는 많은 승객들이 탔고 각자의 목적지에서 내렸다. 최후까지 남은 사람은 죠반니였다. 친구 까므빠네르라의 승차권은 쥐색이었으나 죠반니의 것은 녹색이었다.

꿈에서 깨었을 때 브르가니로 박사의 실험이었다. 죠반니는 우유를 찾아서 집으로 돌아가는 도중 까므빠네르라가 쟈네리를 구하려다 죽은 것을 보게 된다.

賢治가 죠반니를 통해서 구현해 보려고 했던『銀河鐵道の夜』의 여행은 여러 가지로 언급이 되어왔다.

다음에 賢治童話에서 雪國 의 묘사가 가장 문학적이고 섬세하게 되어 있다는 평을 받고 있는 作品『ひかりの素足』을 소개해 보려고 한다.

이 作品은 『法華經』의 「如來壽量品」의 世界를 묘사하고 있다고도 한다.

『ひかりの素足』의 Story는 모두 5장으로 되어 있다.

① 山小屋(산골 오두막)

② 峠(고개)

③ うすあかりの國

④ 光の素足

⑤ 峠(고개)

위와 같이 5장으로 되어 있는데 그 내용을 간추리면 다음과 같다.

숯을 굽는 아버지의 숯막에 온 一郎과 나라오는 숯막에서 일요일의 아침을 맞이한다. 집에 돌아가자고 했더니 동생 나라오는 어젯밤 꿈이 떠올라 울고 있었다.

오후에 숯막에서 내려가는 마부들을 따라서 눈길을 헤치고 一郎과 나라오 형제는 집을 향해서 출발했다. 형제는 처음에는 마부의 뒤를 따라갔다. 도중에서 마부들이 사람들과 이야기하는 동안 두 형제는 마부를 물리치고 앞서서 가다가 고개를 넘게 되었다. 고갯마루에 올라섰을 때 눈이 내리기 시작하더니 어느덧 길을 찾을 수 없을 만큼 눈으로 가득 쌓였다. 형 一郎은 동생 나라오를 꽉 껴안고 큰 바위 아래로 들어가 앉았다. 눈은 좀처럼 그칠 기미가 없고 뒤에서 내려오던 마부들의 발자국 소리도 들리지 않는 막연한 시간이었다. 눈에 젖은 옷이며 신발이 모두 젖어서 몹시 추워졌다.

동생을 꼭 껴안고 눈이 그치기를 기다리고, 한편 마부들을 기다리면서 추위를 견디려고 애를 썼으나 어느덧 一郎은 꿈을 꾸게 되었다. 무서운 귀신이 채찍을 휘두르면서 걷고 있는 아이들을 쫓고 있었다. 그런데 그 아이들 속에는 자기의 동생 나라오가 있었다. 형 一郎이 나라오를 위하여 두둔하고 있을 때 '如來壽量品'의 소리가 들려왔다.

하얗게 빛나는 사람이 맨발을 하고 세상을 감싸 안는 덕을 이야기하자 무서운 귀신도 그 앞에 무릎을 꿇고 가시밭길도 평평한 좋은 길로 바뀌더니 밝고 아름다운 들녘이 되어 괴로움에 시달리던 아이들도 평화로운 모습으로 돌아왔다. 그런데 그 하얀 옷을 입은 분이 一郎에게 나라오는 여기에 남고 一郎은 원래의 세계로 돌아 가거라 그리고 동생을 버리지 않았다는 마음을 잊으라고 말한다.

一郎은 나라오를 데리고 가려고 했지만 나라오는 눈을 감은 채 숨도 쉬지 않고, 손과 가슴이 얼음처럼 차가워지고 말았다.

나라오는 一郎과 같이 집으로 돌아갈 수 없었다.

以上의 4作品을 통해서 우리는 공통적인 구성을 쉽게 발견할 수가 있다. 모든 사건의 발단은 '꿈'이었다는 것이다. 꿈속에서 전개되는 童話의 세계는 앞에서도 언급한 바와 같이 꿈은 Fantasy의 옷이 되어서 넓은 개념형성의 원인으로 작용하는 것이 아닌가 생각된다.

그럼 지금까지 소개한 作品들이 모두 꿈의 전개를 전제로 이루어진 작품이기 때문에 실제로 작품 속에서 설정되고 있는 꿈의 현상을 자세히 고찰해 보고자 한다.

Ⅲ. 꿈의 展開

지금까지 소개했던 童話의 구도는 대체로 同一한 형식을 취하고 있음을 찾아볼 수가 있었다. 어떤 현실적인 고통을 극복해 보려는 심각한 고민을 하다가 어느덧 꿈을 꾸게 된다. 꿈속에서는 모든 고통의 해결을 위한 것처럼 Story가 펼쳐져서 어떤 형식의 종말을 내고 꿈은 깨게 된다는 내용이라고 할 수 있다.

즉, 현실의 외로움과 고통의 해결은 간절한 어떤 염원으로 이어지고 그 염원은 결코 헛됨이 없이 日常을 탈출해서 주인공에겐 永遠이라고 하는 아니면 해탈이라고 하는 영원한 時間性과 연결의 고리를 채워주는 것이라고 느껴지는데 그 구체적인 상황들을 고찰해 보고자 한다. 즉 꿈으로 돌입해 가는 상황들을 살펴보려는 것이다.

1. 『貝の火』에서의 꿈의 표현

어린토끼 호모이는 냇물에 빠져서 흘러내려가는 새끼종달새를 온갖 힘을 다 기울여서 구제해 준다. 그런 후 호모이는 심한 열병으로 고생을 한다. 새끼종달새의 아버지는 새의 왕이었는데 호모이의 善行에 대한 고마움을 보답하기 위해 '貝の火'라고 하는 寶珠를 하사한다. 그 寶珠는 대단한 구슬이었다. 호모이는 그 寶珠를 받아든 후부터는 사뭇 자만해지기 시작한다. 父親의 지적에도 그 당장뿐이었다. 산 속의 짐승들을 괴롭히고 상당한 악행을 스스럼없이 행한다.

어느 날 그는 꿈을 꾼다. 결국 그 꿈은 호모이의 앞날에 일어날 불행의 징조였다.

> そのばん ホモイはゆめをみました.
>
> 高い高い錐のような山の頂上に片脚で立っているのです. ホモイはびっくりして泣いて目をさましました.6)

꿈을 꾼 다음날 공교롭게도 여우의 꾐에 호모이는 빠지고 만다. 여우는 나무 위에 그물을 치고 새 잡는 일을 호모이로부터 승낙을 받는다. 흐르는 냇물에 떠내려가는 참새새끼를 구해 주면서 생명의 존엄성을 몸소 실천했던 호모이의 서투른 변화는 곧 禍를 불러들이는 요인이 되고 만다.

여우의 그물에 걸린 새들이 호모이를 향하여 살려줄 것을 애원해도 그렇게도 착했던 호모이의 모습은 찾을 수조차 없었다. 한두 마리 그물 속에서 목숨을 잃자 더불어 '具の火'도 맑고 영롱한 아름다운 불빛을 잃어가기 시작했다.

> 夜中のホモイは目をさました. そして こわごわおきあがってそっと枕もとの具の火を見まそた. 具の火は油の中で漁の目玉のように銀色に光っています. もう 赤い火は燃えていませんでした.7)

---

6) 宮澤賢治, 『具の火』, 角川文庫 390, 平成 6, p.63.
그날밤 호모이는 꿈을 꾸었다. 높고 높은 송곳같이 뾰족한 산 정상에 한쪽 다리로 서 있는 것이었다. 호모이는 깜짝 놀라서 눈을 떴다.

7) 앞의 책, p. 67
밤중에 호모이는 일어났다. 그리고 무서워하면서 일어서서 조용히 베개 아래의 결국 여우의 꾐에 빠진 호모이는 조가비 불을 잃고 만다. 조가비가 깨지면서 호모이의 눈에 파편가루가 들어가서 호모이는 실명을 한다.

허옇게 되어 버린 조가비를 호모이는 볼 수가 없었다.

그 후 조가비는 다시 불을 밝히면서 멀리 날아갔다.

여기서 송곳 같은 정상에 한 다리로 서 있었다는 호모이의 꿈은 조가비의 행방을 예상할 수 있는, 즉 不吉을 豫示하는 꿈이었다고 할 수 있다.

2. 『よだかの星』에서의 꿈의 표현

쑥독새 별에서 표현되어진 꿈은 『貝の火』에서 표현된 것과는 조금 다른 점을 보여주고 있다. 쑥독새가 지닌 외모 때문에 주변의 모든 새들도 가까이해 주지도 않고 또 한편으로는 자기 이름을 닮았다는 것조차 거리는 매의 호통으로 쑥독새는 견딜 수 없는 괴로움에 처하게 된다. 이름을 바꾸라고 하는 매의 제의를 받아들일 수는 없고(자신의 이름도 신이 주신 이름이기 때문에), 그러나 이름을 바꾸지 않으면 죽여버리고 말겠다는 매의 으름장은 쑥독새를 막다른 골목까지 몰아넣고 만 것이었다.

쑥독새에게 매는 市藏이라는 이름까지 붙여주며 바꾸라고 했기 때문에 기가 막힌 쑥독새는 어이가 없어 그저 들판을 날아다녔다. 어느새

불을 보았다. 조가비불은 기름 속에서 물고기의 눈처럼 은색으로 빛나고 있었다. 이미 빨간 불은 타고 있지 않았다.

풍뎅이들이 쑥독새 입으로 들어와 목으로 넘어가버렸다. 얼마나 많이 먹었는지 모르겠으나 조금 후 쑥독새는 견딜 수 없을 만큼 배가 아팠다. 쑥독새는 생각한다. '나는 이렇게 매일 밤 많은 벌레를 잡아먹는데 이번엔 내가 매에게 죽는다고……? 차라리 매에게 죽음을 당하기 전에 저 멀리 하늘로 가고 말겠어.' 하고 쑥독새는 높은 하늘을 향해 날아갈 것을 결심하고, 동생처럼 생각했던 물총새를 찾아가서 작별인사를 하고서는 햇님 가까이까지 올라가서 햇님에게,

> お日さん, お日さん, どうぞ私おあなたの所へ運れてって下さい. やけてしんでもかもいません. 私のようなみにくいからだでも灼けるともには小さなひかりを出すでしょう. どうか私を運れてって下さい.[8]

라고 간절하게 소망을 하지만 햇님으로 거절을 당한다. 거절당한 이유는 쑥독새(よだか)는 밤의 새이기 때문이라는 것이다. 햇님은 쑥독새에게 말한다.

> お前はよだかだな, なるほど, ずいぶんつらかろう. 今夜そらをとんで, 星にそうたんでごらん. お前はひるの鳥ではないのだからな.[9]

---

8) 앞의 책.
햇님, 햇님, 부디 저를 당신 곁으로 데려가 주십시오. 타죽어도 괜찮습니다. 저처럼 못생긴 몸도 탈 때에는 작은 빛을 낼 수 있겠지요. 부디 저를 데려가 주십시오.

9) 앞의 책.
자네가 쑥독새로구나, 과연 심히 괴롭겠구나. 오늘밤 하늘에 올라가 별에게 그렇게 부탁해 봐라. 자네는 낮새가 아니기 때문이야.

햇님의 이야기를 듣고 쑥독새는 두 번 다시 부탁을 하지 못하고 초원으로 내려오고 말았다.

초원에 내려온 쑥독새는 마치 꿈을 꾸는 지경이 되었다.

> そしてまるで夢を見ているようでした. からだがずっと赤や黄の星のあいだをのぼって行ったり, どこまでも風に飛ばされたり, 又たかが來てからだをつかんだりしたようでした.[10)]

위의 よだか의 꿈은 바로 괴로움에 시달리고 있는 よだか의 心理가 잘 表現되어 있다고 할 수 있다. 꿈은 內的 事實을 잘 表現하고 있기 때문이다.

복잡한 꿈속을 헤매다 눈을 떴을 땐 이미 저녁이 되었다. よだか는 그때부터 하늘로 뛰어올라가서 서쪽에 있는 오리온 좌에게 말한다.

> お星さん, 西の青じろいお星さん, どうか私をあなたのところへ運れてって下さい. やけて死んでもかまいません.[11)]

간절히 부탁을 드리지만 거절당하고 만다. 서쪽의 오리온 좌에서 출

---

10) 앞의 책, p. 96
그리고 마치 꿈을 꾸고 있는 것 같았다. 몸이 거침없이 여러 별 사이를 올라가기도 하고, 한없이 바람에 날리기도 하고, 또 매가 와 몸을 물어뜯는 것 같았다.

11) 앞의 책, p 96.
별님, 서쪽의 푸른 별님, 부디 저를 당신 곁으로 데려가 주십시오. 타 죽어도 괜찮습니다.

발하여 남쪽의 큰게자리, 북쪽의 큰곰자리, 동쪽의 수리별까지 돌았으나 거절을 당한다.

하늘 멀리 날아가기를 결심하고 태양에게 부탁했으나 거절을 당하고 별에게 부탁을 해보라는 태양의 말은 よだか의 심중에 절망과 희망이라고 하는 二重構造的인 心理的 葛藤을 안겨준 셈이다.

밤이 되기를 기다리는 동안 よだか는 실지의 꿈속에서 자신이 당하고 있는 현실과 태양의 이야기를 통해서 얻어진 絕望과 希望이 섞인 心的 世界를 맛보는 것이다.

3.『銀河鐵道の夜』에서의 꿈의 표현

『銀河鐵道の夜』에서 표현된 꿈은『貝の火』나『よだかの星』과는 조금 다르다고 할 수 있다.『貝の火』에서 표현된 꿈은 좋지 않은 일을 예시해 주는 꿈이었다고 할 수 있고,『よだかの星』에서 기술된 꿈은 쏙독새의 내면의 세계, 즉 心理의 반영이었다고 할 수 있는데, 童話『銀河鐵道の夜』에 표현된 꿈은 조금 다르게 볼 수밖에 없다.

죠반니는 학교를 마치고 집으로 돌아가지 못하고 활판소에 들러서 아르바이트를 한다. 일이 끝나서 빵과 설탕을 사들고 집에 돌아오지만 병석에 누워 잇는 어머니만 계실 뿐 그 날의 우유가 배달되어 있지 않았다. 우유를 가지러 보급소에 갔는데 담당자가 없어서 잠깐 기다려야 했었다. 그날은 축제날이었다. 같은 반 아이들은 함께 모여서 축제구경을 가고 있었다. 반갑게 인사하는 죠반니를 향해 아이들은 놀려대고 지나갔다. 죠반니는 언덕 위 큰곰별자리가 잘 보이는 곳에서 별을 보고 있었다. 죠반니가 天氣輪의 柱 아래로 와서 풀밭에 몸을 던지면서 銀河鐵道의 여행은 시작된다.

모든 주위로부터 외면당하는 현실의 고독은 또 다른 세계, 즉 내면의 세계라고 해도 좋을 세계를 향해서 마음이 펼쳐지게 되는 것을 볼 수 있다.

『銀河鐵道の夜』는 現實 → 夢 → 現實로 엮어지는 구조를 지니고 있다고 볼 수 있는데 현실의 고독을 인고하면서 天氣輪의 柱 아래 누워서 유일하게 죠반니에게 연민의 눈길을 준 친구 카므빠네르라를 생각하면서 銀河를 우러러보고 있을 때 그는 어느덧 銀河鐵道를 타고 있었다. 이 은하철도는 銀河의 北十字星에서 南十字星까지 가는 열차였다. 그 광경을 소개하면 다음과 같다.

> ジョバンニは頂の天氣輪の柱の下に來て, どカどかするからだを, つめたい草に投げました. 町の灯は, 暗の中をまるで海の底のお宮のけしきのようにともり, 子供らの歌う聲や口笛, きれぎれのさきび聲もかすかに聞こえてくるのでした. (中略) ジョバンニの汗でぬめれたジョバンニもつめたく冷やされました.
>
> 野原から汽車の音がきこえてきました, その小さな列車の窓は一列小さく赤く見え, その中にはたくさんの旅人がりんごおむいたり, わらったり, いろいろなふうにしていると考えますとジョバンニはもうなんとも言えずかなしくなってまた目ををらにあげました. (中略) 見れば見るほどそこは小さな林や牧場やらある野原のよう考えられてしかたなかったのです. (中略) またすぐ眼の下のまちまでが やっぱりぼんやり

したたくさんの星の集まりが一つの大きなけむりかのように見えるように思いました.12)

죠반니는 자신도 모르게 은하철도를 타고 있었다. 더욱 죠반니는 天上까지 갈 수 있는 승차권을 가졌다고 검표원은 중얼거린다. 그만큼 그의 의식의 세계는 광활한 것이었다고 할 수 있다. 그러나 결국 그것은 꿈이었다. 부르가니로 박사의 발자국소리가 그를 꿈에서 현실로 끌어내려주었던 것이다.

さあ, 切符をしっかり持っておいで. お前はもう夢の鐵道の中でなしにほんとうの世界の火やはげしい波の中を大服にまっすぎに步いて行かなければいけない. 天の川のなかでたった一つのほんとうのその切符を決しておまえはなくしてはいけない. 13)

---

12) 宮澤賢治, 『銀河鐵道の夜』, 角川文庫 390, 平成 6, pp.184~186.
죠반니는 정상의 천기륜의 기둥 밑에 와서 몸을 차가운 풀 위에 던졌다. 거리의 불빛은 어둠 속을 마치 바닷속 왕궁처럼 불이 켜지고 아이들의 노래 소리와 휘파람소리, 여럿이 외치는 소리도 희미하게 들려왔다. 죠반니의 땀으로 젖은 셔츠도 더욱 차가워졌다. 들판에서 기차소리가 들려왔다. 그 작은 열차의 창은 한 줄로 작고 빨갛게 보이고, 그 안에는 많은 여행객이 사과를 깎거나, 웃거나 여러 모습을 하고 있으리라 생각하면서 죠반니는 뭔가 표현할 수 없는 슬픔에 싸여 눈을 들어 하늘을 향했다. 보면 볼수록 그곳은 작은 숲과 목장이 있는 들판처럼 생각할 수밖에 없었다. 눈앞의 마을까지 역시 뿌옇게 된 많은 별의 무리가 큰 연기무리처럼 보인다고 생각했다.

13) 앞의 책.
자아, 승차권을 꽉 쥐어라. 너는 꿈속의 철도가 아닌 이 세상에서 불과 거센 파도 속을 대담하게 똑바로 걸어가지 않으면 안 된다. 은하수 속에 단 하나인 그 승차권을 너는 결코 없애서는 안 된다.

라고 하는 은은한 음성이 들려올 대 은하수는 저만큼 멀어져 갔고 바람이 불어오는데 죠반니 자신은 똑바로 초원의 언덕 위에 서 있는 것을 보았고 또한 멀리서부터 부르가니로 박사의 발자국소리가 들려오는 것을 듣게 되면서 죠반니는 현실로 돌아오게 된다.

죠반니는 꿈속에서 은하계의 여행을 하는 도중에 간간이 들려오는 첼로 같은 은은한 음성이 죠반니의 기분을 신선하게 해주고 있는데 그 음성에 대해서도 한 번쯤 주목을 하지 않으면 안 된다고 생각된다.

이상과 같이 『銀河鐵道の夜』는 죠반니가 추구하는 銀河界 의 旅行 내지는 第4次元의 세계를 향한 憧憬이 꿈을 통해서 이루어지고 있었음을 알 수 있었다.

4. 『ひかりの素足』에 표현된 꿈

童話 『ひかりの素足』은 그 주제가 作品 『銀河鐵道の夜』와 유사한 점이 있다고 지적14)한 적이 있다.

아버지의 숯막에서 동생을 데리고 내려오던 형 一郎이 눈이 쏟아지는 산길에서 눈을 피해 동생 나라오를 감싸 안고 바위 아래 앉아서 눈이 멎기를 기다리는 동안에 일어나는 일련의 내용들이다. 형 一郎의 모습을 통해서 전개되는 꿈의 이야기지만 이 동화도 역시 현실 → 꿈 → 현실의 구성을 이루고 있으므로 형식에서 『은하철도의 밤』과 근사하다고 할 수 있고 또 내용에 있어서도 형 一郎의 철저한 자기희생의 모습

14) 中村稔, 「自己犧牲を媒介として發展を許されたユ-トピア」, 『宮澤賢治』, 五月書房, 昭和 33.

을 통해서 카므빠네르라의 모습을 연상시킬 수도 있다고 생각한다.

눈이 내리고 바람까지 세차게 불어와 두 형제는 눈보라를 헤치고 가는 일이 몹시 힘이 들었다. 몇 번씩이나 넘어지고 쓰러지면서 나아갔으나 길을 잘못 찾기도 하는 어려움도 겪는다.

눈 내리고 바람 부는 풍경묘사는 곳곳에 많이 기술되고 있다.

> 風がもうまるできちがいのように吹いて來ました. いきもつはず二人けどんどん雪をかぶりました. (中略) 一郎は毛布をひろごてマントのままならおをだきしめました. 一郎はこのときはもうほんとうに二人とも雪と風で死んでしまうのだと考えてしまいました. (中略) そのときならおのしもやけの小さな赤い手などが, はっきり一郎に見えてきました. いかが苦しくてまるでえらえらする毒をのんでいるようでした. 一郎はいつか雪の中にすわってしまっていました. そしておっそう強くなたおをだきしめました. けれども´そんなこえおはまるで夢のようでした. 15)

一郞은 꿈속에서 나라오를 찾아다닐 때 '如來壽量品'의 소리를 듣는다. 一郞이 구조되어서 눈을 떴지만 나라오는 같이 돌아갈 수 없게

15) 앞의 책, 『銀河鐵道の夜』, pp.117~118
바람이 마치 광풍처럼 불어왔다. 숨도 쉬지 못하고 두 사람은 점점 눈을 둘러쓰고 말았다. (중략) 一郞은 담요를 펴서 나라오를 꼭 끌어안았다. 一郞은 이때는 마치 두 사람이 눈바람으로 죽어버린다고 생각되었다. (중략) 그때 나라오의 동상이 걸린 작은 손이 선명하게 보였다. 숨쉬기가 괴로워서 마치 독을 마시는 것 같았다. 一郞은 어느덧 눈 속에 주저 앉아버리고 말았다. 그리고 한층 더 힘있게 나라오를 꼭 끌어안았다. 그래도 그런 것은 마치 꿈과 같았다.

된다.

以上에서 各 童話에서 表現된 꿈의 형태를 고찰해 보았다.

『貝の火』에서는 어린토끼 호모이가 악행을 일삼다가 그 악행으로 인한 불길한 징표를 꿈에서 보았으나 그 원인을 깨닫지 못했고, 『よだかの星』에서는 현실의 고통이 꿈으로 연결되었고 동시에 그 꿈은 희망을 불어넣어주는 계기가 되어서 지상에서 따돌림 당한 쑥독새는 하늘에 올라가 쑥독새 별이 되는, 지극한 절망이 빛나는 희망의 모태가 되는 광경을 보여주었다고 할 수 있다. 그러나 『銀河鐵道の夜』와 『ひかりの素足』에서는 同一한 패턴의 꿈을 표현하고 있음을 알 수 있다.

現實 → 夢 → 現實

죠반니와 一郎이 겪었던 世界였다. 죠반니는 현실의 적막함, 즉 외롭고 쓸쓸하고 어렵고 힘든 생활 속에서 비상의 의지를 싹틔웠음이 은하계에로의 여행이었을 것이다. 꿈속에서 이루어졌던 은하철도 여행은 그 이상세계에 대한 동경이기도 했었다. 그러나 막상 꿈에서 현실로 돌아왔을 때에는 자신에게 늘 연민의 정을 주었던 친구 카므빠네르라는 또 하나 친구인 쟈네리를 구하려다 흐르는 강물에 빠져 영영 돌아오지 않게 된다.

『ひかりの素足』에서 눈바람에 길을 잃고 추위와 떨면서 두 형제는 서로 의지하고 집을 향해 돌아오다가 결국 형 一郎은 동생 나라오를 잃고 만다. 一郎이 추위에 못 이겨 담요로 나라오를 덮고 힘껏 감싸 안고 있었으나 자신도 모르게 꿈속을 헤맨다. 동생 나라오를 찾아다니다

가 꿈속에서도 나라오를 버렸다는 생각도 잊으라는 '如來壽量品' 의 소리를 듣고 一郎이 구조되어 눈을 떴을 때는 이미 나라오는 눈 속에 묻혀 있었다.

> "息吐いだぞ. 眼開いだぞ." 一郎のとなりの家のあかひげの人がすぐ一郎の頭のとっこに曲んでいてしきりに一郎をおこそうとしていたのです, そして一郎ははっきり眼を開きました. ならおを堅く抱いて雪に埋まっていたのです. 16)

一郎이 구조되어서 눈을 떴을 때의 광경이다. 나라오는 담요에 싸서 꼭 껴안았으나 一郎마저 추위에 못 이겨 정신을 잃고 나라오는 一郎의 품에서 놓쳐져버린 상태를 표현하고 있다.

> も一度 ならおの顔を見ました その顔はりんごのように赤く, そのくちびるはさっきの 光の國で一郎と別れたときのまま, かつかに笑っていたのです. けれどもその眼はとじ, その息は絶え, そしてその手やむねはこおりのように冷えてしまっていたのです. 17)

---

16) 앞의 책, p.134
"숨을 쉰다. 눈을 떴다." 一郎 옆집 사람이 금방 一郎의 머리 곁에서 줄곧 一郎을 일어나도록 하려고 했던 것입니다. 그래서 一郎은 확실하게 눈을 떴습니다. 나라오는 굳게 싸여 눈 속에 묻혀 있었던 것입니다.

17) 앞의 책, p.134
다시 한 번 나라오의 얼굴을 보았습니다. 그 얼굴은 사과처럼 빨갛고 그 입술은 아까 光國에서 一郎과 헤어질 때처럼 빙긋이 웃고 있었습니다. 그래도 그 눈은 감고, 숨은 끊기고, 그리고 그 손과 가슴은 얼음처럼 차가워져버렸습니다.

나라오의 죽음이 확인된 최종의 문장이다. 一郎은 동생 나라오를 위해서 최선을 다했으나 결국 동생은 살아나지 못했다.『은하철도의 밤』에서 죠반니의 친구 카므빠네르라도 강물에 빠진 친구 쟈네리를 구하려다 자기희생을 한다는 결말과 비슷하기 때문에『ひかりの素足』을『은하철도의 밤』에 근사한 작품으로 평가받기도 한다.

以上에서 宮澤賢治의 童話 4편을 임의로 선택해서 현상적인 夢을 묘사한 부분들만을 선택해서 작품의 구성을 살려보았다.

현상적인 꿈의 설정은 童話구성의 한 요소처럼 되어 있었다고 할 수 있으나 그 중에서도『銀河鐵道の夜』와『ひかりの素足』에서는 꿈을 通해서 작품이 완성되었다는 것을 알게 되었고『よだかの星』에서는 지상의 새가 하늘의 별이 되려는 꿈(發源)의 세계를 표현한 童話였다고 할 수 있다. 즉 よだか라고 하는 새가 하늘의 별이 되고자 하는 소망은 현상적으로는 이루어질 수 없는 꿈이지만 賢治의 童話에서는 이루어졌다. 그 점은『은하철도의 밤』에서의 죠반니도 마찬가지였다.

『よだかの星』에서는 쏙독새의 개인적인 절망에서부터 시작된 자기로부터의 탈피가 결국은 하늘의 별이라고 하는 것으로까지 轉化되었다고 볼 수 있는데 이러한 구성의 기능은 宗敎의 世界 내지는 환상의 세계에서만이 이루어질 수 있는 것이다.

넘어설 수 없는 상황을 넘어설 수 있다는 것이 超越 바로 그것이라고 생각한다.

宮澤賢治가 그러한 宗敎의 환상의 두 세계를 다 수용하고 있었음은 이미 잘 알고 있는 사실이다.

賢治 自身이 詩를 일컬어 心像스케치라고 했으며 童話 역시 同一한

감각으로 구성되었다고 보기 때문에 賢治의 作品內容에는 賢治의 心象이 투영되어 있다고 할 수 있다.

賢治가 本格的으로 詩作한 것은 大正 11년(1922) 그의 나이 27세 때였다. 그의 生前 唯一의 刊行 詩集이 된 『春と修羅』는 그의 첫 心象스케치였다. 이 『春と修羅』는 그의 詩의 精髓를 담고 있으며 나아가서는 그의 文學精神의 母胎가 된다고 해도 과언이 아닐 것이다. 賢治에 있어서 心象은 단순한 心理現象이 아닌 宇宙意識을 중심으로 하는 마음의 움직임[18]을 의미한다.

宇宙意識으로 향한 마음의 움직임은 銀河界를 비롯한 탈 현상의 꿈으로 전개되었는지도 모른다. 그런 심상스케치를 주시해 온 賢治의 귀향의식과 法華의 신앙은 그의 꿈을 작품화하는 데 많은 역할을 했으리라고 생각된다.

Ⅳ. 맺음말

宮澤賢治의 作品은 多方面에서 평가할 수가 있으나 本論에서는 그를 꿈의 소유자라고 표현해 두려고 한다.

따라서 그가 현실을 무한히 고민했던 흔적에 연민의 정을 느끼기도 한다.

그의 현실은 결코 평탄하지도 못했지만 그는 농학을 공부한 관계로

18) 恩田逸夫, 「春と修羅の主題と構成」, 『宮澤賢治』, 河出書房新社, 1990, p.52.

농업입국의 고향건설을 꿈꾸었던 한때가 있었고 그의 유토피아 건설의 꿈은 농학도 시절부터 心中에 뿌리를 내렸던 것으로 볼 수 있다.

'이와또보'라고 명명한 유토피아 건설의 꿈이 宇宙的으로까지 전개되기까지에는 그의 신앙이 또한 역할을 했던 것은 사실이었다.

유토피아 건설을 위한 至高했던 그의 꿈은 마침내 그의 작품 속으로 스며들었으며 文學을 通한 理想世界의 現實을 꾸준하게 동경해 왔음을 그의 작품 구석구석에서 느낄 수가 있다.

단순히 현상적인 꿈의 형태를 빌어서 일상 속에서의 꿈의 실현을 모색했었는가 하면 꿈의 세계에서 전개되는 理想世界는 곧 賢治가 염원해 온 유토피아로 향한 발돋움이라고 할 수도 있다.

인간이 경편기차를 타고 銀河界를 여행하고, 하늘의 별이 죄를 지으면 바다 밑으로 내려오기도 하고, 외로운 새가 그리움을 품고 염원하면 하늘의 별이 되기도 하는 日常을 벗어난 초월의 세계에 모두를 자유롭게 드나들 수 잇도록 그는 童話世界를 가꾸었다.

결국 宮澤賢治는 그의 童話의 구성에 꿈이라는 패턴을 설정하고 있으나 그 꿈의 설정에서 꿈은 단지 잠=꿈이 아닌 것이었다.

賢治의 作品에 설정되어진 夢을 이해하려면 우선 먼저 그의 生涯를 이해하지 않으면 안 된다고 생각한다. 왜냐하면 作品 속에는 作家의 숨결이 묻어 있고 작가정신의 기본을 파악하는 데 많은 도움을 주고 있기 때문이다.

賢治는 詩와 童話를 쓰는 것 외에도 음악에도 관심을 가졌었고 독일어와 에스페란토어를 독학했던 적도 있었다.

그의 서가에는 안데르센과 루이스 캐롤의 동화들을 많이 읽었던 흔적을 볼 수 있었고 뿐 아니라 賢治가 法華經 信仰에 매우 열렬했다는 사실은 잘 전해지고 있다. 그러므로 賢治의 作品을 읽기 전에 불교를 공부하지 않으면 안 된다는 說도 무리는 아니다.

『ひかりの素足』에서는 一郎이 지옥에서 채찍을 든 귀신에게 쫓겨가는 동생 나라오를 쫓아가면서 귀신에게 동생을 위해서 간절히 부탁한다.

> "ならおは許してください. 許してください." 一郎はないてけびました. "歩け" むちがまた鳴りましたので一郎は兩腕であらんかぎりならおをかばいまし, かばいらがら一郎はどこからか「にょらいじゅりょうばん第16」というような語がかすかな風のようにまたにおいのようにかんじましたﾟするとなんだかまわりが ほっと らくになったように思って. 19)

이상이 「如來壽量品」과의 만난 정황의 묘사다.

바람처럼 냄새처럼 느껴지는 「如來壽量品」 第16의 느낌을 듣고 一郎은 다시 '여래수량품' 이라고 했더니 주위가 변했다. 귀신의 채찍소리도 독촉하는 외침도 사라지고 빨간 마노의 들판이 황금빛의 들로 변하더니 크고 훌륭한 분이 이쪽으로 걸어왔다. 그분의 다리는 하얗게 빛

---

19) 앞의 책, 『ひかりの素足』, p. 126.
"나라오를 용서해 주세요, 용서해 주세요." 一郎은 울부짖었습니다. "걸어" 채찍이 또 내렸습니다. 一郎은 두 팔로 힘껏 나라오를 감쌌습니다. 감싸면서 어디선가 「여래수량품 제16」이란 말이 아득한 바람처럼 냄새처럼 느껴졌습니다. 그리고 왠지 주위가 훨씬 좋아졌다고 생각하고.

나 보였다.「如來壽量品」의 세계를 묘사한 내용이다.

「여래수량품」의 세계는 미려하게 묘사되어 있다.

이와 같이 꿈의 설정을 통해서 賢治 자신이 심취되어 있는 理想世界의 출현을 충분히 묘사하고 있는데 그것은 그의 신앙에 대한 순수한 열정과 동경에 기인한 것이라고 생각한다.

童話『ひかりの素足』에 설정된 꿈의 세계는 佛教經典, 특히『法華經』의「如來壽量品」의 世界를 묘사한 작품이라고 한다. 즉 독자와 佛教經典과의 만남을 의식했던 작품이었다고 할 수 있으나『ひかりの素足』은 雪景의 묘사가 잘 되어 있어서 宗教的인 성격도 짙게 나타나고 있으며 文學性에서도 손색이 없는 작품으로 평가되고 있다.

그러나 宮澤賢治의 日常에서는 법화경 신앙을 통한 法華文學의 전개를 위한 노력을 쉬지 않았음은 잘 알려진 사실이고 더욱 그의 童話에서 쉽게 발견됨을 곧잘 느낀다. 그것은『법화경』의 신앙에 깊이 심취되어 있었던 賢治의 모습을 쉽게 상상할 수 있게끔 한다.

유토피아 건설을 희구해 온 농촌지도자였던 賢治에게 있어 법화신앙은 유토피아 건설의 희망에 부응하는 촉진제처럼 그를 법화신앙으로 몰입케 해주었던 것이 아니었을까 생각된다. 그래서 賢治는 자신의 創作을 法華文學 혹은 心象스케치라고 表現한 것이 아닐까. 그는 짧았으나 全 生涯를 法華經의 포교를 위한 實踐으로 行했고 그의 作品에는 그러한 그의 發願이 잘 묘사되었는데 특히『雨ニモマケズ』에서는 그러한 그의 發願을 명확히 느낄 수가 있다.

특히 賢治의 書簡文에서는 法華經 信仰과 修行에 대한 구체적인 내용들이 자세히 기록되어 있는데 그는 이미 無上道를 發源하고 그 깨달음을 향한 철저한 자기 내면의 수행을 잘 표현했었고 그의 法華文學의 創作은 그러한 修行 -內觀內証의 修行-을 通해서 얻어진 세계의 표현이기 때문에 心象스케치라고 했는지도 모른다.

결국 宮澤賢治의 童話文學은 理想世界의 실현, 즉 유토피아의 건설이라고 하는 이상향이 法華信仰과 맞닥뜨려져서 無上道를 이루려는 꾸준한 修行을 통해서 얻어진 內觀內証의 세계를 구축하려는 노력에서 그의 法華文學은 전개되었으며 그러한 확고한 신념과 발원에 기본정신을 두고 있었기 때문에 賢治의 作品은 관심의 대상이 되고 있는 것이라고 생각하는 바이다.

[참고문헌]

吉田精一,『鑑賞宮澤賢治選集』, 天明社, 昭和 24.

平尾隆弘,『宮澤賢治』, 國文社, 昭和 53.

恩田逸夫,『宮澤賢治』, 河出書房新社, 1990.

田口昭典,『縄文の末裔・宮澤賢治』, 無明社, 1993.

萩原昌好,『宮澤賢治修羅への旅』, 朝文社, 1994.

北 村 想,『銀河鐵道の夜』, 而立書房, 1991.

板谷榮城,『宮澤賢治の見た心象』, NHK ブックス 591, 1995.

賢治 童話 속의 어린이는 어른이 되기 위해 준비하는 과정의 어린이가 아닌 人間의 理想型으로 빛나고 있기 때문이다. 즉 '어린이는 어른의 아버지'라고 하는 모순된 결합사상이 賢治 童話에서 찾아볼 수 있다는 것이다.

童心

永遠한 童心의 追究

- 宮澤 賢治 童話를 中心으로 -

宮澤 賢治의 童話는 많은 독자를 갖고 있고 또 그 작품을 연구하는 研究者도 많다. '賢治學' 이란 單語가 나올 만큼 賢治에 대한 관심은 지대하다. 37세의 짧은 人生이 남긴 작품을 통해서 계속적인 관심을 갖게 되는 것은 그의 작품이 그 만큼의 읽을거리와 연구해 볼만한 가치가 있기 때문이라고 생각된다. 여기서 필자의 관심은 賢治 作品이 지닌 精神性에 대한 의미를 찾아보고자 하는 것이다.

文學作品에서 작품의 精神性은 중요한 역할은 한다고 믿어지기 때문이다. 賢治의 童話는 그의 一生과 그에 얽혀있는 그의 信仰과 그가 發願했던 法華 文學의 창달에 진력했던 과정에서 그의 文學精神을 추구해 보았다. 그의 작품 〈노란 토마토〉와 「貝の火」라고 하는 童話를 통해서 나타난 童心의 表現을 추구해 보았다. 다행히도 자연과 정신을 두 축으로 한 동화를 접할 수 있었다. 예를 든 두 작품을 통해서 賢治 동화의 특징을 확인해 볼 수가 있었다. 自然은 童心이 추구해가는 場이고, 이를 축으로 한 童心의 무한세계를 향한 追究가 賢治가 염원한 理想世界가 아닐까 생각해 본다. 그의 이상세계의 추구는 곧 영원한 童心의 추구이기도 하다.

『중앙승가대논문집』 7집, 중앙승가대학교, 1998.

永遠한 童心의 追究

- 宮澤 賢治 童話를 中心으로 -

Ⅰ. 머리말

1996년은 宮澤賢治의 誕生 100周年이 되는 해였다. 탄생 100주년을 기념하는 행사가 성대했었다. 賢治를 부각시키는 노력은 헤아릴 수 없이 많이 쏟아져 나왔다.

대체로 刊行物을 비롯해서 각종 이벤트가 막을 올렸고, 그로 인해서 賢治에 대한 연구는 다양한 방면에서 이루어졌음을 볼 수 있었다. 그것은 賢治의 작품이 그만큼의 질적 가치를 내포하고 있기 때문이라고 생각된다.

賢治에 대한 研究 組織도 규모가 대단한 편이다. 우선 全國的인 規模로는 東京의 「宮澤賢治研究會」를 비롯하여 많은 연구단체가 있으나 그중에서도 1990년 9월에 발족된 宮澤賢治學會의 イ-ハト-ヴォセンタ-를 중심으로 한 賢治 研究의 획기적인 기회가 되었고, 그러한 연구 활

동은 賢治誕生 100周年을 정점으로 활발하게 진행되었다.

賢治에 대한 연구의 열망은 다양해서 1990년 9월 22일 賢治學會 창립총회에 900여 명이 참석했고 회원은 1700명을 돌파[1]했다고 하니 그 연구열은 가히 짐작을 할 수가 있다.

宮澤賢治는 生存時에 화려하게 문단에 데뷔한 적도 없고, 눈부신 문단활동도 거의 하지 못했다. 岩手縣의 작은 농촌에서 농민의 생활지도와 花卷農學校에서 4년여 동안 農業科學과 藝術概論을 가르치면서 創作生活을 계속하다가 37才의 짧은 일생을 마감했다.[2]

생존 시에는 작품이 널리 알려지지 못했으나 死後 60餘 年이 지난 후부터 차츰 作品이 널리 알려지게 되면서 賢治의 작품은 독자의 곁으로 다가오게 되었다. 日本 國內 讀者에게는 물론이고 世界 各國에까지도 널리 알려지게 되었다. 그의 작품들은 에스페란토어로 번역됐음은 물론 영어 · 불어 · 독어 · 중국어 · 헝가리어 · 스웨덴어 · 힌디어 등으로도 번역이 되었다고 한다. 遺稿로는 童話를 비롯하여 미발표된 시, 노트집, 편지, 수필 등을 대상으로 賢治研究는 꾸준히 이루어져 왔고, 그 결과는 이른바 賢治學이라는 단어를 만들게까지 되었다.

賢治의 研究는 먼저 作品集의 정리를 비롯하여 작품에 대한 評論, 研究, 特輯, 에세이 등으로 분류할 수 있는데, 이는 출판 형식의 분류에 가까운 형태라고 할 수 있다.

1982년 9월 개관한 宮澤賢治記念館에 입관했던 사람들은 하루 평균

---

1) 田口昭典, 「賢治研究の前望」, 『宮澤賢治』, 洋洋社, 1992, p.240.

2) 趙明烈, 「賢治의 생애」, 『중앙승가대논문집』 3집, 1994, pp.166～168.

500명 정도[3]였다는데, 이를 통해 賢治에 대한 일반인의 관심을 가히 미루어 짐작할 수 있으며, 어쩌면 賢治의 時代가 돌아온 듯한 느낌을 갖게 하고 있다.

그것만이 아니고 賢治의 作品은 繪本(그림책), Cassette Tape과 Video Tape, CD 등 視聽覺的 媒體를 통한 소개물이 많이 쏟아져 나오는 등, 시대에 걸맞게 다양한 모습을 갖추고 있는데, 그러한 일련의 활동들이 의미하는 것은 과연 무엇일까 하는 의구심을 갖게 한다. 즉, 무엇 때문에 賢治의 作品이 그토록 많은 관심을 끄는가 하는 것이다.

宮澤賢治는 激動의 日本 近代를 체험한 農村 指導者였고 詩人이며 童話 作家이기도 했다. 또한 짧았지만 4년여 동안 교단에 섰던 教育者였다. 중학교 때 이미 石川啄木의 「一握의 砂」에 영향을 받아서 短歌를 쓸 수 있었고, 그러한 그의 文學的 재능을 촉진시켜준 것은 『法華經』 信仰에 대한 심취였다고 할 수 있다. 法華 信仰의 고취를 위해 사명감을 안고 많은 양의 글을 쓰는 정열을 보였는가 하면 法華文學의 창달을 위해 常恒의 노력을 해왔음은 이미 잘 알려진 사실이다. 특히 『法華經』 方便品은 그가 法華文學이란 용어에 사명감을 갖도록 하는데 영향을 주었다고 한다. 그 외 동화 속에도 法華經 思想이 녹진하게 침전되어 있음을 볼 수 있다. 그의 편지 내용에는 法華經의 내용과 자신의 信仰 體驗을 진지하게 표현하고 있음을 본다. 法華經이 경전 중의 경전임을 자신의 체험을 통한 목소리로 전해주고 있다. 賢治는 일생을 法華經 信仰으로 살았다고 알려져 있다.

3) 田口昭典 著, 앞의 책, p.242, 1992.

賢治는 한 시인이기도 했고 童話 作家이기도 했다. 그러나 그보다 더 중요한 것은 法華經을 심취 신앙했던 한 宗教人이었다는 점이다. 그러므로 그의 내용 속에는 法華 思想이 信仰으로 침전되어 意識化되어 버린 것이다. 그의 동화는 그런 의식의 바탕 위에서 창작되었기 때문에 불가사의한 빛으로 시공을 넘고 있는지도 모른다.

時空을 초월해서 관심을 받는다는 것은 그의 童話 精神의 特徵이라고 할 수 있다. 童話精神의 具現은 兒童性의 발현이라고 할 수 있는데, 永遠한 兒童成 즉, 童心의 發現은 至高至純한 근원의 인식이며, 至高至純의 인식은 영원한 시간과 무한한 공간을 초월해서 존재하는 生命의 共感帶라고 생각된다. 賢治의 童話가 그토록 많은 관심의 대상으로 독자들에게 다가오는 것은 바로 그 永遠한 童心의 追究를 共行할 수 있는 내적인 요소가 있기 때문이 아니었을까 다시한번 되물으면서 그의 童話를 통해서 童心을 추구해 보고자 하는 데에 이 論文의 目的이 있다.

Ⅱ. 童心의 表現

童心은 兒童性의 표현이라고 할 수 있다. 兒童은 넓은 의미로는 新生兒부터 사춘기 내지는 청년기 전까지의 未成年者를 지칭하고 있으나, 좁은 의미에서는 인생의 성장 발달 단계에 따른 구분으로 일반적으로 6~12세의 어린이를 말한다. 그러나 연령 기준이 모든 兒童에게 적용되기는 어렵다. 그렇기 때문에 연령에 의한 兒童期의 설정분류도 학자에 따라 동일하지 못하다. 兒童은 대체로 主體的인 自我意識과 行爲가 확립되기 전의 未成熟者를 가리키는 말이라 하는 兒童에 대한 概念 定義는 教育學界에서 제기되어 왔던 兒童에 대한 一般論이었음은 잘 알려져 있다.

이상에서 一般論的인 兒童의 概念을 기술한 까닭은 앞으로 전개될 兒童性 내지는 童心의 精神的인 追究를 위한 思考를 정리 해보고자 하는 입장에서 기술한 것이다. 결국 兒童이란 개념의 정의는 우선 신체적 성장 발달 과정을 근간으로 분류한 것이지만 兒童性이나 童心은 外的인 표현이 아닌 內的 世界, 즉 精神世界의 표현이기 때문에 兒童과 兒童性, 童心은 同一線上의 思考對象이 되어 질 수 없다고 생각된다. 그러므로 兒童性과 童心의 추구는 내면세계의 모습을 통해서만 표현될 수 밖에 없는 것이며, 따라서 內面世界의 省察은 兒童性의 표현을 위해서는 매우 중요한 역할을 하고 있다고 본다.

1. 佛典에 나타난 童子(兒童)

佛教 經典의 내용 중에는 '兒童'이라는 단어는 찾아볼 수 없다. 다만 '童子 · 童女 · 嬰兒 · 嬰童 · 沙彌 · 沙彌尼' 등이 불전을 통해서 접할 수 있는 兒童에 가깝다고 보아지는 단어들이다.

童子는 梵語로는 쿠마라(Kumāra) 혹은 쿠마라카(Kumāraka)이며 漢譯은 鳩摩羅 · 究摩羅 · 鳩摩羅伽 등으로 音寫되었고, 童子 · 童男 · 童眞 등으로 意譯되었다.

그러나 修行教團인 佛教에서는 童子의 意味를,

> 무릇 俗人으로 比丘 修行處에 가서 불전을 全誦하고 削髮할 뜻을 품어 마침내 스님이 되기를 원하면 童子4)

라고 한다.

童子는 출가하여 스님이 될 것을 발원하고 있는 未受戒한 남자를 말하는 것임을 알 수 있다. 그런데, 동자는 8才 以上의 미혼 남자를 지칭한다고 한다.

> 究摩羅는 8才 以上 내지 未婚 男子의 총칭이고 旧名은 童子다.5)

결국 佛典에 나타난 童子의 개념은 8歲 以上의 未婚 男子로서 스님이 될 것을 발원하고 있는 과정의 남자를 지칭하는 말이라고 할 수 있겠다.

불전에서 '童女'의 개념은 童子와 같은 의미이고 단지 性만 다를 뿐이라고 이해하는 것이 좋을 것 같다. 그것은 『大寶積經』에 나타나는 妙慧 童女나 淨信 童女의 기록을 통해서도 童女의 意味가 性만 다를 뿐 童子의 개념과 같다는 것을 유추해 볼 수 있는데 그 내용을 살펴보면 다음과 같다.

---

4) 『大正藏』 卷54, 南海寄歸內法信, p.220중.
"凡諸白衣詣苾芻所 若專誦佛典 情希落髮 畢願緇衣 号爲童子"

5) 『大正藏』 卷54, 一切經音義, p.359상.
"究摩羅者是彼八歲以上 乃至未娶者之總名也 旧名童子"

한때 王舍城에 長者의 딸이 있었는데 이름은 妙慧였고 나이는 8歲였다. 面貌가 端正하고 얼굴이 고우며 모두를 잘 갖추어서 보는 이마다 歡喜했으니 일찍이 過去부터 無量諸佛을 가까이 모시고 供養 올려 많은 善根을 심었었다.6)

妙慧 동녀의 기록을 통해서도 童女의 의미가 童子의 의미와 같음을 알 수 있듯이, 淨信 童女도 동일한 맥락에서 이해되는데, 이 경우에는 나이는 밝히지 않고 단지 "年在幼稚"라 하여 나이가 어리다고만 기록되어 있을 뿐 내용은 妙慧 童女와 비슷하다.

佛敎의 兒童에 해당되는 용어를 童子, 童女, 沙彌, 沙彌尼, 嬰兒, 嬰童 등으로 기술했으나 그 중에서 童子, 童女에 대해서만 언급을 했을 뿐이다. 그것은 佛敎的 兒童으로 표현되는 童子의 像은 추구해 볼 만한 의미 있는 내용을 많이 담고 있다고 생각되기 때문이다. 특히 大乘經典에 나타나는 童子의 像은 일반적인 童子의 의미와 다른 모습으로 표현되고 있음에 주목해야 한다고 생각된다.

불타의 가르침은 원래 無常, 無我, 緣起, 中道의 사상을 正見해서 바르게 깨달아 고해에서 해탈하여 참답고 자유롭게 살아가는데 있다. 이러한 사상이 小乘佛敎를 거쳐 大乘佛敎에 이르러서는 實踐的인 菩薩思想으로 전개된다. 大乘經典에서는 童子의 像은 菩薩의 모습으로 표현되고 그것은 곧 理想的인 人間像 내지는 理想的인 求道者의 모습으

6) 『大正藏』 卷11, 大寶積經, p.547중.
"時王舍城 有長者女 名爲妙慧 年始八歲 面貌端正 容色姝好 諸相具足 見者歡喜 會於過去 無量諸佛 親近供養 種諸善根"

로 부각되고 있음을 주목해야 한다.

2. 童心의 表現

대승경전에 나타난 童子는 童子모습과 함께 보살의 모습으로 나타나고 그 자체가 理想的인 人間像으로 부각되고 있는데, 구체적인 예를 들어보면 다음과 같다.

> 鳩摩羅伽의 地位를 얻고자 함은 어떤 菩薩이 처음으로 發心하여 음욕을 끊을 때에 無上正等覺에 이르기까지 항상 菩薩道를 실천하면 이를 鳩摩羅伽의 지위라 부른다. 다음에 혹 어떤 보살이 발원하여 世世에 童男으로 출가하고 도를 실천하여 세간의 애욕을 받지 않으면 이를 鳩摩羅伽의 地位라 한다. ……중략…… 다시 童子와 같이 4才를 지나 20才 未滿이면 鳩摩羅伽라고 부르니, 만약 보살이 처음 보살의 집에 태어나면 嬰兒와 같고 無生法忍 내지 十住의 지위를 얻어 악한 일을 모두 떠나버리면 鳩摩羅伽의 地位라 한다.7)

위와 같이 보살의 願力이 동자의 모습으로 태어나고 동자의 원력인

---

7) 『大正藏』卷25, 大智度論, p.275중~하.
"欲得鳩摩羅伽地者 或有菩薩從初發心斷婬慾 乃至阿褥多羅三藐三菩提常行菩薩道 是名鳩摩羅伽地 復次或有菩薩作願世世童男出家行道 不受世間愛欲 是名爲鳩摩羅伽地……中略……復次又如童子過四歲以上未滿二十 名爲鳩摩羅伽 若菩薩初生菩薩家者如嬰兒 得無生法忍乃至十住地離諸惡事 名爲鳩摩羅伽地"

十住의 지위를 얻어 다시 보살도를 실천한다는 童子가 단순한 未成熟人이 아니고 理想的인 人間像인 보살의 모습으로 나타나고 있다.

위와 같은 입장에서 추구해 보면 대승불교 緣起論 思想의 대표적인 『華嚴經』의 立法界品에서 善財 童子의 모습도 시사해 주는 바가 많다.

文殊菩薩의 설법을 듣고 普賢行願을 실천할 큰 發願을 하고 求道의 여행을 떠나는 善財 童子는 천신만고를 겪으면서 53人의 善知識을 찾아 순례하면서 十信 · 十住 · 十行 · 十廻向 · 十地 · 等覺 · 妙覺 등의 경지를 체득하고 결국은 華嚴의 世界에 들어간다. 이러한 善財 童子의 求法 순례의 결과는 求道的 實踐者를 대표하는 모습으로 그려지고 있다.

大乘佛敎에서는 菩薩이 童子[8]로 표현되고 있다. 智慧의 人格化로써 文殊菩薩은 妙吉祥으로 意譯된다. 이는 文殊師利法王子 · 文殊師利童子菩薩 · 文殊師利童子 · 文殊童子 등으로 불리고 있다.

이 외에도 「妙法蓮華經」에서는 8才의 童女가 菩薩行을 성취하고 성불해서 無量衆生을 제도하는[9] 부분이 있는데, 여기서 童女는 變性童子로 성불을 하게 된다. 이렇게 兒童이 대승불교의 菩薩行을 실천하는 求道 行者로 나오고 있음은 중요한 일이라고 생각된다.

「法華經」의 가르침을 受持 讀誦하고 信解하여 善根 福德 因緣을 지으면 그 功德으로 모두가 成佛할 것이라면서 그러한 善根功德을 짓는 사례가 많이 수록되어 있음을 볼 수 있다. 「法華經」 方便品[10]에 의하면

---

8) 朴先榮, 「佛敎의 敎育思想」, 同和出版公社, 1981, pp.161~162.

9) 『大正藏』 卷9 妙法蓮華經, p.35 중~하.

10) 『大正藏』 妙法蓮華經, pp.8상~9상.

부처님 열반 후 사리에 공양하고, 천만 억 탑을 만들어 찬란하게 꾸미거나 돌로 불당을 짓거나 넓은 벌판에 흙을 쌓아서 불당을 짓거나, 아이들이 장난으로 모래를 쌓아 탑을 만들면 그 공덕으로 성불한다고 한다. 또 부처님을 위해 等像佛을 조각한 이들이 모두 성불하였고, 七寶로 형상을 조성하거나 탱화를 조성한 이들이 모두 성불하였고, 또 어린이들이 소꿉장난으로 풀대 끝이나 혹은 손가락으로 불상을 그린 이들도 공덕이 쌓여서 모두 성불하였다는 등의 내용을 볼 수 있다.

이것은 어린이의 철없는 장난놀이지만 그 장난놀이는 결코 일회적인 장난놀이가 아니라 成佛이라고 하는 理想的인 人間 形成과 연결되는 행위임을 표현하고 있음에 주목을 해야 한다. 이러한 점이 곧 大乘佛教 經典에 나타난 兒童觀이라고 생각된다. 그러므로 불교에서의 兒童은 단순히 未成熟한 兒童이란 존재에 머물지 않고 그 용어도 '童子'라고 표현된다. 大乘佛教에서는 많은 菩薩이 등장하고 보살의 誓願은 衆生救濟를 위한 실천행을 이루어가는 수행인데, 여기서 童子는 보살의 모습으로 衆生救濟의 實踐을 위해 노력하고 있다. 결국 童子의 모습은 菩薩의 誓願力이 回向되는 결과를 가져온다. 따라서 童子는 가장 理想的인 人間像인 菩薩로 표현되고 있다는 점에 중요한 의미를 둔다. 童子의 表象이 가장 이상적인 인간상인 보살로 표상되었던 실례는 우리나라에도 있는데 五臺山 上院寺 文殊菩薩像과 文殊童子像이 그것이다.

文殊童子와 世祖 사이에 얽힌 說話 內容도 童子 → 菩薩 → 衆生救濟의 實踐이라고 볼 수 있는 大乘佛教의 教義와 맥락을 같이 한다고 생각된다.

이상과 같이 童子는 菩薩로, 菩薩은 童子의 모습으로 人格化되어 自

利 → 利他의 실천을 통한 理想社會의 構築을 위해 誓願力있는 노력의 장면들을 간단히 기술해 보았다. 그 결과 童子(佛敎的 兒童)는 긍정적이고 적극적인 佛性을 표출해 가는 존재로 부각된다. 童子는 결국 성장단계에 있는 兒童도 아니고, 축소된 成人도 아닌 모습으로 부각되었음을 볼 수 있는데, 그것은 童子의 內面 世界 즉 童心과 佛陀의 人格化인 菩薩의 願力, 즉 菩薩心과 佛心의 표현에 동일하게 根源을 두고 있다고 생각된다.

童子와 菩薩의 內面의 世界가 童心과 佛心의 世界라고 한다면, 童心은 곧 佛心으로 표현될 수 있다고 본다. 그러한 입장에서 살펴볼 때 佛心의 表現인 童心은 많은 共感帶를 형성해주는 진솔한 모습으로 모두에게 섭근해 오고 오랫동안 남아 있게 되는 것이라 생각된다.

童心의 표현은 兒童性과 불심의 표현이란 이중적인 요소를 지니고 있으나 대승불교 경전을 통해서 나타난 童子와 보살과의 관계에서 고려해 본다면 童子=보살이라는 입장에서 이해하는 면이 賢治 童話를 이해하는데 더욱 도움이 되리라고 생각된다.

Ⅲ. 永遠한 童心의 追究

1. 童話의 매력

宮澤賢治의 童話 속의 主人公은 거의 모두가 自然과 어린이로 정해져 있다. 그 어린이들이 大自然 안에서 여러 가지 경험을 한다. 어린이의 마음을 자연에 개방하면서 그 어린이들을 크게 품어안고 있는 自然의 생생한 감각을 묘사하고 있다고 할 수 있다.

그러나 賢治의 詩에서 일관하고 있는 것은 修羅와 求道의 기록이라고 할 수 있고, 大自然을 母로 하고 大精神(佛)을 父로 하여 父母에 대해 아들 쪽에서 自然과 精神에 질문하고 잠입하려고 한다면 그의 童話는 詩와는 다른 構造를 지니고 있다고 볼 수 있다. 詩人으로서 修羅의 아들의 인생을 관찰하면서 동화에서는 自然과 精神의 비밀을 통해서 어린이를 그곳에서 놀게 하고 어린이 성장을 보호해 준다고 할 수 있다. 賢治 童話 속의 어린이는 어른이 되기 위해 준비하는 과정의 어린이가 아닌 人間의 理想型으로 빛나고 있기 때문이다. 즉 '어린이는 어른의 아버지' 라고 하는 모순된 결합사상이 賢治 童話에서 찾아볼 수 있다는 것이다.

賢治 文學의 魅力에 대한 說을 간단히 정리해 보면 다음과 같다.

賢治의 思考는 自然科學과 『法華經』을 軸으로 한 自性的인 것으로 예를 들면 모든 生命을 銀河的 宇宙的인 시야로 봄과 동시에 나무 한 그루 풀 한 포기에도 고유명사를 붙였다. "永久의 未完成이 完成이라"고 時間的인 흐름위에서 永遠을 보고, 現實的으로는 鄕土 岩手縣에 유토피아를 상정해 놓고 理想世界를 구하려는 이념이 충천하고 이상과 현실의 落差意識(예를 들면 修羅라는 自己 規定)이 賢治 作品에 透明性과 緊迫感을 준다. 반면에 自然과의 交感, 他人과 關係의 부드러움, 유모어 등이 賢治 作品을 더욱더 풍부하고 따뜻하게 해 준다[11]고 한

11) 小澤俊郎,「宮澤賢治」,『日本文學事典』, 平凡社, 1982, p.371.

다. 그런데 이에 반하여 또 한 가지의 이야기는 賢治 童話가 지상에 국한되어 있는 사람들만의 이야기 내용을 뛰어 넘어서 잽싸게 팬터지를 宇宙的인 世界로 던져준 日本 近代文學의 先驅者 중의 한 사람이라고 했던 詩人이며 批評家인 菅各規矩雄氏는 賢治 童話의 魅力을 倫理와 에로스 혹은 아가페와 에로스와의 무한의 交錯 혹은 渾融이라 한다. 그러나 그는 賢治 童話의 文學的 魅力(에로스) 思想的 魅力(課題)에 대한 批判論을 결말짓지 못했다.

賢治 童話에 대한 倫理의 意味를 가장 의미 있게 갈파한 이로 吉本隆明을 들 수 있다. 그의 賢治論은 그의 단순 無垢性에 거리감을 두면서 倫理的인 共感을 가장 깊게 한다. 예를 들면 「祭の晩」에서 山男, 혹은 「銀河鐵道の夜」에서의 새삽이, 이들의 존재는 무의식의 善意에 흔들리는 賢治의 과대한 표현에 '움추러듬', '苦笑' 하면서 그런 곳에서 賢治의 '信' 과 '倫理' 의 가장 無垢한 면을 볼 수 있다고 한다. 이 '아무것도 아닌 人' 에게서 발사되는 광선과 시선을 받아서 맨 처음 반사시키는 행위가 '信仰' 의 존재이고, 그것이 신앙과 일치할 때 예술이 존재한다고 賢治는 생각했을 것이라고 한다.

또한 '修羅' 를 주목해서 世界를 肯定할려고 했던 賢治의 표현들에 대해서 吉本은 '信仰' 이란 것은 意志이지 亨受가 아닌 것을 일찍이 賢治가 그의 이념으로 삼고 있었다고 본다. 여기서 神은 倫理에 가깝고 倫理는 存在의 根源이라고 하는 것은 그것을 구하는 것, 단지 貧困에 허덕이는 것만이 아니고 '아무것도 아닌 사람' 에게 善을 행하도록 함으로서 逆境이 있음에도 無意識인 사람으로 본다. '아무것도 아니라는 것은 대단한 일로 無限의 값을 지닌다' . 즉, 다시 말하면 菩薩에 해당한다고 하는 내용이 賢治의 중대한 이념이었다. 이러한 賢治의 無意識과 無垢한 存在와의 共感은 賢治 童話에 일관되는 에로스이고 작품의 微細性 곧 賢治 童話의 魅力인 것이다.

이상에서 菅各氏와 吉本隆明의 賢治의 作品에 대한 評을 조금 언급해 본 것은 賢治의 作品의 特徵에 대한 것을 고찰해 보고자 함이었다. 왜냐하면 賢治는 짧은 일생을 살았지만 생전에 自費出版으로 동화책을 한 권 출판했을 뿐만 아니라 地方의 無名作家로서 中央文壇과는 전혀 관계없이 작품을 썼고, 따라서 눈부신 활동 없이 조용한 생활을 한 作家였다. 그런데 그의 童話는 오히려 많은 讀者를 갖게 되었고 日本語만이 아닌 外國語로까지 번역이 되어서 世界的인 讀者를 갖고 있는 형편이다. 이미 賢治 誕生 100周年을 맞아 많은 동화는 물론이고 賢治學이라고 하는 단어가 생길 만큼 賢治의 再評價는 활발히 이루어지고 있다. 日本의 近代文學者 중에서 특히 夏目漱石와 나란히 宮澤賢治에 관한 책이 다량으로 출판되고 있다는 것은 그만큼 그의 作品 內容이 현대를 살고 있는 독자들에게 공감을 주고 있기 때문일 것이다.

그러면 賢治의 作品은 무엇 때문에 그렇게 많은 관심을 받고 있는 것일까. 그것은 賢治의 作品性이라고 할 수 있는데, 作品性이란 곧 그의 文學精神을 말한다. 小澤俊郎氏의 說에 의하면 自然科學과 法華經을 軸으로 한 個人 意識을 기반으로 한 作品의 투명성, 따뜻함, 유모어, 兒童을 지적하고 있다. 筆者의 見解도 전혀 다르지는 않으나 조금 더 깊이 있게 省察해 보고 싶은 부분은 賢治의 作品 속에 눅진하게 배어있는 法華 思想이다.

吉本氏의 지적은 無意識은 無限의 값을 지닌 것이고, 그것이 곧 菩

薩이라고 믿는 賢治의 理念이 그의 童話精神이 된다고 한다. 賢治의 作品에 나타난 兒童意識은 우리가 이해하고 있는 일반적인 兒童像이 아니었다고 하는 까닭은 그가 항상 "왜 어린이는 어른이 되지 않으면 안 되는 것일까?"하는 窮極의 質問을 내걸고 있기 때문이다. 그것은 어린이에서 어른으로 변해가는 生物學的인 變化를 의미하는 것은 아니고 無限한 意識의 受容을 뜻하는 것이 아닐까 하는 생각이 든다. 어린이는 왜 어른이 되지 않으면 안 되는가 라는 말은 곧 영원한 兒童性의 追究 내지는 受容을 의미한다고 보여 지기 때문이다. 영원한 兒童性은 永續的인 童心의 世界를 의미하기도 한다. 童心의 속성인 순수하고 천진스런 성격을 法華經 思想에 접목시켜서 표현하려 했던 그의 文學精神을 賢治 作品이 지닌 特性이라고 볼 수 있다. 그런 그의 독특한 문학정신이 그의 작품을 평가받게 한 근원이 되었다고도 생각한다. 그러한 賢治의 문학정신이 그의 작품을 평가받게 한 근원이 되었다고도 생각한다. 그러한 賢治의 문학정신을 童心의 표현이라고 필자는 정의를 해보는데 여기서 童心이란 단순한 어린이의 마음세계를 의미하지 않고 童心과 佛心이 共存하는 意識의 世界인 것을 밝혀두고 싶다.

童心과 佛心이 공존하는 童心을 그의 文學精神으로 해서 宇宙自然과 童心의 世界를 童話化한 것에 賢治 童話文學의 特徵이 있다고 본다. 그래서 賢治 童話의 가시적인 이야기는 자연 속의 어린이로 정해져 있다고 中村文昭氏는 言及[12]하기도 했다.

賢治 童話에서 童心의 表現은 童心과 佛心이 共存하는 童心이란 점

12) 中村文昭, 『童話の宮澤賢治』, 洋洋社, 1992, pp.267~269,.

을 필자는 지적하고자 한다. 그래서 賢治 文學의 童心의 位置를 파악해 보고자 하는 호기심이 賢治 童話를 연구해 나가는 계속성을 지탱하게 해주는 것 같다.

2. 作品속에 나타난 童心

童話는 賢治의 資質에 가장 잘 어울리는 Genre라고 한다. 그의 동화에서는 모든 것이 가능하다. 旣成의 觀念과 先入觀을 버리고 신선한 눈으로 外界에 있는 생명을 느끼고, 常識과 慣習을 떠난 자유로운 想像力으로 未來와 또 다른 次元을 이야기 할 수 있음은 아무런 제약이 없는 童話에서만 가능했기 때문이다. 知識이 풍부해지면 반면에 感受性을 喪失해가는 많은 어른들 사이에서 知識과 더불어 예리한 感受性을 共存시켜 온 희귀한 자질을 賢治의 內面에 있는 永遠한 童子性 이라고 본다. 大正期의 小說이 한 마디로 현실밀착형의 리얼리즘으로 주류를 이루고 있었을 때, 賢治의 童話는 教育的인 단순한 어린이 童話가 아닌 내면세계를 표현한 文學活動의 場이었다고 할 수 있다[13]는 小澤俊郎씨의 說에서도 시사하는 점이 있듯이 이제 그 작품 몇 개를 임의로 선정해서 그의 童話의 表現에 대해서 살펴보고자 한다.

(1) 노란 토마토

이 작품은 生前 未發表作 으로 대개 大正 12年(賢治27才)경에 씌어

13) 小澤俊郎,「賢治にとって童話とは」,『國文學』2月号, 學燈社, 昭和 57, pp.14~23.

진 것으로 추측하고 있는 低學年用의 童話로 알려져 있다. 이 작품을 선택한 까닭은 저학년 어린이의 單純하고 純粹無垢한 性格이 현실에 부딪쳐서 일그러짐과 동시에 슬픔과 비애를 안겨 주는 과정에 대해서 고찰해보고자 함에서이다.

그는 25才 1月에 임의로 上京해서 國柱會를 방문하고 高知尾師의 장려를 받고 法華 文學의 創作을 위해 발원을 한다.

그러나 25才 8月에 여동생 도시의 소식을 듣고 歸鄕해서 現 花卷農學校의 教師가 되어 作品活動과 더불어 農村生活指導 등, 32才 急性肺炎으로 靜養을 하기 전까지 정력적인 활동을 몇 년 동안 계속했다. 講義와 農村 啓蒙과 指導, 그리고 작품 쓰기를 열중했던 시기에 노란 토마토를 썼던 것으로 알려져 있다.

하급관리인 큐스터 박물관에 있는 박제된 蜂雀에게서 들었던 이야기의 서술로 구성된 동화다. 주인공은 빼므빼르와 네리라고 하는 오누이로 되어있다. 이들 오누이는 단둘이 살면서 밭 갈고 농사지으면서 즐겁게 살았다. 자신들이 경작한 토마토가 의외로 노랗게 익은 것을 본 오누이는 이 토마토가 황금으로 만들어진 것으로 믿게 된다. 어느 날 마을에 서커스단이 들어왔다. 이들 오누이는 돈은 없지만 황금으로 만들어졌다고 믿었던 黃金製 토마토를 들고 개찰구에 내밀었다. 그러나 개찰하던 사람은 토마토를 내미는 오누이에게 화를 내면서 토마토를 던져버리고 때렸다. 황금제 토마토라고 믿었던 오누이는 어이없게도 얻어맞고 서커스를 보지도 못하고 心身에 상처를 받고 울면서 집으로 돌아온다. 그 뒷이야기는 말할 수 없다고 하면서 박제는 입을 다문다.

이 童話는 現實認識 以前의 幼兒의 單純하고 平凡한 思考를 표현한 低學年을 위한 童話로 評價받고 있으므로 제일 먼저 소개를 해 보았다. 여기서 뻬므뻬르와 네리 오누이가 자신들의 純粹한 思考를 어른으로부터 인정받지 못하고 거부당했다는 슬픔과 고통이 박제된 蜂雀과 어린이들의 內面에만 통하는 것이 아니고 누구라도 한번쯤 再考해 볼 수 있는 意識이라고 생각된다. 즉 現實認識 以前의 어린이의 思考는 엉뚱하다고도 할 수 있으나 노란색과 황금, 황금색 토마토와 입장료의 대비는 순수의 차원에서 재고해 볼 수 있는 아이러니컬한 구조라고 생각되어서 童心의 純粹에 바탕한 아이러니라는 입장에서 기술해 보았다.

(2) 貝の火

이 작품 역시 生前 未發表作으로 알려져 있다. 小澤俊郎씨의 說[14]에 의하면 大正 7年(1918年) 22才 때 여동생에게 이 작품을 읽어주었고, 大正 11年(1922年) 26才 가을에 敎室에서 읽었다고 한다. 그런데 高橋康雄氏의 記錄[15]에 의하면 「貝の火」는 大正 9年(1920年)에 「パンネンネンネンネン・ネネムの傳記」와 「三人兄弟の醫者와 北守將軍」과 같이 썼다고 되어있는 것으로 미루어 볼 때 작품을 쓴 연대는 확실하지 않을 수도 있다.

賢治 年譜에 대해서도 이미 출판된 내용들을 서로 比較檢討해서 명확히 정리해 둘 필요가 있다.

---

14) 小澤俊郎, 「貝の火」, 『宮澤賢治必携』, 學燈社, 1980, p.94.

15) 高橋康雄, 「略年譜」, 『宮澤賢治の世界』, 第三文明社, 1984, p.264.

그러나 여기서는 그의 동화내용이 지닌 童心表現에 대해 추구하고 있기 때문에 다음기회로 미루고자 한다.

동화 「貝の火」는 『法華經』의 安樂行品을 이미지화했다는 설과 方便品과 譬喩品을 이미지화했다는 설이 널리 알려져 왔다. 法華 文學의 창달은 賢治의 발원이었다고 볼 수 있기 때문에 가능성이 없지 않다. 여기서 「貝の火」에 대해서 고찰해 보고자 한다.

> 어린 토끼 호모이가 어느 조용한 밤에 밖으로 나왔다. 남쪽 하늘의 아름다운 별을 바라보고 있는데 두 마리의 작은 새가 땅에 떨어졌다. 호모이는 그 새를 구해주었는데 종달새였다. 어느 날 밤 그 종달새는 밖에 나온 호모이를 찾아와서 정중히 인사하고 자신들을 구해준 은혜를 보답하기 위해서 새의 왕이 호모이에게 貝の火이란 寶珠를 하사했다고 전한다. 이 寶珠는 훌륭하게 되는 힘을 가졌다고 전한다. 寶珠를 받은 다음날 어린 토끼 호모이가 밖에 나가니 모든 숲속의 동물들이 호모이에게 외경을 표하고 존경해 왔다. 자만에 빠진 호모이는 여우의 꾐에 빠져서 아무런 죄책감을 느끼지도 못하고 악행을 일삼는다. 그러다가 호모이가 어린 새들을 많이 괴롭힌 날 저녁 貝の火은 흐려져서 사라져 갔고 하얀 조가비만 남았다. 그 조가비가 깨지면서 호모이는 失明을 했고 조가비는 다시 불을 밝히고는 어디론가 날아가 버렸다는 내용의 동화이다.
>
> 호모이가 종달새로부터 貝の火란 寶珠를 받고 난 후 6일 동안에 일어났던 이야기의 내용이다. 그 6일 동안의 내용을 간단히 정리하면 다음과 같다.

첫날은 종달새로부터 寶珠를 받아서 집으로 간다. 그때 호모이의 父母들은 그 寶珠의 힘을 잘 알고 있었다. 그의 아버지는 호모이에게 "이것은 유명한 貝의火란 보물이다. 이것은 대단한 구슬이야. 이것을 이대로 일생동안 만족스럽게 간직해 온 것은 지금까지 새 두 마리 물고기 한 마리뿐이라고 한다. 너는 주의해서 빛을 잃지 않도록 해라"16) 라 하여 寶珠의 特性을 호모이에게 알려주고 그 불빛을 잘 간직할 것을 당부한다.

둘째 날, 꾀 많은 여우는 호모이의 부하가 되기로 약속을 한다.

셋째 날, 여우와 어울려서 많은 동물들을 괴롭힌다. 호모이의 아버지가 야단을 쳤다.

넷째 날, 여우와 비밀리에 약속한다. 호모이는 여우에게 매일 빵 3개씩을 가져오도록 부탁한다. 꾀 많은 여우는 매일 빵을 가져오는 대신에 자기가 새를 마음대로 잡을 수 있도록 해달라고 제안한다. 호모이는 까닭도 모르고 그 제의를 받아들인다.

다섯째 날, 호모이는 며칠 밤을 계속해서 부모로부터 야단을 맞는다. 그래도 여우가 가져온 빵을 받고 두더지를 괴롭힌다. 그때에 아버지가 나타나서 호모이의 목덜미를 잡아끌고 돌아온다.

여섯째 날, 貝の火는 빛을 잃었고 하얀 조가비가 깨지면서 호모이는 失明을 하는 결정적인 파국의 날이 된다.

---

16) 「貝の火」, 『宮澤賢治全集』 第8卷, 筑摩書房, 1979, p.55.
"これは有名な貝の火という寶物だ. これは大變な玉だぞ. これをこのまま一生滿足に持っている事のできたものは今までに鳥に二人魚に一人あっただけだという話だ. お前はよく氣を付けて光をなくさないようにするんだぞ"

이상에서 호모이가 보주 貝の火를 받던 날부터 그것이 빛을 잃고 호모이 곁을 떠나는 6일 동안 일어났던 일을 정리해 보았다. 그 결과 첫날은 寶珠를 얻게 되는 과정을 묘사했고, 그 후 2일째부터 5일째까지 이야기는 여우와 호모이와의 관계가 묘사되어 있다. 평소 어린 토끼 호모이는 다른 동물들과 같이 여우를 두려워하는 작은 동물이었는데 貝の火를 갖고 있는 호모이를 얕잡아 볼 수 없음을 잘 알게된 여우는 자청해서 호모이의 부하가 된다. 그리고 호모이를 숲속의 대장으로 만들고 난 후 방자해지는 호모이를 이용하려고 했던 여우와의 관계가 5일째까지 계속된다. 가장 결정적인 사건은 여우가 훔친 빵을 가지고 와서 天國의 튀김인데 매우 맛있다고 권하면서 사건은 전개된다.

> 자, 드십시오 이는 천국의 튀김이란 것입니다. 최고의 것입니다.[17]

라고 한다. 그것을 호모이가 받아 먹어보니 정말 맛이 있었다. 여기서 호모이는 여우에게

> 이런 것은 어떤 나무에서 나지?[18]

라고 물으니 여우가 옆을 향해서 힐끗 웃으면서 대답했다.

---

17) 앞의 책, p.66.
"さあ, おあがりなさい. これは天國の天ぷらというものです. 最上等の所です"

18) 앞의 책, p.67.
"こんなものどの木に出來るのだい"

부엌이란 나무예요. 부엌이란 나무. 맛있으면 매일 갖다 올릴게요.19)

호모이가 여우에게 천국의 튀김을 매일 3개씩 가져오라고 말했을 때, 여우는 호모이에게 한 가지를 제안하고 약속을 받아냈다.

어이, 좋지요. 그 대신에 내가 새를 잡는 것을 당신이 막지 마세요.20)

이렇게 해서 빵을 매일 3개씩 가져다주는 대신 여우는 새를 자기 마음대로 잡을 수 있도록 허락을 받는다.

6일째 날은 왠지 바람도 불지 않고 뿌연 안개가 낀 초원에 잔디풀만이 흔들리는 것처럼 기묘한 하루가 시작된다. 나쁜 유혹자 여우가 빵 3개를 들고 반바지를 입고 나타났다.

어이, 여우 안녕

하고 호모이가 말했다. 여우는 이상스런 웃음을 띠며 제안한다.

---

19) 앞의 책, p.67.
"台所という木ですよ. ダイドコロという木る. おいしかったら毎日もって來てあげますよ."

20) 앞의 책, p.67.
"へい, よろしゅうございます. その代り私の鷄をとるのを あなたがとめては いけませんよ."

아니, 어제는 깜짝 놀랐어. 호모이씨 아버지도 참 완고한 분이더구나. 그런데 어떠했나요. 화가 곧 풀리셨지요. 오늘은 더욱더 재미있는 놀이를 합시다. 동물원은 싫어합니까?21)

이 제언을 받아들여서 숲속으로 들어갔다. 여우는 준비해 온 유리 상자 안에 새들을 잡아넣고 더 많이 잡으려고 했다. 상자 속에 갇힌 새들은 호모이를 향해서 구원해 줄 것을 요청한다. 호모이가 구해줄려고 할 때 여우는 눈을 부릅뜨고 겁을 준다. 호모이는 두려운 마음이 일어나 집으로 돌아온다. 호모이가 貝の火를 들여다보고 '훅' 불어보았으나 貝の火는 이전처럼 빛나지 않는다. 온 가족이 모두 걱정을 하고 불어도 貝の火는 생신의 눈처럼 은색으로 빛났으나 예전 같지는 않았다. 비로소 호모이는 울음을 터뜨린다. 뒤늦은 후회를 한 호모이가 여우를 찾아가 결투를 선언한다. 여우가 갖고 있던 유리 상자 속에는 500마리 정도의 새가 들어 있었고, 그 안에는 전에 호모이가 구원해 주었던 종달새도 있었다. 새들을 모두 상자에서 풀어주었다. 빛을 잃은 貝는 두 조각으로 깨졌다. 그 때 호모이는 입구에서 앗! 하며 쓰러졌다. 눈에 그 파편이 들어간 것이다. 그런 후 조가비는 다시 불을 밝히고 날아갔는데 그 묘사를 자세히 읽어보면 다음과 같다.

21) 앞의 책, p.72.
"いや, 昨日ははびっくりしましたぜ. ホモイさんのお父さんも隋分頑固ですな, しかしどうです. すぐごきげんが直ったでしょう. 今日は一つうんと面白いことをやりましょう. 動物園をあなたは きらいですか"

호모이는 입구에서 앗! 하고 쓰러졌습니다. 눈에 가루가 들어간 것입니다. 모두 놀라서 그쪽으로 가려고 할 때 이번에는 그 쪽에서 픽-하는 소리가 나고 연기가 나더니 드디어 훌륭한 몇 개의 파편이 되고, 끝내는 두 개의 파편이 합쳐져서 완전히 처음의 貝の火가 되었습니다. 구슬은 마치 분화처럼 타오르고 석양노을처럼 빛나더니 휴-하고 소리를 내고 창밖으로 날아가 버렸습니다.22)

이상이 貝の火와 헤어지는 장면의 묘사인데 늦게나마 호모이는 자신이 방자했음을 뉘우치는 눈물을 흘리고 있다. 한편 이 작품에서 주목되는 대상은 호모이의 어머니이기도 하다. 이 어머니는 처음부터 끝까지 울고 있는 모습으로 그려지고 있다. 마지막 이야기의 초점은 호모이에서 아버지 쪽으로 기울어져서 결국은 아버지의 이야기와 행동으로 동화는 끝난다. 아버지는 울고 있는 호모이의 등을 조용히 다독이면서 말한다.

울지 마라. 이런 일은 어디든지 있는 일이다. 그것을 잘 깨달았다면 너는 제일 행복할 것이다. 눈은 꼭 좋아질 꺼다. 아버지가 잘 돌봐줄 거

---

22) 앞의 책, p.79.
"ホモイは入口でアッといって倒れました. 目にその粉が入ったのです. みんなはおとろいてそっちへ行こうとしますと今度はそこらにピチピチピチと音がして煙がだんだん集り, やがて入派ないくつかのかけらになり, おしまいにカタッと二つかけらが 組み合って, すっかり昔の貝の火になりました. 玉はまるで噴火のように燃え夕日のようにかがやき, ヒュ-と音をたてて窓から外の方へ飛んで行きました"

야. 응, 울지 마라.

「貝の火」라는 童話에 대해서 많은 說이 있다는 것은 앞에서도 기술한 바가 있다. 吉田精一氏 說에 의하면 善行에 善果가 있다고 했는데 이것은 호모이가 종달새를 구해준 善行을 했으므로 그에 報答하는 意味로 새의 王 으로부터 훌륭하게 되는 힘을 가진 貝の火이란 것을 받은 것을 의미한다. 두 번째는 惡行을 모르고 범할 때는 용서받을 수 있으나 악한 일인 줄 알면서 행하면 憎惡를 받는다는 것은 호모이가 여우의 꾐에 빠져서 숲속을 다니며 못된 행동을 하는 과정을 말하고 있다. 세 번째로는 얻은 행복은 언젠가는 결국 잃는다는 것은 호모이가 새의 왕으로부터 받은 寶珠 貝の火는 항상 그의 곁에 있을 수 없다는 것 즉, 無常의 眞理를 의미하는 것 같다. 네 번째로 逆으로 받는 吉凶도 또한 행복을 얻게 된다고 했는데, 그것은 호모이에게 힘을 주었던 貝の火가 사라지고 失明까지 당하면서 얻은 不幸을 호모이가 그 불행의 原理를 깨달아 알게 되면 오히려 意識의 幸福을 얻을 수 있을 것이라는 意味로 해석된다. 吉田氏의 說은 호모이 생활의 前半部를 勸善懲惡으로 보았고, 後半部는 無常함과 吉凶을 넘어설 수 있는 意識의 世界를 표현하고 있는 것으로 해석을 하고 있다.

필자의 견해도 이와 다르지 않지만 한 가지 더 부연하고 싶은 부분은 이 동화작품의 끝 부분까지를 읽었을 때 無常의 意味가 더 명확하게 밝혀진다고 볼 수 있다. 그러므로 이 童話는 前半部보다는 後半部의 思想的인 意識의 展開에 더 注目해야 한다고 본다.

창밖은 안개가 걷히고 은방울꽃 잎이 반짝반짝 빛나고, 종소리 같은 것이 칸칸칸카에코-라고 아침 종소리 높게 울렸습니다.[23]

以上의 描寫를 통해서 볼 때 모든 情況이 냉정히 전개되고 있는 自然의 順理를 읽을 수 있다. 이는 「貝の火」가 떠났고, 失明을 해서 슬픔에 젖어 울고 있는 호모이의 감정과는 아무런 관계없이 自然의 公道는 어김없이 흐른다는 것, 즉 아침 종은 어제와 같이 울리고 있는데, 이는 호모이의 입장과는 관계없이 無常한 時間은 멈추지 않는다는 意味로써 作品의 마지막 부분이 필자에게는 殘忍하고 酷毒한 事實的 表現이라는 느낌이 들면서 이러한 점이 賢治 作品의 精神이 아닌가 생각된다.

「貝の火」의 作品은 內容을 二分한다면 前半部 는 勸善懲惡的인 內容의 描寫라고 한다면 後半은 思想的인 描寫라고 해왔다.[24] 부모 밑에서 평범한 가정생활을 하면서 온화한 숲속의 정경 속에서 천진스런 놀이를 즐기는 어린 토끼의 心像이 이 동화의 첫 부분에 묘사되고 있다. 뜻하지 않게 받았던 「貝の火」라는 寶珠의 火는 호모이를 平凡한 어린이에서 非凡한 어린이로 바꾸어 놓는다.

寶珠의 火가 아름다울수록 호모이에게는 悲劇의 그림자가 드리워져간다. 여우의 유혹은 惡行으로 전개되고 있으나 새 왕의 바람은 善行의 移行을 강요하는 이미지로 볼 수 있다. 즉 호모이는 善과 惡의 중간

---

23) 앞의 책, p.81.
"窓の外では霧が晴れて鈴蘭の葉がきらきら光り, つりがねそうな, カン, カン, カンカエコ, カンコカンコカンと朝の鐘を高く鳴らしました".

24) 中村文昭 著, 주)12 참조, p.146.

에 서 있던 無垢한 存在이기도 했다. 失明 後 호모이의 눈물은 죄를 인정하지 않는다. 호모이는 평범하고 순진무구한 어린 토끼였었다. 여기서 호모이가 지닌 無垢性은 어쩌면 人間의 生의 本質 그것일지도 모른다. 호모이는 인간의 생을 精神과 自然 사이에서 묻는 本質的인 無垢가 된다. 호모이는 道德이랄지 至善의 理命을 뛰어넘은 無垢를 지녔다고 볼 수 있다. 至善의 빛을 위해 自己犧牲을 받아들이지 않고 「貝の火」라고 하는 寶珠를 놀이의 대상으로 소유했음이 호모이에게 本質的인 어린이의 無垢라고 할 수 있다.

이러한 호모이의 本質的인 無垢는 賢治 作品 「よだかの星」[25]에서의 쏙독새의 苦惱와 가깝다고 할 수 있다. 호모이의 無垢性은 寶珠를 잘 지키기 위해서 조심하고 노력하지 않았던 점에서도 찾아볼 수가 있다. 貝の火라는 寶珠를 소중히 간직하려는 욕망에 바탕한 所有를 원하지 않았는데 그 것은 왜였을까? 평범한 인간의 사고를 벗어나서 그 寶珠를 단순히 자신의 生活(놀이)을 위한 것으로 생각했던 호모이의 思考는 단지 호기심에 의한 것만은 아니었을 것이다. 보주를 훅훅 불어서 아름다운 불빛을 바라보고 밖으로 나가서 뛰어놀다 간간이 아버지의 꾸지람과 어머니의 눈물을 듣고 보지만 그것도 아랑곳하지 않는 어린 토끼 호모이가 寶珠를 소유하는 태도는 執着보다는 好奇心이라고 해두고 싶다. 호모이가 종달새로부터 寶珠를 받는 場面에서도 호모이의 透明한 童心이 描寫되어 있는데,

25) 趙明烈, 「宮澤賢治童話에서 "꿈"의 設定考」, 『중앙승가대학논문집』 5집, 1996, pp.250~252.

이것은 貝の火이란 보물입니다. 임금님께서는 당신이 가져야 할 차례라고 합니다. 이 구슬은 어떻게든지 훌륭히 된다고 합니다. 자, 어서 받아주십시오.26)

라고 하면서 寶珠를 받을 것을 부탁하는데 호모이는 다음과 같이 답한다.

종달새씨, 나는 이런 것 필요 없어요. 가져가세요. 매우 아름다운 것이므로 본 것만으로도 충분합니다. 보고 싶어지면 당신한테 가겠습니다.27)

이상의 표현은 호모이의 심정을 충분히 이행할 수 있는 정경이라고 생각된다. 어느 날 여우가 훔쳐온 빵을 받아서 처음 먹을 때, 여우는 그 빵이 천국의 튀김이라고 속이고 건네준다. 그 맛을 본 호모이는 빵이 숲속의 어떤 나무열매인줄 알고 어떤 나무에서 나는 것이냐고 묻자 여우는 '부엌'이란 나무라고 대답하는 장면이 있다. '부엌이란 나무'에 대해서 두 번 묻지 않고 믿어주는 호모이는 어쩌면 바보같이 속임만

---

26) 주)15, 앞의 책, p.54.
"これは貝の火という寶珠でございます. 王様のお言傳では あなた様の お手入れ次第で, この玉はどんなにでも入派になると申します. どうかお納めをねがいます.

27) 주)15, 앞의 책, p.54.
"ひばりさん, 僕はこんなものいりませんよ. 持って行ってください. 大變きれいなもんですから, 見るだけで澤で山す. みたくなったら又あなたの所へ行きます."

당하는 것 같은 인상을 준다. 그러나 그 안에 무구한 童心이 내재하고 있음은 작품 전면에 깔려 있는 의식의 흐름에서 느껴진다.

이상에서 同化「貝の火」에 나타난 童心의 표현에 대해서 고찰해 보았는데 이 작품은 賢治의 初期 作品으로 同時期에 쓰여 진 作品으로는「よだかの星」·「若い研師」가 있는데「よだかの星」에서 主人公 쏙독새는 자신이 못생겨서 따돌림을 당하게 되자 그것으로부터 脫出을 위해 決死의 飛上을 한 결과 별이 되어 하늘에서 파아란 빛을 발하게 되는 轉生의 內容은「貝の火」와 상관되는 부분이 많다.

그러나「貝の火」는 賢治가 그의 친구 保阪과의 결별을 집약적으로 표현[28]한 것이라고도 하는데 이점에 대해서는 다음 기회에 고찰해 보기로 한다.

Ⅳ. 맺음말

宮澤賢治의 作品은 많은 讀者를 갖고 있고 또 그 作品을 研究하는 많은 研究者도 갖고 있다. 37才의 짧은 人生이 남긴 작품을 통해서 후대의 讀者와 研究者들은 꾸준한 研究를 계속하고 있는데 그것은 그 작품들이 그만큼의 읽을거리와 연구해 볼 만한 價値가 있기 때문이라고 생각된다.

100년 전에 태어난 한 無名作家의 作品이 이토록 관심을 놓지 못하

28) 伊藤眞一郎,「貝の火」,『國文學』, 學燈社, 昭和 57, pp.68~69.

는 것은 앞에서도 지적한 바와 같이 그의 작품이 지닌 精神性에 대한 魅力을 찾아보고 싶은 까닭이다. 文學作品에서 그 作品의 精神性은 중요한 役割을 한다고 믿어지기 때문이다. 賢治의 作品은 그러한 면에서 적절한 硏究의 對象이라고 생각된다. 물론 酷毒한 批判이 있기도 하지만 筆者가 갖는 관심은 우선 肯定的인 面에서 考察해 보고 싶은 것이다. 왜냐하면 그의 작품들 거의가 그의 死後에 계속해서 評價를 받고 있음이 첫째 관심이고 그의 作品의 精神性을 천착해 보고자 함이 두 번째 이유가 된다.

賢治에 대한 評價는 러시아문학의 영향 특히, 도스토예프스키와의 관계에 대한 說29)도 없지는 않으나 賢治의 一生과 그에 얽혀 있는 그의 信仰(徹頭徹尾한 信仰이었기에), 그리고 그의 발원이었던 法華 文學의 창달에 대해서 고찰을 해보고 싶은데 아직까지는 作品의 精神性을 살펴보는데 그치고 마는 것 같다. 그의 작품의 내용을 철저히 읽고 그 작품의 정신성들을 차례차례 정리해 나가면서 그의 일생 동안의 주변의 상활, 신앙생활, 작품생활 등의 신변잡기들을 오늘에 다신 비춰본 이후 賢治學까지는 아니더라도 賢治 文學의 精神性 내지는 法華 文學 創達의 모습이 나타나리라고 생각된다.

文學精神의 표현을 童心, 佛心이라 시도해 놓고 그 童心의 表現을 구가하는 데에는 賢治 童話에서 가능하지 않을까 하는 관심을 갖고 賢治 童話를 통해서 童心을 추구해 보는 것이다. 다행히도 自然과 精神(思想)을 두 軸으로 한 童話를 賢治를 통해서 많이 접하게 되었다.

---

29) 淸水正, 『宮澤賢治童話のエロス』, 星雲社, 1995, p.185.

노오란 황금빛 토마토를 황금으로 제조된 돈으로 생각하는 뻬므뻬르와 네리라는 오누이를 통해서 自然과 精神性을 軸으로 해서 엮어지는 童話는 단순한 구조지만 많은 생각하게 해준다. 그리고 그 뒤의 이야기는 할 수 없다는 박제 蜂雀의 이야기에서는 自然과 人間의 同質性을 시사해주는 童心의 표현을 찾아보았다.

「貝の火」에서 호모이의 無垢한 童心을 관찰해 보았다. 寶珠, 「貝の火」의 現實的인 所有慾이 없는 純眞無垢의 童心이 놀이를 위한 遊心으로 轉換해서 그것을 원인으로 괴로움을 겪는 호모이의 모습에서 끝나지 않고, 어른인 아버지의 충고가 또 한층 童心의 世界를 擴充시켜 준다. 여기에서 大自然의 흐름은 끊임없이 이루어지고 있다는 자연과 정신의 축의 대충적 구도가 賢治 童話의 特徵임을 확인해 볼 수가 있었다. 自然은 童心이 추구해가는 場이고, 이 自然을 軸으로 한 精神(童心)의 無限世界를 향한 追究가 賢治가 염원한 理想世界가 아닐까 생각해 본다.

童心

童子像으로 表現된 佛敎信仰

童子의 모습은 純眞무구한 Image로 우리에게 다가온다. 불교에서는 그런 童子의 모습에 信仰的인 의미를 부여해서 童子像을 표현해 왔다. 그 대표적인 것으로써 雪山童子, 文殊童子, 善財童子 등을 들 수가 있다. 여기서 雪山童子는 釋尊前生 인욕 고행시의 한 면을 뜻하고 있지만 그 외의 두 童子는 菩薩의 人格化를 의미한다. 이러한 童子像은 大乘佛敎를 통해서 많이 접하게 된다. 불교의 전래와 그 신앙 토착화되어지는 과정 속에서 童子像은 자기의 역할을 충분히 이행해서 佛敎信仰의 뿌리를 건실하게 해주는 역할에 충실했었다고 본다. 本 論文에서는 『三國遺事』를 중심으로 표현된 童子의 모습이 한국불교신앙을 전개하는데 있어서 어떠한 역할을 했었는지에 대하여 고찰해 보았다.

특히 當來佛신앙인 彌勒信仰과의 관계에 대하여 童子像의 출현 등의 자료를 중심으로 전개해 보았다.

『승가대논문집』 8집, 중앙승가대학교, 1999

童子像으로 表現된 佛教信仰

Ⅰ. 序言

佛教에 있어서 童子는 나이 어린 스님 童子僧, 혹은 童僧이라 하여 오늘의 우리 주변에서 쉽게 접하게 된다. 그러나 동자의 의미는 그것이 전부가 아니다. 스님이 되기 위해 사찰에 들어가서 삭발 득도하기 전의 少年을 童子僧, 童僧이라고 함이 일반적인 童子의 정의가 될 수 있지만, 또 다른 면에서의 童子의 의미를 살펴보면 童子는 菩薩의 異称으로써 우리에게 가깝게 다가와 있다.

釋尊께서 過去世에 忍慾苦行을 하실 때 수많은 轉生을 忍慾菩薩로 수행을 했던 本生經에서 우리는 雪山童子의 모습을 보게 된다.

雪山童子는 釋尊께서 過去世에 雪山에서 苦行하실 때의 이름이다. 여기서 雪山은 히말라야산의 異称으며, 雪山童子의 고행담은 널리 알려져 있다. 釋尊 과거세의 苦行像인 雪山童子를 비롯해서 佛教에는 많은 童子像이 전해진다. 우선 우리에게 제일 잘 알려진 것으로는 五台山 上院寺의 文殊童子일 것이다. 文殊道場인 五台山에서 李朝의 世祖大王은 文殊童子를 만나 피부병을 치료했고, 그 像을 奉安토록 했다고 전해지는 上院寺의 文殊童子像은 國寶로 지정되어 있다.

설악산 五歲庵은 신라 慈藏律師가 창건한 사찰로 그 이름은 觀音庵이었는데 朝鮮時代 明宗代에 五歲庵으로 改命했다고 전한다. 당시 주지 雪淨大師가 고아가 된 조카를 觀音庵에 데려와서 양육하고 있었는데, 겨울이 다가오는 어느 날 월동준비를 하려고 襄陽시장에 가게 되었다. 雪淨스님은 절에 남게 될 조카가 며칠 동안 먹을 수 있는 밥을 준비해놓고 조카에게 "관세음보살"을 부르면 法堂에 계신 부처님이 돌봐주실 것이라고 말하고 절을 떠났다. 雪淨스님이 시장을 보고 돌아오려고 신흥사에 이르렀을 때 폭설이 내려서 관음암으로 돌아올 수가 없었다. 그 이듬해 3월에 비로소 돌아올 수 있었다. 스님의 어린 조카는 이미 볼 수 없을 것이라고 생각하고 돌아왔다. 그런데 상황은 예상과 달랐었다. 法堂에는 희미한 불빛이 흐르고 있었고 어린 조카는 훈훈한 법당에서 목탁을 치면서 염불을 하고 있었다. 조카가 살아있음에 반가웠던 스님은 조카에게서 자초지종을 들었다. 어린 조카는 부처님을 가르치면서 "저 엄마가 밥도 주었고 같이 자고 같이 놀아주었어요." 했다. 五歲童子가 觀音의 보살핌으로 살아났고 道를 이루었다고 해서 五歲庵으로 改名했다고 하는 五歲童子에 얽힌 이야기는 너무나도 잘 알려진 내용이다.

한국불교에 있어서 童子에 얽힌 설화들이 많은데 그 내용은 대체로 다음과 같이 정리해 볼 수 있다.

五歲庵의 이야기처럼 사찰이름에 얽힌 童子이야기, 世祖大王처럼 個人의 병을 치유했다고 하는 童子이야기, 보살의 化現으로 나타난 童子이야기, 求道修行하는 스님이 法을 얻고 깨달음을 얻도록 도와주는 童子像 등을 들 수 있다. 한국불교에 있어서 童子像은 크게는 國家佛敎 형성에서부터 가까이는 各 개인의 고통을 해결해 주는 역할로써 生活 깊숙히 침전되어져 왔었다고 할 수 있다.

이러한 童子像은 佛敎經典에서도 表現되고 있다. Jātāka를 비롯해서 經典에 나타나고 있으나 대체로 大乘經典上에서의 童子는 菩薩의 化現으로 등장하고 있다. 經典上에 나타난 童子像을 먼저 정리 고찰해 보고, 한국 불교에 있어서의 童子像이 어떤 특징으로 表現되어 있는지를 살펴보고 져 함에 본 논문의 목적을 둔다.

Ⅱ. 童子와 그 童子名

童子는 kumāra(梵語, 팔리어)를 音譯해서 鳩摩羅라 하고, 西藏名은 bu, 혹은 gáon-nu, 혹은 梵名 Kumāraka(鳩摩羅伽)라고도 하며, 또는 童兒, 童眞, 童男이라고 하는데 불교에 있어서 童子의 의미는 다음과 같다.

「大智度論」에 의하면 4세 以上 20세 미만을 鳩摩羅伽라 하고, 玄應音義에서 鳩摩羅는 8세이상 내지 未婚男子의 總称으로 옛 이름은 童子다.[1]고 되어 있으며, 또한 「南海寄歸內法傳」에서는 俗人으로 比丘의 修行處에 가서 經典을 읽고 삭발할 뜻을 갖고 스님 되기를 원하면 童

子[2]라 한다. 결국 동자는 4세 以上 20세 미만으로 스님 되기를 희망하는 이를 칭했다는 것을 알 수 있다.

이상에서 佛典에 근거한 동자의 定義를 정리해 보았는데, 이제 그러한 童子의 이름을 정리해 보면 다음과 같다.

法華經 方便品에서는 童子들이 장난으로 모래를 쌓아 佛塔을 조성하면 그 공덕으로 그 童子들도 成佛을 한다고 기술하고 있는데, 大乘經典의 극치라고 할 수 있는 華嚴經 「入法界品」에서 등장하는 善財童子는 文殊童子와 더불어 대승불교를 대표하고 있다고 할 수 있다.

善財童子는 善行童子, 善光勝童子 등으로도 불렸다. 그밖에도 金剛菩薩의 忿怒化身을 金剛童子, 初禪梵王을 顔貌童子, 鳩摩羅天 혹은 梵童子가 있다. 또 보살의 化現으로는 너무나도 잘 알려진 文殊童子를 비롯해서 無言童子, 月光童子를 들 수 있는데 여기서의 童子 즉, 보살의 化現으로 상징되는 童子는 法王子라고 하기도 한다. 왜냐면 佛은 法王이며 보살은 佛法에 귀의해서 十地에 이르기 위해 수행하는 王子라고도 하는데 그러한 願力을 세운 보살의 化現인 童子를 法王子라고도 한다.

위와 같이 보살의 化現인 童子가 있으며 또 다른 童子로는 佛보살과 諸天의 協侍 童子들이 있는데 그 이름은 다음과 같다.

문수보살을 모시는 8大童子로는 請召童子, 計設尼童子, 救護慧童子,

---

1) 『大正藏』 卷54, 一切音義 p.359上, 一切音義 p. 359 上
"究摩羅者是波八歲以上 及至未娶者之總名也 「名童子"

2) 『大正藏』 卷54, 南海寄歸內法傳, p.220中.
"凡諸白衣詣苾芻所 若專誦佛典 淸希落髮 畢願緇衣 別号爲童子"

烏波計設尼童子, 光網童子, 地慧幢童子, 無垢光童子, 不思議慧童子이며 8大童子는 文殊보살이 獨尊인 경우에 거느리는 것으로 8智尊이라고도 하고, 八字文殊功德을 상징하고 있다. 蜜敎의 胎藏界曼茶羅 文殊院의 八葉院 배치되어 있는 8大童子다. 이는 不動明王을 모시는 8大童子와 36童子로 慧光童子, 慧喜, 阿耨達, 指德, 烏俱婆誐, 淸淨比丘, 矜羯囉, 制多迦童子等의 8大童子와 又矜迦羅童子, 制多迦童子等, 不動慧, 光網勝, 無垢光, 計子儞, 智慧幢, 質多羅召請光, 不思議, 羅多羅, 波羅波羅童子, 伊醯羅, 師子光, 師子慧, 阿婆羅底, 佛守護, 法守護, 僧守護, 金剛護, 虛空護, 虛空藏, 寶藏護, 吉祥妙, 戒光慧, 妙空藏, 普香土, 善儞師, 波利迦, 烏婆計童子가 36童子名이고, 乾闥婆神王의 眷屬으로 15鬼童了로 彌酬迦鬼童子, 彌迦王, 騫陀, 阿波悉魔羅, 牟致迦, 魔致迦, 閻彌迦, 迦彌尼, 黎婆抵, 富多那, 曼多難提, 舍究尼, 乾吒婆尼, 目佉曼茶, 籃婆鬼童子[3] 등이다.

以上에서 간단하지만 經文獻上에서 童子명을 살펴보았다. 童子像을 통해서 童子의 역할과 童子名을 살펴보았는데 童子는 일반적인 童子가 있었고, 또는 보살의 化現으로 상징되어지는 童子, 또는 보살의 협시로 표상된 童子등의 이름을 정리해 보았다.

多樣한 童子名을 通해서 관심 있게 注目되어지는 것은 보살의 化現으로 상징되고 있는 童子像에 있다. 왜냐면 그러한 童子像은 佛敎信仰에 많은 영향을 미쳐왔다고 생각되어지기 때문이다.

보살의 化現으로 상징되는 童子像에 대한 그 의미에 대해서는 필자의 논문 "永遠한 童心의 追究"[4]에서 정리해 보았던 적이 있으나 다시

---

3) 『望月佛敎大辭典』 4, p.3871

정리해 보면 다음과 같다.

첫째, 보살이 처음 발심해서 無上正等覺에 이를 때까지 보살도를 실천하면 그를 究摩羅의 지위라 한다.

둘째, 보살이 發願해서 世世生生 童男으로 출가 득도하면 究摩羅의 지위라 부른다.

셋째, 佛陀는 法王이고 보살은 法王子로써 모두 佛陀을 이룬다.

넷째, 4세를 지나 20세 미만이면 究摩羅라고 하는데[5] 위 글에서 내포하고 있는 童子의 의미는 두 가지로 정리해 볼 수 있다. 즉 첫째에서 셋째까지에서 표현된 童子는 일반적인 동자 卽, 身體的 精神的으로 未成熟者가 아니라 보살의 서원을 발원하고 수행하거나 발원을 성취하여 究摩羅의 地位를 얻는 자라고 한다. 여기서 쿠마라(童子)는 곧 보살의 인격으로 나타난다. 그래서 동자는 보살의 化現으로 나타나서 고뇌 중생에게 해답을 안겨주고 있다고 본다.

네 번째에서의 童子는 일반적인 의미의 표현이라고 정리할 수가 있다.

大乘佛教에서 보살이 童子로 表現되는 경우가 많다. 그 대표적인 예를 든다면 智慧의 人格化를 文殊菩薩, 實踐의 人格化를 普賢菩薩이라고 하고 이 두 보살은 釋迦牟尼佛의 양 협시불로 잘 알려져 있다. 그러나 智慧의 人格化인 文殊菩薩은 文殊師利菩薩, 文殊師利法王子, 文殊師

4) 조명렬, 「영원한 동심의 추구」, 『중앙승가대학교 논문집』 7집 , 중앙승가대학교, 1998, p.298～302.

5) 『大正藏』 卷25, 大智度論 p.275 中～下
"復次又如童子過四歲以上二十名爲鳩摩羅伽"

利童子菩薩, 文殊師利童子, 文殊童子 등으로 불려지고 있다. 보살은 곧 理想的인 人間像의 표현이고 童子로 化現되어짐은 理想的인 人間像의 천진무구한 또 하나의 표현이라고 생각된다.

1. 善財童子 (Sudhānd-śreṣṭhi- dāraka)

文殊童子와 더불어 佛敎의 대표적인 童子다. 善財童子는 「華嚴經 入法界品」의 주인공이며, 보살의 異名이기도 하다.

「入法界品」은 文殊菩薩이 善財童子를 교화하는 내용이다. 文殊菩薩이 旅行을 떠나서 먼저 比丘들을 교화하고 그 후 龍王을 교화한 후 善財童子를 교화하는 내용으로 구성된다. 文殊菩薩이 드한야카라(Dhanyakara) 라는 都城에서 龍王을 교화하고 그 숲 속의 塔廟에 머물고 있을 때 善財童子는 文殊菩薩의 法門을 듣고 發心誓願을 하게 된다. 文殊菩薩의 가르침을 받고 善財童子는 善知識을 찾아서 普賢行의 실천을 위해 南으로 南으로 순례행각을 떠난다. 남쪽으로 순례하는 童子라 해서 善財童子를 南巡童子라고 불리기도 한다.

善財童子는 52번째 善知識으로 彌勤보살을 만나고, 다시 문수보살을 만난 다음 마지막으로 53번째로 普賢菩薩을 만난다.

華嚴經의 入法界品은 결국 善財童子를 위하여 최후의 방문을 받은 다음 法界를 開示한다고 할 수 있다. 그래서 普賢行願이 菩薩道의 궁극인 것을 「入法界品」에 의해서 확인된다. 즉, 普賢行願은 善財童子의 善知識巡禮에서 求道의 終局으로 설명되어지는데 그것은 곧 佛道의 성취를 의미하는 것이다.

「入法界品」의 1장에서는 佛道의 方向을 제시하고 있으며, 善財童子는 끝없는 편력을 하면서 各 善知識들을 親見하게 된다. 그가 만나는 善知識들은 특정한 修道者들이 아니었으나 그들의 處所는 모두 "脫道場"이라 불려지고 있는데 이는 大乘菩薩思想의 표현이라고 본다. 「入法界品」은 大乘佛敎思想의 최고의 극치를 보여주고 있다고 전해진다.

결국 화엄경에서 善財童子는 普賢行願을 실천할 큰 발심을 한 후 求道의 길을 떠나 53善知識을 역방하여 十信, 十住, 十行, 十廻向, 十地, 等覺, 妙覺等의 경지를 차례로 体得하고 佛道의 성취인 화엄의 세계에 들어간다. 여기서 善財童子는 대승보살의 求道的 實踐者의 代表로 상징되고 있다.

大乘佛敎에 있어서 보살은 童子로 표현되고 있는데 화엄경「입법계품」에서 나타나는 善財童子는 지혜의 상징인 문수보살의 교화를 통해서 普賢行願의 실천을 위한 求道的 실천자가 되었다. 善財童子(一名 南巡童子)의 南巡하는 순례행각을 통해서 大乘의 실천행을 엿볼 수 있다.

2. 文殊童子 (maṅjiśri-bodhisatva)

文殊師利菩薩의 원명은 만쥬슈리 보디삿트바(mansuśri bodhisava)이며, 漢譯은 文殊師利, 滿殊師利, 曼殊師利, 滿祖室哩라고 하며, 略称 文殊, 妙吉祥, 妙德이라고 하기도 하며, 형상으로 표현 할 때는 法王子, 童子로 나타나기 때문에 文殊師利法王子 또는 文殊童子라고도 한다.

文殊菩薩은 지혜의 人格化로 大行의 人格인 普賢보살과 같이 釋尊의 兩脇侍로 등장하는 경우가 많다. 般若의 大意를 밝힌 初期大乘佛敎

經典을 비롯해서 法華經, 華嚴經 등의 거의 모든 大乘佛典에서 문수보살이 등장한다.「道行般若經」,「內藏百室經」,「阿闍世王經」,「文殊私利問菩薩署經」,「首楞嚴三昧經」,「維摩詰經」,「寶積三昧文殊師利菩薩問法身經」,「慧印三昧經」,「正法華經」,「魔逆經」,「須眞天子經」,「無極寶三昧經」,「放鉢經」等의 大乘經典에서 文殊는 上首보살로 表現되고 있고, 또한「文殊師利所說摩訶般若婆羅蜜經」을 비롯해서 般若部의 모든 經典에서는 대담자로써 즉, 부처님이나 舍利弗 등의 모든 弟子와의 문답을 주고받도록 되어있는데 여기서 문수보살은 대승의 모든 경전, 그 중에서도 般若의 敎說을 구현하는데 밀접한 관계가 있음을 알 수 있다. 文殊菩薩은 지혜의 人格化라고 하는 연유를 미루어 생각 할 수가 있을 것 같다.

그러나 그와는 반대로 文殊를 歷史的 人物로 묘사하는 經典이 있는데 그것은「文殊師利般涅槃經」,「大般涅槃經」,「文殊師利現寶藏經」등이다.

문수보살은 舍衛國 多羅聚落梵德婆羅門의 아들로 태어났는데 그가 태어난 때 그 집이 蓮花처럼 되었다. 그는 태어날 때 母의 右協에서 태어났고 몸은 紫金色을 띄었으며 天童子처럼 말했다. 그는 스스로 出家修行하여, 首楞嚴 三昧에 들기도 한다. 佛入涅槃후에 雪山에 들어가서 五百의 仙人을 위해 佛法을 說했고, 五百의 化佛, 五百의 化菩薩을 나타내 보였다.

그 후 그는 本生地로 돌아가 拘樓陀樹下에서 열반에 든다. 이러한 文殊의 위신력을 믿어 未來世의 중생은 文殊의 像을 잘 紀念해야 한다. 文殊를 至心으로 믿는 자는 阿羅漢을 얻고, 不退轉을 얻을 수 있다. 또

文殊를 위해서 香山의 金剛山頂에 七寶塔을 세우고, 像을 공양하면, 苦, 空, 無常, 無我의 法을 듣게 되리라고 예언한다. 그밖에 文殊를 공양하는 여러 가지 방법이 설명된다.6)

以上을 통해서 文殊菩薩이 歷史的으로 實存했던 人物이었던 내용을 파악해 보았으며 그 내용을 통해서 오늘날까지 이어지는 文殊信仰과의 관계를 고찰해 볼 수 있는 것이 아닌가 생각된다.

文殊菩薩은 大乘經典을 通해서는 上首보살로, 또는 역사적 人物로 표현되고 있으며, 智慧의 상징으로 형상화 되었다고 할 수 있다.

以上에서 善財童子와 文殊童子에 대해서 고찰해 보았는데 善財童子는 華嚴經「入法界品」에서 文殊菩薩의 교화력에 의해서 普賢行願의 成就를 위해 53善知識을 역방하는 童子, 즉, 華嚴經「入法界品」에 등장하는 童子로 알려져 있다. 그러나 文殊童子에 있어서는 善財童子와는 다르다는 것을 느끼게 된다. 왜냐면 文殊童子는 衆生의 誓願力이 지극한 곳에 출현해서 중생의 고뇌를 해결해 주고 있기 때문이다.

佛典에서의 善財童子와 文殊童子의 역할과 표현에 대해서 이 두 童子만을 선택한 까닭은 文殊・善財 두 童子가 菩薩의 化現으로써 代表的인 역할을 담당하고 있다고 생각하기 때문이다. 물론「法華經에서도 童子가 등장하고 있으나 그에 대한 언급은 다음 기회로 미룬다. 그것은 本 研究는 한국의 경우 佛教를 受容해서 신앙하고 수행해온 과정, 즉 佛教信仰 체험담 속에 등장하는 童子像을 정리해서, 그 童子像들이 갖고 있는 意味를 구명해 보고져 하는데 목적을 두고 있기 때문이다. 왜

6)『大正藏』,「文殊師利般涅槃經」, pp.69～72.

냐면 한국 불교 신앙 체험을 정리한 설화 속에서는 童子의 모습으로 나타나서 신행생활에 활력을 주고 있는 부분이 많이 있기 때문이다. 즉, 童子는 佛, 보살의 化現으로 등장해서 중생이 겪고 있는 고뇌를 해결해 주고, 修行의 願力을 성취시켜주는 역할을 해 왔다. 그 대표적인 예로 朝鮮時代의 世祖大王과 文殊童子와의 만남을 들 수 있다.

童子와의 만남을 통해서 엮어져 온 한국불교 신앙은 무엇을 의미하는 것일까를 고찰해 보고자 함도 본 논문의 목적이기도 하다.

童子와의 만남을 통해서 일어났던 說話들을 우선 三國遺事를 중심으로 발췌 정리해서 그 의미규명을 해 보고자 한다.

Ⅲ. 說話에 나타난 童子

1. 國仙이 된 童子

新羅 眞智王때 興輪寺의 眞慈스님은 흥륜사 彌勒像에게 發願하기를 "우리 大聖이여, 花郎으로 化身해서 이 세상에 오셔서 내가 항상 가까이 모시고 侍從하게 하소서"라고 간곡한 정성으로 극진히 기원했더니 어느 날 밤에 한 스님이 꿈에 나타나서 진자스님에게 말하기를 "네가 態川 水源寺에 가면 彌勒仙花를 볼 수 있으리라" 했다.

진자스님은 水源寺를 찾아 길을 떠났다. 一步一拜하면서 10일 만에 수원사에 도착했다. 절 문 밖에서 체구가 풍만하고 잘 생긴 童子가 반가운 눈웃음과 미소로 맞이해서 객실로 안내했다. 진자스님은 童子에게 "그대가 나를 모르는데 어찌 나를 이렇게 극진히 맞이하는가."고 물으니 童子가 "저 역시 京師人이라 大師께서 멀리서 오시는 것을 보고 위로하고 영접했을 뿐"이라고 대답한 후 조금 있다가 문 밖으로 나갔는데 童子의 간 곳을 알 수 없었다. 그 후 眞慈스님은 彌勒仙花를 찾으러 千山으로 갔다. 千山에서 한 노인으로부터 "前에 水源寺 문 밖에서 이미 彌勒仙花를 보았는데 다시 무엇을 구하려 왔느냐"는 말을 듣는다. 眞慈스님은 경주의 靈妙寺 東北 길가 나무아래서 거닐고 있는 童子를 만나서 그에게 이름을 물으니 "제 이름은 未尸요, 어려서 부모를 여의었으므로 姓을 모릅니다."고 했다. 眞智王은 그 童子를 國仙으로 삼았다. 國仙이 된 童子는 花郎徒를 화목하게 이끌었고, 그의 예의와 風敎가 보통사람과 달랐다. 國仙의 훌륭함이 세상에 알려지게 되었을 때 國仙은 홀연히 사라졌다.7)

위의 說話內容은 간단하다. 眞慈스님이 미륵상 앞에서 花郎으로 化身할 것을 발원해서 童子의 모습으로 나타난 彌勒仙花를 만났고 그 童子는 화랑도의 우두머리인 國仙이 되어서 화랑도를 잘 이끌었다는 것이다.

遺事의 기록에 의하면 水源寺에서는 一郎을 만났고, 靈妙寺에서는 一小郎子를 만났다고 되어있는데 一郎과 一小郎子를 필자는 童子로 이해했음을 밝혀둔다.

이 이야기에서는 彌勒이 新羅의 國仙으로 化作했다는 내용을 파악하게 된다. 이는 彌勒이 新羅에 출현해서 화랑도의 우두머리인 國仙이

---

7) 『三國遺事』 卷3, 興法3, 彌勒仙花 未尸郎 眞慈師條, pp.281~285.

되었다는 내용은 당시 신라의 미륵신앙의 상황을 파악할 수도 있다. 眞慈스님이 만난 彌勒仙花는 童子의 모습으로 化作해서 國仙이 되었다는 점에 주목을 하게 된다.

2. 眞表스님과 靑衣童子

眞表스님은 新羅 景德王代부터 惠恭王代의 高僧이었다. 12세에 金山寺 順濟法師門下에 출가 沙彌戒를 받았다. 順濟法師는 眞表스님에게 「供養次第秘法」 1권과 「占察善惡業報經」 2卷을 주면서 "너는 이 戒法을 가지고 미륵, 地藏 두 보살 앞에 가서 간절히 法을 구하고 참회해서 親히 戒法을 받아 널리 세상에 펴라"고 했다. 眞表스님은 戒法을 받기 위해서 정성을 다 해 노력했지만 쉽게 얻지 못했다. 27세때 保安縣의 不思議房에 들어가 彌勒像앞에서 3년여 동안 정진했으나 授記를 받지 못했다. 그는 順濟法師의 부촉대로 戒法을 얻지 못함에 분발하여 바위 아래로 몸을 던져 亡身懺을 하기로 결심한다. 바위에 올라가서 몸을 바위 아래로 던졌는데 홀연히 靑衣童子가 나타나서 손으로 받아서 돌 위에 올려놓았다. 亡身懺도 할 수 없게 되자 眞表스님은 21일을 정해놓고 精進하기로 했다. 밤낮없이 참회정진하는데 3일이 되는 날 손과 팔이 부러졌다. 계속해서 정진을 했더니 7일이 되던 날 밤에 地藏菩薩이 金錫杖을 흔들며 나타나서 加護하니 부러진 손과 팔이 제대로 붙었다. 보살은 眞表스님께 袈裟와 法鉢을 주었고 眞表스님은 정진을 계속했다. 21일이 되던 날 그는 天眼을 얻어 도솔天衆이 오는 것을 보았다. 이때 地藏菩薩과 彌勒菩薩이 칭찬하고 지장보살은 戒本을 주고, 彌勒보살은 두 木簡을 주면서 "이 두 木簡은 내 손가락뼈로써 하나의 法이고, 하나는 佛種子이니 후에는 大國王이 되어 도솔에 날 것이다."고 한 후 두 보살은 사라졌다.8)

여기까지의 이야기에서는 眞表스님이 占察懺法을 얻기 위해서 수행하는데 뜻대로 계법을 얻을 수 없음에 분발해서 몸까지도 바쳐서 참회하려는 亡身懺을 하려고 몸을 던질 때 靑衣童子는 그의 망신참을 말린다. 그는 다시 참회정진해서 7일이 되던 날 「占察善惡業報經」의 設主인 地藏菩薩로부터 淨戒를 받는다. 그 후 다시 精進해서 彌勒菩薩에게 法을 얻고 木簡을 받는다. 일단 지장보살로부터 淨戒를 받았는데도 계속 정진해서 미륵에게 法을 받았다는 것은 당시 신라불교 사회에서 미륵신앙이 차지했던 비중을 파악할 수 있게 된다. 僧 眞慈條에서도 彌勒은 現身하여 (童子) 결국 國仙이 되어 화랑도를 이끌었다고 했다. 眞表스님은 靑衣童子의 도움으로 亡身懺을 못하고 참회 정진해서 지장보살에게 淨戒를 받았고, 다시 미륵보살에게 法을 얻고 져 참회정진 하는 일연의 상황은 신라불교에 있어서 미륵신앙의 위상을 미루어 짐작할 수가 있게 된다.

3. 月明師가 만난 童子

新羅 景德王 19년에 하늘에 해가 둘이 떠서 열흘동안지지 않았다. 한 日官이 王에게 인연 있는 스님을 청해서 꽃을 뿌리면서 정성을 드

8) 『三國遺事』 卷4, 義解 5, 關東楓岳鉢淵募石記, pp.372～375.

리면 재앙이 물러 날 것이라고 했다. 王은 月明을 불러서 기도문을 짓게 했다. 그때 월명이 "저는 國仙의 무리에 속해있기 때문에 鄕歌만 알 뿐 梵聲은 익숙치 못합니다." 고 하니 "이미 인연 있는 스님으로 뽑혔으니 향가라도 좋다"고 하니 월명이 향가를 지어(兜率歌) 바쳤더니 조금 있다가 두 해의 괴변의 사라졌다. 王이 이를 가상하게 여기고 茶와 水唱念珠 108개를 월명에게 下賜했다. 그 때에 문득 외양이 깨끗한 한 童子가 나타나서 공손하게 茶와 念珠를 받들고 內院塔안으로 숨어 버렸다. 그리고 茶와 念珠는 內院塔 南側壁畵 彌勒像 앞에 놓여 있었다. 이는 月明의 至極한 德과 정성이 미륵보살을 감동시켰다 해서 王은 더욱더 그를 공경하게 되었고 다시 명주 100필을 하사하여 공경을 표했다.9)

위의 이야기는 花郎徒였던 僧 月明은 鄕歌를 잘 지었고 (祭亡妹歌作) 그가 쓴 鄕歌는 재앙을 막아주는 힘이 있었고, 彌勒像을 감동시켰다.

新羅의 鄕歌는 呪術的인 면을 지니고 있다는 것은 이미 잘 알려져 있다. 이 이야기에서 茶와 念珠를 공손히 받아간 童子가 注目된다. 그 童子는 결국 內院塔 벽화 미륵상 앞에서 茶와 念珠를 두었다고 되었는데 그러면 그 童子는 미륵의 化現이었다고 볼 수 있는지는 모르겠지만 어째든 童子와 미륵상과는 관계가 깊을 것으로 생각되어진다.

9) 『三國遺事』 卷第5, 感通第七 "月明師 도솔가", pp.401～402.

4. 努勝夫得을 찾아 온 도운 娘子

三國遺事 白月山 兩聖成道記에 의하면 신라 仇史郡 仙川材에 두 사람이 살고 있었다. 한 사람은 努勝夫得으로 그의 父는 月藏이고 母는 味勝이었고, 또 한 사람은 怛怛朴朴이었는데 그의 父는 修梵이고 母는 梵摩라고 했다. 이들은 出家해서 白月山 無等谷으로 들어갔다. 朴朴는 北嶺의 사자 앞에 살면서 彌陀를 禮念했고 夫得은 東嶺의 磊石아래 方丈을 만들어 磊房이라 이름하고 살면서 彌勒을 勤求하면서 수행했다. 3년이 채 못 된 어느 날 날이 저물어 갈 무렵 20세 됨직해 보이는 자태가 아름다운 娘子가 香氣를 날리면서 북령 사자암의 朴朴을 찾아와 자고 가기를 청했다. 朴朴은 寺刹은 청정한 곳이므로 받아들일 수가 없으니 지체 말고 떠나가면서 냉정하게 거절하다 쫓겨난 娘子는 夫得의 庵子로 가서 자고 가기를 청했다. 夫得은 그 娘子를 받아들여 하룻밤을 지내도록 허락해준다. 밤이 되자 夫得은 염불을 끊임없이 했다. 새벽녘이 되니 娘子는 夫得을 불러서 자신이 産氣가 있으니 준비해 달라고 부탁한다. 夫得이 촛불을 밝히니 이미 그 娘子는 해산하고 목욕하기를 청한다. 夫得은 따뜻한 물을 준비해서 그 娘子를 목욕시켰다. 그러나 갑자기 그 통속의 물이 金色으로 변했다. 夫得이 깜짝 놀랐다. 그때 娘子가 "스님께서도 목욕하시지요.했다. 그 말대로 목욕을 했더니 홀연히 정신이 맑아지고 살결이 금색으로 변했다. 어느덧 그 옆에는 蓮臺가 놓여 있었다. 夫得에게 그 蓮臺위에 오르기를 권하면서 娘子는 "나는 觀音菩薩인데 이곳에 와서 大師를 도와 大菩提를 이루도록 한 것입니다" 고 하고서는 자취를 감추었다. 朴朴도 후에 남은 물에 목욕하고 無量壽

를 이루었다.[10] 이 이야기에서의 夫得은 分別心없이 娘子를 받아들여서 彌勒으로 現身한다. 즉 新羅의 一沙門의 成佛을 現身成佛[11]이라고 한다. 現在의 몸이 부처를 이루었다는 것은 化現과는 다르다. 미륵보살이 童子로 化現해서 國仙이 되었다든가, 보살이 靑衣童子가 되어서 眞表스님을 구원했다든가 하는 경우와는 다른 것이다. 이 외에도 보살의 출현을 들 수 있는데, 그 대표적인 것으로 百濟時代 龍華山 彌勒寺의 創建緣起說話[12]에 의하면 연못에서 彌勒三尊이 출현하므로 그곳에 미륵사를 짓고 백제는 미륵사상과 신앙을 통해서 백제의 중흥을 꾀하기도 했었다.

現身成佛하여 미륵이 된 夫得은 娘子의 도움을 받았는데 娘子는 관음의 化現이었다. 眞表條에서는 童子로 化現한 國仙이 주는 의미를 살펴보았지만, 신라에 있어서 미륵의 출현은 現身成佛했다고 전해지는 夫得이 처음이라고 생각된다.

夫得의 現身成佛을 通해서 신라에 있어서 미륵신앙은 지극히 현실적이었고 國家佛教로써의 전개발전의 場에 미륵신앙이 폭 넓게 자리하고 있었음을 알 수 있었다.

---

10) 『三國遺事』 卷第3, 興法第3, "南白月二聖努勝夫得, 恒恒朴朴, pp.372~375.

11) 金煐泰, 「韓國 彌勒信仰의 史的 展開와 그 展望」, 『彌勒思想의 現代的 照明』, 법주사. p.143.

12) 『三國遺事』 卷第2, 武王條.

5. 据山祖師와 金色童子

据山祖師 梵日스님이 唐에 건너가(827~835) 明州 開國寺에 갔을 때 왼쪽 귀가 없는 한 스님이 末席에 앉아 있다가 梵日스님께 "나도 鄕人입니다. 집은 冥世界 翼嶺縣 德耆房입니다. 祖師께서 요다음 本國에 돌아가시면 제 집을 지어 주십시오."라고 했다. 据山祖師 梵日스님은 唐에서의 공부를 마치고 귀국해서 먼저 据山寺를 세우고 佛敎를 弘布했다. 어느 날 밤 꿈에 前에 본 스님이 창문 밑에 찾아와서

"前에 明州 開國寺에 있을 때 祖師께서 약속한 바가 있는데 왜 그리 늦습니까?" 했다. 梵日스님이 놀라서 잠에서 깨었다. 梵日스님이 사람을 거느리고 翼嶺으로 갔었다. 한 여인이 洛山의 마을에 살고 있었는데 그 이름이 德耆라고 했다. 德耆에게 8세 된 한 아들이 있는데 그 아이는 늘 마을 남쪽 돌다리아래서 놀았었는데 그 아들이 母 德耆에게

"나와 같이 노는 아이 중에 금빛 나는 아이가 있다"고 했다는 이야기를 들은 梵日스님이 아이들이 놀던 다리 밑으로 가 보았더니 물속에 한 돌 부처가 있었다. 그 돌부처를 꺼내고 보니 그 돌부처는 왼쪽 귀가 없었다. 전에 明州寺에서 본 스님과 같았으며 그 돌부처는 正趣菩薩像이었다. 梵日스님은 洛山위에 터를 잡고 佛殿三間을 짓고 그 佛像을 모셨다.13)

위의 說話에서는 正趣菩薩이 왼쪽귀가 없는 스님像으로 化現했다가 8歲가 된 德耆의 아들과 함께 어울릴 때는 金色童子의 像으로 나타

---

13) 『三國遺事』 卷第3, 興法3, 洛山二大聖觀音 正趣 調信

났다.

洛山 二大聖 觀音 正趣, 調信條에서의 마지막 調信의 꿈에 얽힌 이야기는 이미 春園小說의 소재가 되어서 人生無常의 교훈으로 널리 알려져 있다. 그런데 三國遺事에 수록되어진 내용에서 注目해야하는 부분이 있다.

僧 調信은 꿈속에서 사랑하는 여인과 40여 년을 살면서 子女도 5명을 두었다. 가난하고 힘든 생활의 연속으로 15세 된 큰 아이가 굶주려 죽었다. 그 아이를 溟州땅 길가에 묻었다. 가난과 기한의 생활고를 겪다가 調信大師는 헤어지면서 꿈을 깬다. 法堂의 부처님께 깊이 참회하고 꿈속에서 죽은 아이를 묻었던 그 자리를 찾아가서 땅을 파 보았더니 거기에는 그 돌미륵이 묻혀 있었다. 돌미륵을 깨끗이 닦고 씻어서 절에 봉안했다고 기술되어있는데 이는 무엇을 의미하는 것인가에 주목을 하게 된다. 15세의 큰 아이를 꿈속에서 묻었는데 꿈을 깨어 파보니 돌미륵이 출현했다는 내용의 이야기는 신라에 있어서의 미륵신앙의 한 단면을 보여주는 것이 아닐까 생각된다.

6. 慧明스님이 만난 童子들

忠南 恩津에 있는 灌燭寺의 부처님은 恩津 彌勒으로 더 잘 알려져 왔다. 明珠寺事蹟에 의하면 慧明과 大珠 두 스님이 관촉사의 石觀音像을 조성했다고14) 하는 說도 있으나 은진미륵이 더 많이 알려져 있다.

---

14) 李能和, 『朝鮮佛教通史』 下, p.379

恩津 彌勒에 관한 이야기는 다음과 같다.

高麗 光宗 19년(968)에 한 여인이 般若山으로 고사리를 뜯으러 갔는데 갑자기 반야산 西北쪽 기슭에서 아이들의 음성이 들려왔다. 즉시 쫓아가 보았더니 커다란 돌 세계가 땅 속에서 솟아 올라왔다. 세 개의 큰 돌을 연결하도록 되어 있었다. 광종은 慧明스님에게 3개의 큰 돌을 붙여 세우라고 명했다. 돌이 너무나 거대했기 때문에 맞춰 세울 수 있는 방법이 없었다. 혜명스님은 무척 고심을 했다. 어느 날 혜명스님이 길을 가고 있는데 문득 눈앞에 童子들이 나타났다 그들은 세 동강이 된 돌을 앞에 높고 모래장난을 하면서 불상을 세우자고 말하는 소리가 들려왔다. 童子들은 맨 밑의 돌을 반듯이 세워놓고서는 모래를 쌓아 밑돌 높이만큼 언덕을 만들고 그 위에 두 번째 돌을 세워 올렸다 다시 모래 언덕을 쌓고 돌을 올려 세워놓고는 모래 언덕을 치워 버렸다. 세 조각의 돌은 연결되어서 한 佛像이 나타났다.

童子들의 놀이를 지켜본 혜명스님이 힌트를 얻고 무릎을 치고 기뻐하면서 다시 한 번 바라보았더니 그 童子들은 사라지고 없었다.

혜명스님은 土匠 100명을 거느리고 佛像을 완성했는데 그 기간은 무려 37년의 세월이 걸렸다고 한다.15)

이 菩薩像을 東國與地勝覽에서는 石彌勒이라고도 한다.16)

위의 이야기에서는 童子들의 音聲을 통해서 大石의 출현을 알게 되었고 또, 童子들의 佛像세우기 놀이를 통해서 佛像을 연결했다고 해서

15) 『朝鮮金石總覽』 下, 「灌燭寺 事蹟銘」, pp.1153～1155.

16) 『新增東國與地勝覽』 18, 連山佛宗條

두 번의 童子출현을 살필 수가 있다.

童子와 彌勒신앙과의 관계가 고려시대에서도 나타나고 있음을 볼 수 있다.

7. 世祖가 만난 文殊童子

五台山은 五萬眞身이 상주하는 곳으로 알려진 것은 新羅 慈藏[17]스님에 의해서였다. 五萬眞身이 상주한다고 전해오는 거주처는 다음과 같다.

東臺(靑)는 滿月山에 위치하고 그곳에는 觀音眞身一萬이 상주하고, 南臺(赤)는 기린산에 있으며 그곳에는 8대 보살을 수반한 地藏菩薩이 상주하며, 西臺(白)는 長嶺山에 위치해있는데 그곳에는 無量壽 如來가 一萬의 大勢至菩薩과 함께 상주하고, 北臺(黑)는 象王山에 자리하고 그곳에 釋迦如來부처님이 500의 大阿羅漢과 함께 상주하고, 中臺(黃)는 毗盧蔗那佛을 수반한 一萬의 文殊菩薩이 상주하고 있으며 眞如院(現在의 上院寺)은 文殊大聖이 매일 아침 36種의 형상으로 化現했다고 전하고 있다. 그래서 현재까지도 上院寺는 文殊菩薩이 道場으로 알려져 있다.

朝鮮朝 七代王이었던 세조대왕이 上院寺 계곡에서 文殊童子를 만난 이야기는 이미 널리 알려졌고 그로 인해서 上院寺가 文殊道場임을 확신시켜 주었다고도 할 수 있을 만큼 世祖大王과 文殊童子와의 만남

17) 『三國遺事』卷第3, 興法第3, 「台山五萬眞身」

은 깊은 의미를 주었다고 할 수 있다.

朝鮮佛敎通史 月精寺 見 文殊童子條에서 그 文獻을 살펴 볼 수 있다.

어린 조카로부터 王座를 강제적으로 계승한 世祖는 심한 피부병을 얻어 많은 고통을 받는다. 五台山 文殊道場에서 기도를 드리고자 月精寺으 末寺인 上院寺에 머물면서 기도를 올리기도 했다. 어느날 上院寺 계곡에 나아가서 御衣를 벗고 沐浴을 할 때 홀연히 한 沙彌가 그 옆을 지나가고 있었다. 그를 본 王은 그 沙彌를 불러서 등을 씻어달라고 부탁했다. 沙彌가 등을 씻어주고 떠나려 할 때 世祖는 그 沙彌에게 정중히 부탁했다. "등을 씻어주어서 고맙다. 그런데 혹시라도 임금님의 등을 씻어 주었다는 말을 해서는 안 된다."고 했더니 그 沙彌가 대답하기를 "예, 그렇게 하지요. 그런데 임금께서도 文殊童子를 만났노라 는 말씀을 하지 마세요." 하고서는 홀연히 자취를 감춰 버렸다. 세조는 깜짝 놀랐다. 임금님의 피부병은 차도가 있었다. 세조는 그 후 文殊童子를 만날 수가 없었다. 그리하여 세조는 자신이 만났던 童子의 모양을 그려 남기로 생각하여 畵工들을 불러 모아놓고 童子像을 설명해 주고 그들로 하여금 文殊童子像을 조성하도록 해서 上院寺에 奉安토록 했다. 이밖에도 上院寺는 世祖大王과는 밀접한 관계가 있는데 현재 上院寺 法堂앞에 서있는 고양이 像도 그 중의 하나라고 전해지고 있다.

世祖의 명에 의해서 조성되어진 文殊童子像은 현재 國寶로 지정되어 있다.

以上의 이야기는 조선시대까지 일반화되어진 上院寺의 文殊信仰을 확실하게 밝혀주는 내용이라고 할 수 있다. 文殊菩薩이 童子로 化現해서 世祖가 겪는 肉身의 고통을 치유해 주었다는 간단한 구조의 설하지만, 그 내용은 설화의 기능 즉, 불교설화의 기능을 잘 갖추고 있다고 할 수 있다.

Ⅳ. 童子의 Image 분석

지금까지 필자는 童子에 대하여 자료를 정리해 보았다. 먼저 佛典上에 나타난 童子를 살펴보았다. 雪山童子는 부처님의 전생수행과정에서 인욕수행을 하실 때의 童子名이었다. 佛典에는 많은 童子名이 나타나고 있으나 일반적으로 널리 알려진 善財童子와 文殊童子 두 童子를 정리해 보았다. 그러나 이 두 童子는 佛典에서 기능과 역할이 잘 나타나 있어서 두 동자에 관해서는 깊이 있는 언급은 하지 않았다.

한국불교 설화에는 童子가 등장하는 경우가 있다. 그러한 불교설화에 나타나는 童子像은 그 기능과 역할이 다름을 볼 수 있는데 그들은 어떠한 상황에 어떠한 모습과 역할로 나타나는 것일까 하는 고찰도 흥미가 있었다.

앞에서 예로 든 童子 경우 대체로 新羅時代 (Ⅲ의 1~5까지)에 나타난 童子들이었는데 그 내용에서 살필 수 있듯이 童子의 모습과 역할은 주목을 끌게 한다.

眞慈스님이 만난 童子 卽, 彌勒仙花는 未尸라고도 하는데 진자스님은 그를 花郎徒의 우두머리인 國仙으로 받들게 했고 정성을 다해 보살폈다고 한다. 이 이야기의 구조는 진자스님이 미륵상에게 극진히 기도

해서 彌勒 → 彌勒仙花(未尸, 童子像) → 國仙으로 化作했다는 이야기이다. 도솔천에서 수행중인 當未佛인 彌勒이 新羅에 출현해서 花郎의 우두머리인 國仙이 되었다는 것은 당시 신라에 있어서 彌勒信仰의 모습이었을 것이라고 해도좋을 것이다. 花郎의 단체를 "龍華香徒"라 했는데 여기서 龍華는 彌勒을 의미한다. 彌勒仙花, 國仙이 된 未尸처럼 미륵은 新羅人들의 가까운 곳에 있었음을 알 수 있으며 특히 미륵의 化作인 未尸는 國仙으로 받들었다고 하는 것은 彌勒은 童子의 모습으로 出現하여 花郎으로 신라사회를 이끌어 간다고 하는 국가를 이익 되게 하고, 국민을 복되게 해주는 현실 이익적인 신앙으로 형상화되었다는 것을 짐작케 해 주고 있음에 주목하게 한다.

眞表스님의 亡身懺의 현장에서 구해 준 青衣童子는 修行僧의 수행정진을 도와준 호법동자였다고 이해할 수 있는데, 진표스님도 수해의 완성은 미륵보살에 두고 있었는데 이점은 신라에서의 미륵신앙의 위상을 충분히 연상케 해주고 있다고 볼 수 있다.

呪術的인 鄕歌를 잘 지었던 月明師가 王의 하사품을 받았을 때 나타난 童子는 內院塔의 彌勒像의 化作으로 이해할 수 있다. 月明師條에서의 童子 즉 彌勒의 化現으로 생각되어지는 童子의 출현을 통해서도 우리는 신라에 있어 미륵신앙은 生活 주변 깊숙이까지 끌어들인 活用的인 신앙현상이었다고 볼 수 있다. 동일한 입장에서 이해되어지는 이야기가 있는데 그것은 努勝夫得을 彌勒으로 現身成佛시키는 娘子의 모습이다. 여기서 娘子는 觀音菩薩의 化現을 나타나서 夫得을 彌勒으로 그리고 朴朴을 阿彌陀로 現身成佛을 하도록 도와주었다.

正趣보살이 金色童子의 모습으로 아이들과 놀고 그것을 계기로 해서 梵日스님에게 의탁하여 洛山에 佛殿을 만들게 했음을 통해서도 보살들은 당시의 신라 사회를 왕래하면서 이익을 베풀어주었고 그에 따라 신라인들은 보살신앙 특히 미륵신앙을 자신들의 생활 가까이 까지 끌어들였던 것이 아닌가 생각되어 진다.

신라 僧 調信의 꿈에서도 15세 된 첫 아이가 굶어죽어서 길가에 묻었는데 꿈을 깬 후 아이를 묻었던 자리를 파 보았더니 石彌勒이 출현했다. 15세의 童子의 죽음, 그것도 꿈속에서의 죽음이었다.

그런데 묻었던 자리에서는 石彌勒이 출토했다는 이야기에서도 우리는 신라에서의 미륵신앙의 형태를 짐작할 수가 있다.

童子像과 관계는 없지만 竹旨郎의 출생과 二花嶺 石彌勒의 출현 說話에서도 그렇고 生義寺 石彌勒條[18] 景德王 忠談師條[19] 등에서도 彌勒을 經典上의 미륵으로 신앙함에 그치지 않았고, 신라사회, 신라의 땅으로 모여와서 같이 생활하고자 했던 것으로 볼 수 있다.

恩津 미륵으로 더 유명한 관촉사의 佛像은 고려시대의 佛像이다. 이 佛像이 조성되어지는 과정에서 살펴보았듯이 은진미륵은 땅속에서 출현될 때부터 童子와 관계가 있었다. 童子들의 소리가 나는 쪽으로 갔더니 커다란 돌이 땅에서 솟아 올라왔고 그 돌 3개를 맞추어 佛像을 완성하는데 慧明스님께 해답을 안겨준 것도 童子들이었다. 모래언덕을 쌓아올려서 불상을 연결해서 완성한 후 모래언덕을 없애버리는 동자들

18) 生義스님의 꿈에 한 스님이 나타나 그를 산으로 데리고 가서 풀을 묶어 줄을 해두고 자신이 그곳에 묻혀있으니 고개 위에 안장시켜 달라고 했다. 生義스님이 줄을 묶어서 표시해 둔 곳을 파보니 石彌勒이 출토되어 그를 三花嶺에 모셨다.

19) 충담사는 매년 3월 3일과 9월 9일에 三花嶺 미륵세존께 茶를 올렸다.

의 놀이를 통해서 지혜를 얻어 조성된 은진미륵은 현재도 은진미륵으로 알려져 있다.

끝으로 세조대왕이 피부병을 낫도록 목욕을 도와준 文殊童子는 조선시대 불교신앙 설화에서 가장 대표적이라고 할 수 있다. 文殊菩薩의 童子化現에 대해서는 前述한 文殊童子에서 기술한 바가 있기 때문에 생략한다. 다만 三國遺事에서 五台山의 眞如院에서 文殊大聖이 매일 아침 이른 새벽에 36形으로 변화한다고 되어 있는데 그 36形 변화내용에는 童子像은 나타나 있지 않다.

以上에서 童子像을 고찰해 보았는데, 세조가 만난 文殊童子와 据山祖師 梵日스님을 움직인 正趣보살(舍色童子)을 제외한 童子들은 彌勒信仰과 관계를 지니고 있었다.

이것은 곧 신라를 비롯해서 한국 고대 사회에 있어서의 미륵신앙의 위상을 짐작케 해주는 점이라고 사료되어진다.

彌勒菩薩은 현재는 도솔천에서 수행하고 있다가 이 세상에 下生하여 龍華樹아래서 成佛하고 3번의 說法으로 모든 衆生을 제도한다는 當來佛 즉, 未來佛이라고 알려져 있으며, 이러한 彌勒信仰은 印度에서부터 시작되었고, 佛教의 傳來와 함께 우리의 고대사회에서도 길이 받아들여졌다. 왕실에서부터 일반 백성에 이르기까지 미륵신앙은 깊이 심화되었다.

특히 신라에서는 화랑도에까지 미륵의 출현을 끌어들여서 통일의 염원을 성취하는 思想, 즉 理想實現의 원동력으로 수용하려 했고, 그의 모습은 童子로 표현했던 점과 花郎과의 관계에 주목되어진다.

童子像으로 표현되어진 彌勒보살의 化現은 신라에서는 國家的인

차원에서 미륵신앙을 받아들였다고 할 수 있으며, 일반 백성에게도 깊은 미륵신앙의 형태를 볼 수 있는데 이 같은 현상은 미륵신앙을 현실적으로 생활주변까지 끌어들인 신앙양태를 보이고 있다고 생각된다.

Ⅴ. 結言

以上의 資料들에 의하면 韓國佛教說話에서 童子를 내세우고 있음에 注目을 끌게 하고 있다. 대체로 說話의 內容은 끊임없는 修行을 通하여 得道의 경지에 이르고자 할 때 힘든 障碍를 받거나 아니면 國家的 위기, 또는 개인의 안위를 위협받을 때 그를 극복할 수 있는 희망과 용기를 주는 주인공이 童子로 등장하고 있음이 그렇다. 이러한 佛教說話에 나타나는 童子像은 文殊童子, 靑衣童子와 같이 佛典上의 童子像도 등장하지만, 그 밖의 美少年, 一郎, 娘子 등과 같이 新羅 특유의 少年像을 등장시켜서 佛典의 童子像과 對比해서 표현하고 있음도 흥미롭다. 왜냐면 이는 佛教의 土着化를 의미하는 것이라고 생각되기 때문이다. 그런데 이와 같은 童子像은 文殊菩薩의 化現이거나 아니면 彌勒菩薩의 化現이란 특징을 지니고 있었다. 그것은 보살의 本願力이 佛心 곧 童心이란 양식을 빌려서 顯現되어지는 것이라 믿어진다.

세조가 만났던 文殊童子의 경우는 排佛의 조선시대의 불교를 대표하는 한 事例이지만, 三國遺事에서의 신라시대 說話에 등장하는 童子는 正趣菩薩의 化現인 金色童子를 제외하면 彌勒의 化現이라는 점에 주목해야 한다.

그것은 國家的으로나 개인적으로 어려움을 극복하는데 항상 희망을 안겨주었던 신앙이 彌勒信仰이었고, 그러한 맥락에서 미륵보살의 화현인 童子像을 이해하게 된다. 그런데 신라시대의 불교설화의 주인공은 결국 佛典上의 童子像과 같이 보살의 化現을 의미하고 있으나 佛典上의 童子名을 쓰지 않고 美少年, 一郎, 娘子라는 표현을 하고 있는 특징을 지닌다.

이것은 少年 → 花郎 → 미륵이라고 하는 설화의 類形構造가 그를 잘 나타내고 있는데 이는 花郎으로 태어난 少年이 彌勒이었다고 하는 신라의 花郎思想이 불교설화의 토대를 이루고 있음을 의미한다.

僧 : 眞慈條의 설화가 그를 대표하는 것이라고 하겠으나 修行과정에 나타나는 童子像도 花郎의 修行정신과 무관하지 않은 것으로 생각되어, 불교의 弘布과정에서 형성된 신라시대 불교설화는 다른 한편 화랑정신의 弘布과정을 전하고 있는 것이라 믿어져 흥미를 끌게 한다. 龍華之徒가 여러 花郎徒 중에서도 두각을 나타내고 있었다는 사실이 그를 잘 일러주고 있기 때문이다.

賢治에게는 그 자신이 주최가 되어 자신이 처했던 현실에서 결실을 얻기 위해 일구월심으로 갈망해 온 이상적인 꿈이 있었다. 일본 동북지방의 낙후된 농촌에 유토피아를 건설해 보려는 그의 理想은 그가 숨을 거둘 때까지 그의 가슴에 남아있었던 이루지 못 한 이상적인 꿈으로 독자들은 이해하게 되었다.

童心

宮澤賢治 작품에 나타난 유토피아 考察

宮澤賢治는 故鄕 이와테(岩手)를 「イーハトブ」라는 이름의 유토피아건설을 위해 노력했다. 本 논문에서는 イーハトブ에 대한 語義와 그렇게 이름하게 된 유래에 대해서 고찰 해 보았고, 賢治자신이 イーハトブ 童話集이라고 지칭한 「注文이 많은 料理店」에 수록된 고풍스럽고, 지방색이 짙은 동화를 소개했다. 그리고 표제 동화 「注文이 많은 料理店」에 대한 고찰을 해 보고 "イーハトブ"의 근간을 이루는 구체적인 사상의 형성과정에 대해 고찰 정리해 보았다.

『중앙승가대논문집』 9집, 중앙승가대학교, 2000.

宮澤賢治 작품에 나타난 유토피아 考察

Ⅰ. 序言

사람들은 누구든지 人生의 計劃을 세우고 그 計劃 達成을 위하여 노력한다. 인생계획을 세우는 것을 人生觀의 수립이라 할 수 있다면, 목적 달성을 이루기 위한 하루하루 노력은 삶의 진솔한 모습의 蓄積이라고 생각한다. "짧고 굵게"라는 간단한 文章을 통해서 미야자와 겐지(宮澤賢治)라고 하는 한 人間과 人生의 全體를 觀察해 볼 수 있다고 생각되는 까닭은 賢治는 時代와 世代를 超越해서 관심의 대상으로 讀者의 곁에 있는 작가라고 생각하기 때문이다.

1896년 日本 東北地方의 이와테(岩手)縣, 하나마키(花卷)市에서 부유한 商人의 장남으로 출생해서 淨土 眞宗의 信者였던 부모를 따라 어렸을 때부터(10세) 佛敎 講習會 등의 佛敎行事에 참석했고, 鑛物과 植物, 昆蟲採集도 열중했으며, 열두 살 때 "머나 먼 친구에게 보낸다."와

"皇太子 殿下를 만나다"라는 작문을 썼고, 14세에 短歌를 지었다고 전해진다. 이렇게 記錄으로 전해오는 그의 어린 시절의 기록을 고찰해보면 "짧고 굵게"라는 그의 인생의 조짐을 연상시켜 주는 부분을 발견하게 된다. 그러나 무엇 보다도 중요한 부분은 어린 시절 佛教行事에 참석해서 信仰과 修行의 의식을 몸소 體驗했다는 점이다. 엘렌케이는 20세기를 어린이의 세기로 주창했고, 특히 요즈음 早期教育의 重要性을 인식하여 그 열성이 고조되고 있는데 그것은 그만큼의 중요성이 있기 때문일 것이다. 마찬가지로 미야자와겐지에게 있어서 早期教育이라고 할 수 있었던 佛教 講習會參加는 賢治가 그의 人性의 開發과 人生觀을 수립하는데 있어서 알게 모르게 영향을 받았음이 틀림이 없었을 것이라고 생각한다. 37세(1933년), 그는 童話「노송나무와 개 양개비」를 最終的인 수정작업을 완료하고, 자신의 부친께 日譯『妙法蓮花經』일천부를 인쇄해서 친구들에게 布施해 달라는 遺言을 남기고 그의 생을 마감했다.

37세의 짧은 인생이었으나 그가 남긴 인생의 흔적은 다양하게 평가받고 있다.

그의 일생업적을 평가해 본다면 다음과 같이 대별 해 볼 수 있겠다.

첫째, 그는 어린 시절부터 창작 생활을 꾸준하게 했다. 그러나 農林高等學校 首席入學이 그가 자신의 인생에 있어서 농촌 사회에 대한 관심을 가진 중요한 계기가 되었을 것이며 새로운 인생의 한 장을 펼치는 계기가 되지 안았을까 하는 의구심을 갖게 한다. 덴마크의 달가스, 구룬트비히같은 농촌지도자들이 유토피아건설의 기치를 내 걸고 理想鄕을 구축하려했던 農民運動家들의 꿈을 그는 이와테에서 이룩해 보려는 목적으로 농촌지도자의 모습을 보여주었던 점을 지적 할 수 있다. 그는 꾸준히 농민들에게 경작방법을 도우면서 벼농사 지도를 게을리 하지 않는 열정을 보여주었다. 그러면서 자신의 고향과 농촌을 유토피아로 만들려는 꿈과 정열을 끝까지 보여주었다. 이와테 高等學校에서는 "農民 藝術論"을 강의했다고 전해지는데 그 점 또한 그의 유토피아 실현을 위한 노력의 한 모습을 미루어 볼 수 있게된다.

둘째, 생존시 미야자와 겐지는 무명의 작가로 中央文壇과 긴밀한 교류가 없었을 뿐 아니라 작품이 널리 알려지지 않았다. 그가 세상을 떠난 후, 오히려 그의 작품이 알려졌고 폭 넓은 讀者層을 형성하게 되었으며 영어를 비롯해서 불어, 독어, 중국어, 에스페란토어, 힌디어 등의 번역본이 많이 출간되어 世界 各國에 그의 작품이 널리 알려지게 되었다. 이는 겐지 작품에 대한 새로운 평가였다고 볼 수 있다. 새로운 평가란 곧 작품성에 대한 가치를 의미한다고 생각되어 지는데 과연 그의 작품들은 독자에게 무엇을 전 하고 있는 것일까? 우메 하라 타케시는 그의 작품을 大正時代를 대표하는 작품으로 평가했다. 그만큼 그의 작품은 다양한 특성을 내포하고 있기 때문일까? 그래서 그의 작품을 이해하기 위한 입문서라고 할 수 있는 『동화사전』, 『시인사전』, 『동화 어휘사전』 등이 간행되어진 것이 아닐까 생각된다. 原子朗씨는 그를 시대를 초월한 사람[1] 이라 했는데 그것은 그의 內部에는 비시대적 인 요소가 많았기 때문이라고 지적했다. 그러한 비시대적 요소는 그의 文學作品에 잘 반영되어 있음은 사실이다. 農民藝術에 내포한 思想, 科學理論

1) 原 子朗, 「宮澤賢治のいる見取圖」, 『國文學』, 學燈社, 平成 4年, p.60.

을 기반으로 펼친 銀河에 대한 思考와 佛教思想에 입각해서 표출된 思考力의 표현이 일반적인 그것을 초월한다고 생각하기 때문이다. 그는 分析하고 論證해서 사람을 설득하는 형의 사람은 아니었다. 언제나 直觀하고 行動하는 스타일의 인간이었다. 그러한 연유였는지 모르지만 그는 評論은 쓰지 않았다고 전한다. 하여간 그의 작품은 다양한 소재와 다양한 내용을 포함하고 있다 해서 다양한 견해의 연구가 발표되고 있다. 原子郎씨의 지적처럼 비 시대적 요소, 그것이 미야자와 겐지 작품을 이해하는 키워드가 될 것으로 생각된다. 그에게서의 영원한 키워드는 바로 "꿈"과 "修羅"에 있는 것이 아닐까 하는 생각을 하게 되어 진다. 여기서 꿈이란 유토피아사상을 의미한다. 그는 자신의 고향 岩手를 Dreamland화하려는 꿈을 가졌다. 修羅는 賢治의 世界觀으로 필자는 이해하고 있는데 이에 대해서는 구체적 고찰이 필요하다.

셋째, "國主會"라는 日蓮宗의 在家信徒團體인 信仰團體에 加入(1921년 1월)해서, 街頭布教도 적극적으로 했고, 거기서 純正 日蓮主義 信仰에열성이었다. 그는 純正 日蓮主義 信仰이 가장 올바른 신앙으로 생각했다. 國柱會란 田中智學(1861～1939)의 국가주의적 日蓮主義의 표방으로부터 형성된 재가불교의 신앙단체로 田中智學의 선동에 많은 사람이 모여들었고, 賢治도 신앙에 몰입하게 되었다. 그는 國柱會에서 간행한 月刊 誌「毒鼓」에 수록된 기사에 심취했다. 高山樗牛의 철저한 日蓮主義의 창달에 진력했고 賢治는 그들의 활동에 깊은 감동을 받았다고 하는데 특히 그가 감동했던 부분은 大正 8年 발행된「毒鼓」에 수록된 記事였다. 그 내용은 "生活의 靈化", "産業의 靈化"를 목표로 해서「國柱 産業 株式會社」를 창립한다는 것 이였다. 그 결과 국주회에서는 여러 가지 종교적인 기업활동을 전개했는데 이러한 국주회의 변화된 새로운 宗教的 活動을 보고 그가 국주회에 입신하게 된 동기라고 鎌田東二氏는 지적한 바가 있다. 그래서 그는 종교인이 되는 것이 신앙의 참 모습이 아니며, 참 信仰이란 信者들 각자가 자신의 생업을 통 해서 포교하는 것임을 철저히 믿었던 것이 아니었을까 라는 생각도 해본다. 그는 국주회의 高知尾智耀氏로부터 "文學으로 大乘佛教의 眞理구현의 創作"을 권고 받게 되었고 그것으로 인해서, 『法華經』의 신앙생활이 그의 정신세계에 지대한 영향을 주었을 것으로 평가되고 있다. 또한 그의 문학세계에도 직접적인 영향을 주었음을 무시 할 수 없다고 생각한다. 그가 "법화문학"의 창달을 목적하고 창작을 했음은 그의 편지를 통해서도 잘 알려져 있다. 그의 작품의 상당량이 『법화경』을 소재로 쓰여 진 것으로 알려진다. 예를 들면 童話 『貝의 火』는 『安樂行品』을 image화 한 작품이며, 『ひかりの 素足』는 『如來 壽量 品』을 素材로 創作된 童話라고 알려졌고, 널리 읽혀지고 있음은 이미 잘 알려진 사실이다.

결국 미야자와 겐지의 작품을 이해하려면 먼저 그의 생존당시의 岩手의 자연환경에 대한 고찰이 필요하고, 더불어서 그의 독특했던 신앙과 생활을 깊이 관찰하지 않으면 안 된다고 생각된다. 왜냐면 그는 자신의 고향 岩手를 유토피아화 하려는 꿈을 갖고 dreamland로써의 岩手를 소재로 창작한 작품이 많기 때문이다. 또한 그의 신앙생활의 관찰이 필요한 이유는 그는 宇宙主義的인 법화주의자 라고 할 만큼 다분히 우주적이라고 할 수 있다. 그러나 국주회에서는 국수주의적 법화주의를 강조했었다. 그러므로 그는 국주회가 표방한 國粹主義的 法華主義와 자신의 宇宙主義的 法華主義와의 接點의가능성을 천착해 보려는 노력을 기울였을 것이라고 상상해 볼 수 가 있을 것 같다.

그 다음은 그의 農民指導에 대한 이념과 사상을 천착하면서 그의 작품에 묻혀있는 생각과 소리와 꿈을 찾는 것이 중요하다고 생각된다. 결국 그는 짧은 인생 이였으나 그의 信仰과 生活과 創作이 한 源泉에서 이루어 진 것이라고 생각된다. 그의 신앙과 생활과 창작에서의 공통분모를 설정한다면 필자는 "꿈"이라고 생각 해 보았다.

그리하여 본 논문에서는 그의 작품에서 꿈과 관계된 내용에 대해서 작품 중심으로 고찰 해 보고자 한다. 賢治에게 있어서 꿈은 修羅와 함께 중요한 부분을 점하고 있다고 생각하기 때문에 꿈에 대한 고찰은 그의 作品理解를 돕는 한 방법이라 생각하기 때문이다. 修羅는 그가 1924年 東京 關根書店에서 "心象 스케치" 『春과 修羅』를 자비 출판했다. 賢治文學의 영원한 key word "修羅"는 佛敎用語인데 왜 그는 이 용어를 선택사용 했을까 라는 의구심과 호기심을 갈게 한다. 그는 『봄과 수라』의 序에서 다음과 같이 쓰고 있다.

> わたくしといふ現像は
> 假定された有機交流傳燈の
> ひとつの青い照明です
> (あらゆる透明な幽靈の複合體)
> 風景やみんなといっょに
> せわしくせわしく明滅しながら
> いかにもたしかにもとりつづける

因果交流傳燈の

ひとつの青い照明です

(ひかりはたもち その電燈は失はれ)[2]

賢治文學의 원류는 꿈과 修羅에 있다고 한다. 위의 序詩에서 표현한 明滅意識은 그의 내면에 자리한 "修羅"라고 할 수밖에 없는 賢治고유의 原體驗[3]이라고 했다. "과연 그의 꿈과 修羅意識은 어떻게 정리 해 볼 수 있을까"라고 하는 의구심은 話頭처럼 전해지고 있다고 볼 수 있는데 필자도 그 話頭를 정리해 보고 싶었다. 다만 여기서는 그의 꿈의 空間인 「イ-ハトブ」에 대해시 고찰해 보러고 한다.

Ⅱ. イ-ハトブ 象徵作品

賢治에게는 그 자신이 주최가 되어 자신이 처했던 현실에서 결실을 얻기 위해 일구월심으로 갈망해 온 이상적인 꿈이 있었다. 일본 동북지방의 낙후된 농촌에 유토피아를 건설해 보려는 그의 理想은 그가 숨을

---

2) 『宮澤賢治 詩集』, 白鳳社, 1992年.(조명렬, 「宮澤賢治의 童話考」, 『中央僧伽大學 論文集』 4輯, 1995년, p.216~217 再 引用)
나라고 하는 현상은/ 가정된 유기교류전등의
한 푸른 조명입니다/ (모든 투명한 유령의 복합체)
모든 경치와 함께/ 깜박 깜박 명멸하면서
어떻든 확실하게 계속해서 돌아오는/ 인과 교류 전등의
한 푸른 조명입니다./ (빛은 남고 그 전등은 잊어라)

3) 萩原昌好, 『宮澤賢治 "修羅"への旅』, 朝文社, 東京, 1994年, p.197.

거둘 때까지 그의 가슴에 남아있었던 이루지 못 한 이상적인 꿈으로 독자들은 이해하게 되었다.「羅須地人協會」를 설립(大正 15年, 1926年, 30세)하여 인근의 농민들에게까지 농사짓는 법을 비롯해서 원예 기르는 법, 비료사용법 까지 실질적인 지도에 성심을 다 했다. 마을단위로 비료상담소를 설치해서 직접적인 상담에 헌신했다. 그가 태어나고 자란 일본의 동북지방은 긴 겨울동안 눈이 많고, 오로지 벼농사에만 의존했던 농촌이었을 것으로 짐작된다. 柳田國男氏의「雪國의 春」에서 일본 동북지방의 현상을 이해할 수 있고, 賢治가 유토피아 실현의 꿈을 펼쳐 볼 수 있는 지역이었음이 짐작된다. 柳田國男의 표현에 의하면 이와테는 깊은 눈 속에 파 무쳐진 벼농사를 신앙으로 살고 있는 常民들이 동북지방에 있다고 기술했고, 그것은 벼농사가 동북의 농민에게 지대한 영향을 미치고 있다는 것을 충분히 짐작하게 한다. 그러한 환경조건이 賢治에게 있어서 유토피아건설의 꿈을 조감 할 수 있도록 한 것이라고 생각된다.

그는 dreamland의 이름을 "イ-ハト-ブ"로 표현했다. 童話『주문이 많은 요리점』의 新刊 안내를 통해서 기술했는데 그것에 대한 견해와 해석은 다양하다. 그러한 견해와 해설을 먼저 정리를 한 후에 작품에 대해서 논 해 보기로 하겠다.

1. イーハトーブ의 語義

イ-ハトブ라고 하는 표현은 겐지 자신이 창작해서 사용한 그의 造語다. 그럼에도 그는 단일한 표기를 사용하지 않았다. 예를 들면

イエハトブ

イ-ハトボ

イ-ハトヴオ

イ-ハト-ヴ

등의 표기는 岩手(아와테)를 에스페란토어 풍의 발음에 의한 표기4)라고 한다.

宮澤賢治는 유토피아의 이름을 여러 가지로 표기했던 점은 에스페란토어의 풍의 音寫를 고려했었기 때문인지도 모른다.

그는 동화『주문이 많은 요리점』을「イ-ハトヴ」동화라고 명명했다. 그리고 신간안내서에서 그는 다음과 같이 설명하고 있다.

> "イ-ハト-ヴオは 一とつの地名である.(中略) 實に これは著者の 心象中に このやうな 狀況を以って 實在した ドリ-ム ランドとしての 日本 岩手縣である"5)

그러나 후세의 학자들은 그의 해석을 언급하면서 그의 유토피아에 대하여 다양한 시각으로 조명하고 있는데 그것을 정리하면 다음과 같다.

---

4) 新文藝讀本,『宮澤賢治』,河出西房新社, p.62.

5) "이하토보는 한 지명이다.(중략) 실제로 이는 저자의 심상속에 이러한 상황으로 실재했던 드림랜드로써 일본의 이와테현이다." 이는 그가 문장으로 남긴 유토피아에 대한 그의 설명이다.

"イ-ハトボウ는 地名으로서 日本 東北地方에 위치한 岩手(イ-ハテ)다"라고 하는 대전제 때문에 일반적으로는 정해진 한 지역이라는 관념을 가질 수 있다. 그러나 그 이면의 의미를 생각하지 않을 수 없다. 그는 한 지명을 단순한 지명으로 끝내지 않고 이렇게 말했기 때문이다. "그곳은 저자의 心象속에 實在하는 땅일 뿐이다." 결국 그의 유토피아는 "심중에 실재하는 땅"이라고 이해해야만 하는 二重的인 구조를 지니고 있다고 할 수 있다. 그런데 그의 그러한 복합적 구조는 어떻게 이해해야 할까? 모르긴 하지만 당시의 이와테현은 농업중심으로 생활을 했으나 자연환경은 실제로는 혜택을 받지 못한 땅이었는지도 모른다. 그렇기 때문에 그는 자신의 고향 이와테를 心象속에 실재하는 땅으로 유토피아화 시켜서 二重的인 風景묘사해 보려고 했었던 것이 아니었을까 한다.

宮澤賢治의 유토피아의 이름에 대해서 가장 먼저 정리된 설 イ-ハト-ブ는 創作된 에스페란토 風의 岩手縣의 異稱[6]임을 小倉豊文氏도 언급한바가 있다. 그런가하면 伊東守男氏는 イ-ハト-ブ는 岩手縣이 아니란 주장을 한 바 있다. 'イ-ハト-ブ' 는 '死를 향한 존재로서의 우리 어른들의 세계' 라 하고 그 죽음을 性과 연결해서 해설하려고 했는데 그 설은 설득력이 없었다. 왜냐면 賢治의 작품 동화를 그렇게 해석한다면 어린이독자에게는 쉽게 어필 할 수 없기 때문에서 였을 것으로 필자는 생각한다.

東光敬氏는 『宮澤賢治의 生涯와 作品』에서(昭和 24年, 白樺苑 刊行)

6) 佐藤泰正編, 「宮澤賢治 詩人事典」, 『宮澤賢治 必携』 80年 春季号, 學燈社, 昭和55年, p.64.

'イ-ハトブ' 는 宮澤賢治 內面의 鄕土와 法華經과의 만남을 드림랜드로 정하고 실재의 땅으로는 岩手縣을 설정 한 것으로 해석하고 있는데 이는 상당한 설득력이 있기는 하지만 정확한 개념의 해석과 정리는 아직도 과제로 남아있다.

그러면 과연 イ-ハトブ는 무엇인가?

賢治는 유토피아 건설과 實現의 땅으로 實在하는 故鄕 岩手로 정하지 않을 수 없었을 것이다. 당시의 이와테는 農業을 中心으로하는 農本主義的인 사회였기 때문에 그는 먼저 이와테라 고 하는 땅에서부터 유토피아건실의 實現을 꿈꾸었을 것이다. 이와테는 'イ-ハトブ' 의 精神, 卽 유토피아의 성격이 되는 思想, 'イ-ハトブ' 的 思想이 깃든 유토피아를 실현 해 보려고 했던 그의 노력이 작품 속에 남아서 전하기 때문에 'イ-ハトブ' 에 대하여 많은 학자들이 언급하고 있는 것이다. 高橋徹氏는 'イ-ハトブ' 는 農本主義的 世界像의 표현으로 해석한 바 있으나 그의 설의 의미는 단순히 岩手縣=イ-ハトブ라고 생각할 수 있기 때문에 유토피아의 올바른 정의라고는 생각되지 않는다. 原子郞編의 『童話語彙辭典』[7] 에 의하면 恩田逸夫氏는 イ-ハテ(이와테)의 'テ' 를 에스페란토風의 'ト' 로 바꾸었고 거기다가 다시 獨逸語의 장소를 의미하는 'ヴオ' 를 붙인 것으로 추정했다. 그래서 イ-ハトヴ에 대한 표기를 賢治자신도 多樣하게 표현했다고 하는데 그가 사용한 表記는 다음과 같다.

イ-ハトブ → イエハトブ → イ-ハヴ → イ-ハトヴオ[8] 등으로 표기

7) 原子郞編, 「賢治童話語彙辭典」, 『國文學』 弟27卷 3號, 學燈社, 昭和 57年, p.140.

8) 註6), p.64.

했음을 밝혔다. 어쩌튼 이의 표기는 일곱 종류 였다는 설도 있다. 그렇게 표기가 다양하기 때문에 選擇使用하기가 不便하기도 했다. 그래서 필자는 イ-ハトブ로 統一하여 使用하기로한다.

賢治는 童話『注文이 많은 料理店』을 イ-ハトブ 作品이라고 이름을 붙였다. 그밖에도 그의 童話에서 「ポラ-ノの廣場」과 「グスコ-プドリの傳說」은 イ-ハトブ를 背景으로 한 童話라고 전한다.

결국 賢治가 主唱한 유토피아 'イ-ハトブ' 는 假空된 空想世界가 아니라 그의 魂에서 창조되어진 世界이며, 그곳은 現實보다도 높은 곳에 實在하는 것으로 理解하게 되어 지는데 그 이유는 그의 作品속에 나타나는 Image를 통해서 알 수 있으므로, 실제로 그의 作品을 紹介한 후에 그의 유토피아적인 思想을 整理해 보겠다.

2. イ-ハトブ를 背景으로 한 作品

賢治는 그의 작품을 통해서 새로운 단어를 많이 만들었다. 결국 'イ-ハトブ' 는 단어도 그가 만든 造語였다. 그는 大正 12年 'イ-ハトブ' 라는 새로운 단어를 만들어서 그의 詩「イ-ハトブの 氷霧」란 이름으로 발표했다. 그 후로부터 'イ-ハトブ' 는 賢治의 꿈의 세계, 유토피아, 드림랜드로 알려졌다.

岩手山의 산록에는 아직도 그의 작품에 나타난 인상깊은 이름을 갖고있는 장소가 그대로 남아 있다고 한다. 특히 'イ-ハトブ' 童話라고 이름했던 동화집『注文이 많은 料理店』은 'イ-ハトブ' 작품이라고 그 자신이 명명했음과 같이 그 동화집에는 실제로 이와테山을 중심으로 한 장소들이 그대로 표현된 곳도 많다. 예를 들면 狼森(おいのもり), 森(ざるもり), 盜森(ぬすともり) 등이다. 그 작품집에 수록된 작품에서 古風的 이면서도 鄕土色과 地方色이 강하며 또한 賢治자신이 イ-ハトブ童話라고 명명한 동화 『注文이 많은 料理店』에 수록된 동화이며 賢治自身이 "고풍스럽고 형식과 지방색을 지닌 동화"라고 소개한 그 동화9편의 目次를 먼저 소개하고 그 내용을 간추려 보기로 하겠다.

1)「どんぐりと山猫(やまねこ)」

2)「おいのもり(狼森),ざるもり(笊森),と盜森(ぬすともり)」

3)「からす(烏)の ほくと(北斗)しちせい(七星)」

4)「ちゆもん(注文)の多い りょうりてん(料理店)」

5)「すいせんづき(水仙月)のよっか(四日)」

6)「やみゃおとこ(山男)の 四月(四ぐわつ)」

7)「かしはばやしの よ(夜)」

8)「つきよ(月夜)の でしんばしら」

9)「しかおど(鹿踊)りの はじまり」

위에서 소개한 동화의 Story를 요약해서 정리해 보고자 하는데 그 까닭은 동화의 내용을 통해서 イ-ハトブ의 표현을 상상해 볼 수 있다고 생각하기 때문이다.

1)『どんぐりと やまねこ(도토리와 들고양이)』

이 작품은『法華經』의「常不輕 菩薩品」을 소재로 창작되어진 작품으로 잘 알려진 동화며, 자연묘사에도 탁월하고 신선함이 곁들어있는 작품으로 알려졌다.

내용을 간추려보면 다음과 같다.

> "어느 토요일 석양 무렵에 카네타 일랑(一郎)에게 한 통의 엽서가 왔다. 엽서내용은 다음과 같다.
>
> "카네타 一郎氏 9월 19일
> 당신 기분 좋은 것 같아서 좋습니다.
> 내일, 이상한 재판을 할 예정이니까 오세요,
> 무기는 가지고 오지 마세요.
> 들고양이 절"9)
>
> 發信者는 들고양이 였었다. 葉書 끝부분에 들고양이 절 (山猫 拜)이라고 쓰여 있었다.
>
> 다음날 아침 들고양이로부터 葉書를 받은 少年 一郎은 집을 나와서 들고양이를 찾아서 산 깊숙한 곳까지 갔다. 산 속을 찾아다닌 끝에 비자나무숲을 지났을 때 마부를 거느린 커다란 들고양이를 만났다.
>
> 들고양이는 위엄을 갖추고 재판을 열고 세상에서 가장 훌륭한 것이 무엇인가에 대해서 판정하려고 한다. 일랑은 그 재판장에 초대를 받은

9) かねた一郎さま 9月 19日 あなたは ごきげんよりょしいほで, げっこです. あした, めんどなさいばんしますから, おいでんなさい. とびどぐもたないでください. ねこ拜.

것이다. 들고양이는 위엄을 갖추고 근엄한 표정으로 재판장 자리에 앉자 있다가 一郎을 향하여 "이 세상에서 가장 훌륭한 것은 무엇입니까?" 하고 묻는다.

일랑은 답한다.

"가장 어리석고, 제멋대로고, 어쩌면 좀 모자란 것 같은 이가 제일 훌륭하다"[10] 라고 말 해주니 들고양이는 지금까지 고심했던 번잡하고 성가셨던 재판을 순식간에 해결하게 되었다. 고통스럽던 문제가 해결된 것을 들고양이는 매우 기뻐했다. 그래서 들고양이는 일랑에게 감사의 예로 황금도토리를 주있다. 황금도토리를 받은 일랑은 그것을 집으로 가지고 돌아왔다. 그런데 일랑이 집에 도착하니 황금도토리는 보통도토리로 변해버렸다. 그를 데려다 준 들고양이도 마차도 모두 없어져버렸다.

그 후 들고양이로부터 소식은 전혀 없었다."

이 작품은 『주문이 많은 요리점』과 동일한 점을 지니고 있다고 보는 견해도 있다. 그것은 시각의 구조에 대한 것으로 사람이 들고양이에게로 향한 시각이 아니고 그 반대의 시각, 즉 들고양이 측에서 인간으로 향한 시각에서부터 시작된 작품이라 한다.

賢治의 동화에서는 이렇게 인간과 동물과의 관계를 주제로 한 작품이 많다. 그의 동물이야기는 이솝 동화의 교훈적이고 단편적인 의미를 뛰어 넘었다고 할만큼 광대하다. 일반적으로 알려진 이솝 동물우화에

---

10) "いちばん ばがで, めちやくちやで, まるでなっていないようなのが いちばんえらい"

서는 동물중심으로 표현되는 몇 가지 일정형식처럼 정해진 패턴이 있다. 대체로 등장하는 동물의 몸이 크면 지혜가 모자람의 상징이고, 몸이 작은 동물의 등장을 통해서는 비록 몸은 작지만 지혜가 뛰어나 결국 몸이 큰 동물은 몸이 작은 동물에 지고 만다는 모티브로 구성된 교훈적이고 도덕적인 내용이라고 전한다. 그러나 賢治는 이솝 우화적인 모티브를 탈피했을 뿐 아니라 오히려 시각적인 언어묘사는 물론이고 적절한 擬聲語, 擬態語를 절묘하게 선택사용 했는데 그 언어들이 음악적이어서 賢治동화는 구연하기도 쉽다고 한다. 그래서 日本 國語 教科書에는 그의 작품이 빠짐없이 수록되기도 한다.

"도토리와 들고양이"는 동물과 인간의 교류를 소재로 한 동물우화, 혹은 동물이야기라고 한다. 그의 동화구성의 특징을 대체로 단순하고 명쾌함이 있다. 문체가 미려하고 표현이 은유적이지만 작품 속에서 이상세계를 갈망하는 소망과, 생에 대한 외경과 환희, 현실의 고통과 부조리에 대한 슬픔과 분노의 이성적인 감정을 엮어서 신랄한 풍자를 하고 있음이 賢治作品이 지닌 특징이다.

2)「おいのもり(狼森), ざるもり(笊森)と 盜森(ぬすともり」

향토의 전승에 깊이 뿌리내린 작품으로서 높은 평가를 얻고 있는 작품이다. 동화 Story는 다음과 같다.

"어느 큰 바위로부터 들었다고 하는 숲의 이름에 대한 유래다. 옛날 한 숲이 만들어 졌을 때, 그 숲에는 이름이 없었다. 그때 농민들이 찾아와서 그 숲으로부터 허락을 받아 거기서 살기로 했다. 그런데 곡식을 거두는 가을이 되면 매년, 어린이 혹은 농기구, 밤 등이 차례로 없어졌다. 그것들이 없어지는 까닭은 그 숲 속에 살고 있는 늑대, 산사나이[11]와 盜森의 행위였음을 알게 된다."

이 작품은 한 마디로 地名 由來譚 이라고도 할 수 있다. 이 작품에 대하여 水野葉舟氏는 賢治童話는 岩手 各郡에 전해오는 옛이야기들과 똑 같고, 同一한 地色을 나타내고 있음에 주목한 바가 있다. 그리고 賢治 作品에는 民話的 題材에 의해서 쓰여 진 一連의 작품 중에서 이 작품이 民話的 色彩가 가장 짙은 佳作이라고 평한 바가 있다.

3) 「からす(烏)の ほくと(北斗)しちせい(七星)」

"からす砲 艦長 大尉는 山烏추격을 명령받고 죽음을 각오한다. 아름다운 砲艦과 이별을 고했다. 出戰 전 날 밤이었다. 잠을 이루지 못하는 대위는, 적 山烏를 발견, 멋지게 넘어뜨리고 소령으로 승진하지만, 마음속으로는 미워 할 수 없는 적을 죽이지 않고 사는 세계가 되도록 별에게 빈다."

이 작품은 전쟁을 소재로 한 것으로 이해된다. 그러나 이 작품은 실패작으로 평가받기도 했다. 왜냐면 이 작품에는 淨齋되지 않은 관념이

11) 原典에서는 山男이라고 표현하고 있다. 그 의미는 단순히 산에 살고 있는 사나이라고 한다. 그러나 일본 옛 이야기에 나타나는 山男의 의미는 산중 깊숙한 곳에 살고 있는 남자괴물을 말한다. 또 다른 표현은 やまうば 도 있다.

그대로 표현되어졌고, 작품으로서 血肉化되어있지못했기 때문이라고 한다, 특히 鳥 大尉의 祈禱를 통해서 표현된 언어는 2次 大戰 下에서는 '죽음', '전쟁', '사랑' 이란 문제에 대해서 가장 아름다운 Humanistic한 사고방식으로서 學徒兵의 마음을 사로잡기도 했지만, 戰後의 사정은 "미워 할 수 없는 적과 싸우도록 하는 힘과 싸우지 않고, 이기는 것이 좋을지 지는 것이 좋을지 알 수 없는 전쟁을 한다. 이 判斷 中止的인 思考는 賢治와 같은 Humanist는 수긍하기 어렵다고 佐佐木八郎氏는 지적했다.

4)「ちゆもん(注文)の多い りょうりてん(料理店)」

大正 13年 東京 光原社에서 初版 1000部 刊行했으나, 일반인에게는 거의 알려지지 않았지만, 그러나 이 작품은 그의 生前에 이미 소수의 몇 사람으로부터 높은 평가를 받았다고 한다.

그의 작품을 최초로 인정한 사람은 草野心平이라고 알려졌는데 그는 『주문이 많은 요리점』은 "일본 童話界에 전혀 다른 새로운 바람을 일으켰다."고 찬탄했다 한다. 賢治 死後 곧 이어서 水野葉舟氏「宮澤賢治氏の 童話に ついて」(『宮澤賢治研究』 十字屋書店, 昭和 14年)에서 다음과 같이 말했다.

"본 동화집의 특징을 '향토의 흐름', '전승되어 오는 이야기를 바탕으로 해서 생긴 요소' 를 발탁한 이래 현재까지 본 동화집의 기본성격은 향토색이라고 평가함이 定說化 되었다. 단지 나는 이 향토색을 작자 자신의 계획에는 없었고, 아마도 무의식적인 것이었다고 보지만, 본 동

화집을 イ-ハトブ 동화라고 명명해서 작가 자신 간행한 시의 廣告 속에 그 의식을 故鄕 岩手의 지방색과 연결하고 있는 점에서도 나타난 것처럼 자신이 명확히 의도한 鄕土주의적 입장이기도 하다."

는 설을 전개해서 그를 향토주의 적인 입장에서 이해했다. 이렇게 鄕土主義 的입장에서 土着的인 近代詩人으로서 賢治 像을 그린 境忠一은 『詩와 故鄕』에서 다음과 같이 언급 한 적이 있다.

'イ-ハトブ'는 '岩手인 동시에 그의 心象宇宙를 表象하는名辭', '현실을 理想에연결히려고하는 觀念의 세계'이며, '향토에 밀착한 賢治의 향토를 超越하려고하는 意志'로부터 만들어진 것이라고 규정하고 있다.

또한 小澤俊郎氏는 『宮澤賢治의 童話世界』12)에서

'イ-ハトブ' 童話集으로서 『주문이 많은 요리점』은 향토주의 연장상에서 다음의 농민예술론을 상정하는 평가도 된다. 단순히 향토색만을 목적하는 것이 아니고 자신의 숙명으로서의 향토를 'イ-ハトブ'라고 하는 새로운 단어를 만들어 가치를 인정하고, 극복하려는 노력에서 성립되는 향토주의이다.

12) 水野葉舟, 境忠一, 小澤俊郎諸氏의 說은 『宮澤賢治 童話辭典』을 재인용 했음.

동화『주문이 많은 요리점』은 賢治 자신이 'イ-ハトブ' 동화라 명명했기 때문에 'イ-ハトブ' 라는 新 造語의 개념과 관념의 실상을 파악하려는 견해가 다양해 질 수밖에 없다는 생각을 하게 된다. 왜냐면 賢治가 만든 新 造語의 개념을 파악하고 이해를 하지 않으면 작가의 사상은 물론 그가 만든 신 造語의 세계를 쉽게 이해 할 수가 없기 때문이다.

그러므로 賢治가 만든 신 造語의 세계를 지리적으로는 岩手라고 하면서도 그것으로 그치지 못한다. 그의 심상의 세계, 또는 내면의 세계에 구축되어진 유토피아를 찾게 된다.

그의 드림랜드, 즉 유토피아는 그의 고향, 척박한 농촌인 岩手의땅 위에다가 건설해보려는 이상이 있었으므로 고향주의, 향토주의를 논하고 있으나 단순히 고향이라는 지리적인 조건이 그것을 이룰 수는 없다고 생각한다.

왜냐면 賢治는 心象의 세계를 항상 관찰하고 응시해서 그것을 사물과 연결해서 표현하고 구체화시키는 작업을(心象 스케치) 통해서 상담도 했고, 동화를 써서 독자를 만났기 때문이다.

童話『注文이 많은 料理店』의 Story를 소개하면 다음과 같다.

> 도시의 젊은 두 신사가 사냥개 두 마리를 끌고 산 깊숙한 곳으로 사냥을 갔다. 깊숙한 곳 까지 갔으나 그 산 속에는 아무것도 보이지 않았다. 그들과 같이 온 전문 사냥꾼들도 망설이다가 돌아갔다, 산새가 험악해서 사냥개들도 현기증을 일으키더니 죽어버렸다. 두 신사도 돌아가

기로 결정했다. 그러나 막상 방향을 몰라서 어느 쪽으로 발길을 돌려야 할지 감각이 없었다. 배는 몹시 고팠다. 그때 그들 앞에 서양식 건물이 나타났고 그 현관에 '서양식 요리점, 들고양이 가게' 라는 팻말이 보였다. 두 신사는 그 레스토랑이란 간판을 보고 그곳에 가서 식사를 하기로 했다. 현관문을 열고 들어갔더니 황금빛 문자가 쓰여 있었다.

"어느 분이든지 들어오십시오. 결코 사양하지 않습니다." 두 신사는 다시 문을 열고 들어가니 복도가 나왔다. 거기에도 황금빛 문자가 쓰여 있었다.

"특이 뚱뚱한 분이나 젊은 분은 두 손 들고 환영 합니다" 두 신사는 계속 걸어갔습니다.

거기에는 물빛페인트 문이 있었고 그 문 위에는 "저희 집은 주문이 많은 요리점이니까 부디 양해해 주십시오."라고 쓰여 있었다.

두 신사는 요리솜씨가 훌륭해서 주문이 많은가 보다고 생각하면서 계속 걸었다. 또 문이 있어서 문을 열었더니, "주문이 상당히 많지만, 부디 화내지 마시고 참으시기 바랍니다." 고 쓰여 있었다. 신사들은 주문이 너무 많아서 준비하는데 시간이 걸린다는 뜻으로 생각했다. 계속해서 안으로 들어갔다.

또 문이 나타났고, 그 문 옆에 거울이 있고 빗이 걸려있었다. 이번에는 빨간색으로 "손님여러분, 여기서 단정하게 머리를 빗고, 신발에 묻은 흙도 털어 주십시오."라고 쓰여 있었다.

신사들은 그렇게 했다. 안에는 또 문이 있고 거기에는 받침대가 있고, "사냥총과 탄환은 여기에 놓아 주 십 시요"라고 쓰여 있었다.

다음에는 검은 문에 "부디, 모자와 외투, 신발을 벗으십시오." 했고 그 다음 문에 "넥타이핀, 커프스 버튼, 안경, 지갑, 기타 금속류, 특히 날카로운 물건들은 모두 여기에 놓아두십시오."라고 쓰여 있고 거기엔 금고가 있었다. 신사들은 아마 전기로 요리를 하는가보다고 생각하면서 앞으로 나아갔다.

거기에는 유리항아리가 이었고, "항아리 안에 들어있는 크림을 얼굴과 손발에 빈틈없이 발라주세요" 라고 쓰여 있으며 그 항아리에는 우유로 된 크림이 들어있었다.

크림을 바르고 서둘러 문을 열었더니, 이번엔 "크림을 바르셨나요? 귀까지 잘 바르셨나요?" 두 신사는 세심하게 신경을 써준다고 믿었다.

또 문이 있는데 거기에는 "요리는 곧 완성됩니다. 15분까지 기다릴 필요도 없이 즉시 드실 수가 있습니다. 지금 곧 병 속에 있는 향수를 머리에 잘 뿌려주십시오" 향수에서는 식초냄새가 났다.

두 사람은 문을 열고 안으로 들어갔다. 그 안쪽에는 "주문이 너무 많아서 귀찮으셨죠? 미안합니다. 더 이상 주문은 없습니다. 이제 항아리 안에 있는 소금을 온 몸에 듬뿍 바르고 잘 문질러 주십시오." 두 신사는 아무래도 이상하다는 느낌이 들어 바들바들 떨기 시작했습니다.

안쪽에 커다란 열쇠 구멍과 함께 은빛 포크와 나이프모양으로 구멍이 뚫려있는 문이 있고 거기에는 "지금까지 수고가 많으셨습니다. 그럼 어서 안으로 들어오십시오."라고 쓰여 있고 그 열쇠구멍 안에서는 두 개의 파란 눈알이 두리번거리며 신사들이 있는 쪽을 바라보고 있었다.

두 신사는 눈물을 흘리면서 바들바들 떨고 있는데 안에서는 "어서 들어오세요. 냅킨을 두른 두목께서 나이프를 들고 입맛을 다시면서 손님여러분을 기다리고 있습니다."

어느 순간 집은 연기처럼 사라지고 두 사람은 풀 속에 서서 추위에 떨고 있는 자신들을 발견했다. 옷과 신발, 지갑, 넥타이핀은 나뭇가지에 걸려있거나 흩어져있었다.

두 신사는 사냥꾼이 가져온 경단을 먹고 동경으로 돌아왔다.

이상에서 『주문이 많은 요리점』의 Story를 조금 상세하게 기술해 보았다. 왜냐면 이 동화에 대해서 다음에 더 구체적인 고찰을 해 보기 위해서다. 다음은 水仙 月의 4日에 대하여 기술해 보려고 한다.

5)「すいせんづき(水仙月)のよっか(四日)」

빨간 담요를 두른 한 어린이가 'カリメラ'를 생각하면서 눈 쌓인 언덕을 지나서 집으로 급히 돌아오고 있었다. 그때 그 어린이의 눈에는 보이지 않았으나 雪童子가 겨우살이 나뭇가지를 잘라서 들고 그 어린이를 향해서 때리고 있었다. 조금 후 서쪽으로부터 눈 할머니(원문에서는 雪婆 んご라고 표현되었는데 필자는 눈 할머니라고 표현했음) 가 雪童子들을 데리고 와서 "수선의 달 4일이다. 한 두 사람 쓰러져도 좋다." 라면서 어린이도 관계없이 강한 雪風이 휘몰아치도록 했다. 그러나 처음 등장한 雪童子는 눈 할머니를 속이고 어린이가 얼지 못 하도록 두터운 눈 담요를 걸치고 재웠다. 눈이 무섭게 몰아친 밤이 지나고 아침이 밝아졌다. 雪童子는 눈 속에서 단아한 모습으로 빨간 담요를 걸치고 나타나서 아버지의 곁으로 다가간다.

이 동화는 賢治 童話『雪渡り』, 『やまなし』와 함께 賢治文學의 최고걸작이라고 알려져 있으나 이 동화에 대한 연구는 활성화되어 있지 못한 편이다. 그러나 賢治의 모든 문학작품 중에서 눈(雪)을 묘사한 작품으로 최고의 문장으로 묘사된 작품이라고 인정받기도 한다. 이 작품은 어린이와 雪婆 んご, 雪狼, 雪童子와의 이야기라고 할 수 있다. 즉 이 동화는 어린이와 자연과의 만남과 대화라고 할 수 있다. 어린이가 의인화된 자연과 만나고 대화하는 자연 친화적인 내용의 동화라고 알려져 있다. 일본 동북지방에 머지않아서 봄이 찾아 올 때쯤의 계절에 눈 쌓인 풍경을 소재로 雪中花인 水仙을 통해서 계절을 표현함과 동시에 주제에 걸맞게 눈 속에 전개되어지는 어린이와 雪童子와의 따뜻한 대화가 雪中花인 水仙을 의미하고 있다고 생각한다.

6) 「やみゃおとこ(山男) の四月(四ぐわつ)」

> 양지에서 자고 있던 山男의 白日夢이라고 할 수 있다.
>
> 山男은 꿈속에서 자신이 장작이 되어 거리로 나간다. 중국 상인들의 속임에 빠져서 六神丸으로 변한다. 이미 六神丸이 되었던 중국인의 가르침으로 원래의 모습으로 돌아온다. 山男이 중국인의 진영으로 잡혀 갈 때 그는 잠에서 깨어났다.

여기서 山男은 やまおとこ로 산 속에서 살고 있는 사람을 뜻하지만 그 내면의 의미는 선량하고 순박한 인간상을 표현하고 있다. 추운 겨울이 지나고 四月의 따뜻한 햇볕이 드리운 산 속의 양지바른 곳에서 낮

잠을 자던 山男이 봄꿈을 꾼 것이다. 이 동화에 대하여

> 몇 개의 山男이야기 중에서 그의 이미지 표현이 잘 된 작품으로 인정받고 있다. 또 이 동화는 やまおとこ의 일본적 전승을 잘 이어오면서 善良의 표현이 충분했으며 やまおとこ로서 더욱 신비한 독자적인 山男像을 자유롭게 창조했다. 또한 이 작품 속에는 山과 교감한 賢治의 경험과 異空間을 상정하는 인식의 입장이 내포되어 있음에 주목해야 한다.13)

고 전한다.

7) 「かしはばやしの よ(夜)」

해 질 무렵 밭에서 일을 마친 주인공 淸作은 떡갈나무 숲 옆에서 빨간 모자를 쓴 화가를 만난다. 그 화가는 淸作에게 시비를 하듯 말을 건넨다. 결국 그는 화가의 유혹에 빠졌고 淸作은 화가를 따라서 숲으로 간다. 그는 농부로 살면서 생활을 위해 숲속의 나무 98그루를 베어낸 경험이 있었다. 숲에 들어온 淸作을 본 떡갈나무 대왕은 "前科 98犯이다."며 소리친다. 숲 속의 모든 나무들이 그 농부를 환영하지 않고 싫어했다. 숲 속의 여름 축제 제3의 밤의 축제행사가 시작되었다. 그 순서는 떡갈나무들이 달을 찬양하는 노래를 부른다. 그러자 연분홍의 옛 옷을

13) 이 설은 入澤康夫 등의 對談錄과 益田勝實 "賢治童話と民話", 「宮澤賢治 童話の世界」, すばる書房, 昭和 51年의 설을 재인용 하였음.

걸쳤다가 이윽고 물빛으로 단장한 달이 떠올라 축제의 중심자리에 앉자 축제가 시작되었다. 흥겨운 음악회가 계속되고 숲 속의 모든 일원은 동심으로 돌아갔다. 기분이 나쁜 清作만 조용히 있을 뿐이다. 나무들은 清作이 포도주를 실패했던 이야기를 노래로 만들어 부르면서 그를 조롱했다. 올빼미들까지 가세해서 그를 조롱했다. 결국 숲 속의 전원은 분위기를 바꾸어 노래하고 춤추었다. "달님, 달님, 둥근 달님. 별님, 별님, 빤짝, 빤짝, 별님." 하는 리듬에 맞춰서 달도 별도 나무도 올빼미도 모든 지상의 생물까지 모두가 하나가된 축제의 절정이었다. 이렇게 여름축제 제3의 밤은 달빛아래서 만물이 조화된 하나의 세계를 이루었다. 그러나 그때 떡갈나무 왕이 "비야 주룩 주룩 내려, 바람은 싱싱 불어" 하면서 비와 바람 행진곡을 노래했다. 그 후 정말로 서리가 내리고 달님의 모습도 사라졌고, 숲 속의 축제는 끝났다. 清作이 숲을 나왔을 때 멀리서 화가의 고함소리가 어렴풋이 들려왔다.

이상에서 동화의 Story를 간추려 보았는데 이 동화는 擬人化의 절정을 이루고 있다고 평가 할 수 있다. 농사꾼인 清作에 비해 도회풍의 화가를 등장시킨 대비도 구조적인 특징으로 이해 할 수 있다.

賢治의 작품은 이해하기 어려운 점이 많다. 그 자신이 사용한 언어때문이다. 그는 일본 동북지방의 사투리를 곧 잘 사용했고, 또한 자신이 만든 새로운 조어를 즐겨 사용했기 때문이기도 하다. 그런데 이 「かしはばやしの夜」는 우리말로 '떡갈나무 숲의 밤' 이라고 표현된다. 그런데 사전에 의하면 떡갈나무는 かし, 또는 かしわ로 수록되어있다. かしは는 찾아 볼 수 없었다. 賢治는 스스로 柏林으로 표기도 했지만 柏을 우리나라 에서는 잣백, 혹은 추나무 백으로 통하는데 일본은 이를 かしわ라 해서 떡갈나무라고 한다. 그런데 かしは는 岩手의 방언이거나 아니면 끝부분의 わ를 は로 표현한 것이 아닌가 생각한다. 북해도 연안지대에는 砂丘에 구성된 二次林으로서 柏樹의 純林이 현존한다고 한다. 그것이 곧 柏林일 것이다.

특히 이 동화는 마텔링크의 동화극 『青い 鳥』의 3막 5장의 '森'에서 힌트를 얻어서 창작했다고 알려져 있는 작품이다. 주인공 치르치르와 미치르는 만물의 비밀과 행복의 비밀인 파랑새를 찾기 위해서 숲을 찾아온다. 희망의 파랑새는 숲의 長老인 떡갈나무 대왕의 어깨 위에 머물고 있었다. 치르치르의 아버지는 나무꾼이었다. 치르치르가 숲으로 가면 갈수록 그 아버지에게 잘린 나무의 정령들과 인간에게 살해된 동물의 한에 맺힌 정령들이 단결해서 치르치르를 포위하고 파랑새를 돌려줄 수 없다고 한다. 결국 마텔링크는 이 동화극을 통해서 인간은 생물을 희생시켜 살고 있으므로 타 생물들로부터 적대감을 갖게 했다. 그래서 인간은 만물의 조화세계에 들어 갈 수 없다. 그런 인간에게 있어 숲 속은 무서운 일종의 투쟁의 세계가 되고 있음을 시사한다.

8) 「つきよ(月夜)の でしんばしら」

어느 날 밤, 恭一이는 철길을 따라서 걷고 있었다. 그때 신호가 떨어진 것을 신호 옆에 있던 전신주가 그것을 발견하고 훌륭한 군가를 부르면서 일제히 전진을 시작했다. 전기 담장자로 거만하게 굴었던 노인이 구령한다. 마치 이럴 때 이런 사건이 일어났으나, 기차가 들어왔을

> 때에는 모두가 원래의 모습으로 돌아왔다.

이 동화에 대한 구체적인 연구는 별로 없는 편이다. 다만 佐藤さとる,『フアンタジ-童話 傑作』選1(解說, 講談社 文庫, 昭和 54年)에 의해서 팬터지 동화로서 훌륭함을 언급했던 사실이 있다.

9)「しかおど(鹿踊)りの はじまり」

해 질 무렵 초원에서 嘉十이 바람에게서 들었던 이야기다. 그 내용은 사슴 춤의 유래에 대한 내용의 동화라고 할 수 있다.

> 어느 날 嘉十이 아픈 무릅을 치료해 보려고 온천을 향해서 가던 도중이었다. 갑자기 6마리의 사슴이 그 앞에 나타났다. 嘉十은 울창한 억새풀 속에 몸을 숨기고 사슴들의 모습을 지켜보고 있었다. 그러나 갑자기 몸을 숨기면서 그는 수건을 그 자리에 떨어뜨렸다. 사슴들은 그의 수건을 보고 이야기를 하고 있었다. 그런데 사슴들의 이야기 내용이 갑자기 嘉十의 귀에 들려오는 것이었다. 사슴들은 모여서 떡 한 개를 나누어서 먹더니 오리나무에 걸친 붉고 커다란 서쪽의 해를 향해서 정중하게 절을 올리고 나서 차례로 피리 소리같은 음성으로 노래하기 시작했다. 흥겨운 노래와 춤이 어우러져서 분위기가 최고조에 이르렀을 때 嘉十은 자신도 모르게 그 장소로 뛰어나갔다. 그를 본 사슴들은 깜짝 놀라서 모두 사라져 버린다.

이 '사슴 춤의 由來' 라고 해석 할 수 있는 이 동화는 短篇童話의 걸작이라는 찬사를 받은 동화다. 처음부터 끝까지 아쉬움을 지적 할 수 없는 絕品이라고 入澤康夫氏는 『宮澤賢治의 童話 世界』(昭和 52年)에서 언급했다. 또한 이 동화를 "農民藝術"의 원류로 그 위치를 평가하기도 했다.

> 사슴 춤의 由來가 지닌 원래의 精神은 後에 農民藝術로 展開되어지는 藝術, 文藝의 精神이고 農民藝術이란 말로 理念을 나타내기 以前의 農民藝術精神의 直觀的 把握이라고 해서 農民藝術의 源流로서 위치를 인정하고있다.[14]

賢治가 추구한 農民藝術은 그의 꿈과 理想의 實現을 위한 最高의 目的이었다고 생각한다. 왜냐면 그는 故鄕 岩手와 그곳에 생활터전을 이루고 있는 農民들에게 유토피아건설의 꿈과 理想을 심어주고 그것의 實現을 위해서 그의 生活과 創作生活을 竝行하면서, 生活的인 면에서는 農事法의 相談 즉 肥料 使用 法의 指導를, 童話文學作品을 통해서는 故鄕山川을 背景으로 해서 自然과 人間의 만남을 통해서 調和되어지고 同和되어지는 모습을 奇妙하게 表現한 그의 イ-ハトブ童話는 『注文이 많은 料理店』을 비롯해서 8편 모두가 위에 指摘한 共通點을 지니고 있다.

14) 小澤俊郎, 「しかのおとりのはざまり」について『賢治研究』昭和 47年, 48年. しかおとりの ほんとの精神は後に 農民藝術へと展開してゆく藝術,文藝の精神であり, 農民藝術という語で理念つけられる以前の農民藝術の精神の直觀的把握であると農民藝術の源としての位置つけを行っている

그의 『農民藝術概論綱要』[15]는 그의 文學과 理想이 잘 表現되어있다. 그는 序論을 다음과 같이 기술했다.

> 우리들은 함께 지금부터 무엇을 논할까?… (중략)
>
> 우리들은 모두 農民이다. 매우 바쁜 농사일도 고달프다. 좀 더 밝고 활기찬 생활을 할 수 있는 길을 찾고 싶다. 우리 옛 祖上 중에는 그런 사람도 종종 있었다. 近代 科學의 實證과 求道者들의 實驗과 우리들의 直觀의 일치에 대해서 논 하고 싶다. 世界가 幸福해지지 않으면 個人의 幸福은 있을 수 없다. 自我의 意識은 個人으로부터 集團, 社會, 宇宙로 차례로 진화 한다. 이는 옛 聖者의 가르침에 의한 길이 아닐까. 새로운 時代는 世界가 하나가 되는 것이다. 바르게 꿋꿋하게 살면 銀河系를 自身이 意識해서 거기에 응해서 가는 것이다. 우리들 世界의 眞正한 幸福을 찾자. 그것은 바로 求道의 길이다.

그는 여기서 近代 科學의 實證, 求道者의 實驗, 그리고 農民의 直觀, 즉 實證과 實驗과 直觀의 一致性에 대하여 論題를 던졌다고 생각할 수 있는데, 이미 賢治자신의 입장에서는 위 세 가지 현상의 결과는 一致한다는 前提를 강하게 주장하는 느낌을 준다고 생각한다. 왜냐면 그의 童話 世界에서는 그러한 것들의 調和와 一致가 잘 나타나 있다고 생각하기 때문이다.

결국 眞正한 幸福을 찾아간다고 표현한 뜻은 求道의 길을 걷고 있

15) 이 내용의 전문은 筑摩書房刊 『校本 宮澤賢治 全集』(1979年 初版) 자세히 수록되어 있음.

는 修行者의 길과 같음을 示唆하고 있는 것이 아닌가하는 생각을 해 본다. 그가 주장한 農民藝術論은 일반적인 農民藝術論의 次元을 넘은 內容이라고 생각된다. 이 내용에는 그의 유토피아 思想은 물론 그의 文學世界를 비롯한 모든 것을 內包하고 있다.

農民藝術의 本質은 新興文化의 基礎라고 주장하면서 農民藝術은 宇宙感情과 통하는 具體的인 表現이며, 그것은 直觀과 情緖와 內面의 經驗을 素材로 하는 無意識 혹은 意識의 創造를 그 本質로 삼았다.

결국 그의 農民 藝術 論은 단순하게 農民에게 藝術의 의미를 부각시킨다든지, 藝術의 創作을 指導한다든지 하려는 의도에서 출발한 것이 아니리는 것을 짐작 할 수가 있다. 農民藝術論은 바로 그가 추구한 理想鄕의 표현이었다고 필자는 생각한다. 왜냐면 예술논의 내용에서 구구 절절하게 그는 문학의 이상에 대해서 주장했고, 農民의 現場을 통해서 理想實現의 調和를 위해 철저하게 求道者적인 자세로 農民藝術論을 천명한 모습을 그의 藝術 論 곳곳에서 찾아 볼 수 있기 때문이다.

그의 農民藝術概論綱要의 內容全體를 소개 할 수는 없으나 序論에서 結論 사이에 記述된 項目들만 소개해도 어느 정도 그 내용의 전말을 느낄 수 있을 것으로 생각되어지기 때문에 여기서 크게 분류된 項目들을 소개하고 져 한다.

- 序論 : 우리는 함께 지금부터 무엇을 논 할 것인가
- 農民藝術의 興起 : 왜 우리의 예술이 지금 일어나지 않으면 안 되는가
- 農民藝術의 本質 : 무엇이 우리들의 예술의 심장이 되는 것일까.

• 農民藝術의 分野 : 어떤 상태로 분류되어 질 것인가.

• 農民藝術의 (諸) 主義 : 그 안에 어떤 주장이 가능할까.

• 農民藝術의 製作 : 어떻게 착수하고, 어떻게 진행해야 좋을까.

• 農民藝術의 産者 : 우리들에게서 예술가란 무엇을 의미할까.

• 農民藝術의 批評 : 올바른 평가와 감상은 우선 어떻게 해야 할까.

• 農民藝術의 綜合: 여러분과 함께 올바른 힘을 합해서 우리들의 모든 田園과 우리들 모두의 생활을 하나의 거대한 제4차원의 예술을 창조해가지 않겠습니까.

• 結論 : 우리들에게 필요한 것은 銀河를 에워싼 透明한 意志, 巨大한 힘과 열정이다.

그는 結論에서 다음과 같이 記述하고 있다.

> 우리들에게 필요한 것은 銀河를 에워싼 透明한 意志, 巨大한 힘과 열정이다.
>
> 우리들의 전도는 밝으면서도 險峻하다.
>
> 險峻 할 때마다 四次藝術은 巨大해지고 깊이를 더 한다.
>
> 詩人은 苦痛도 享受한다.
>
> 永遠한 未完成은 完成이다.
>
> 뜻을 터득하면 우리들은 이 論議를 抛棄한다.
>
> 畢竟 여기에는 宮澤賢治의 一九二六年의 생각이 있을 뿐이다.16)

---

16) 註 (15)와 同一함.

1926년은 그가 30세였고, 3월에 花巻 農學校를 依願退職하고 4월에 本家를 떠나 花巻 郊外에서 혼자 自炊生活을 시작한다. 그는 이미 1年前인 29세 때에 자신의 여러 知人들에게 자신의 計劃을 편지로 알렸는데 그 내용은 다음과 같다.

> 내년 봄에는 學校를 그만 두고 진정한 農民이 되겠습니다. 그리고 損益을 가리지 않고 작은 農民劇場을 만들어 보고도 싶습니다.[17]

그의 農民藝術槪論綱要는 결코 Symbolize화된 想像의 表現이아니며, 손안에 넣을 수 있는 實在의 豫感[18]이라고 하는 것처럼 그는 환경과 정신의 드림랜드 실현의 가능성을 곳곳에서 시사했다고 생각한다.

이상에서 장황하게 賢治의 農民 藝術論을 언급한 까닭은 그의 農民藝術에관한 생각을 통해서 그의 文學精神의 源流에대한 빠른 이해를 할 수 있지 않을까 하는 생각에서였고, 賢治童話에 관심이 있는 독자라면 누구든지 그의 文學과 藝術의 源流에대한 探索이 필요하다는 생각에서였다.

宮澤賢治의 독특한 文學世界는 정말 특이하게도 여러 방면을 探索

---

17) "來春はわたくしも教師をやめてほんとうの百姓になって きます", "…そして小さな農民劇場を利害なしに創つたりしたいと思うのです" 이 편지내용은 大正 14年(1925년) 4월 13일, 眞山芳松氏와, 6월 26일, 27일에 保阪嘉內氏와 齋藤貞一氏 등 세 사람에게 보낸 편지다. 다만 農民劇場 이야기는 眞山芳松씨에게 보낸 내용이다.

18) はたやま ひろし, 「賢治の考えた究極の輪廻」, 『國文學』 37권 10호, 學燈社, 平成 4年, p.125.

하고 窮究하지않으면 안 되는 것 같다. 興味와 관심을 가지면 갖을수록, 몰두하면 몰두할수록 손아귀에 쉽게 쥐어지지 않는 迷宮의 世界인 것같은 느낌이 해를 거듭할수록 절감하게 된다.

本考에서는 宮澤賢治자신이 イ-ハトブ 童話라고 表現하고 刊行한 童話集『注文이 많은 料理店』에 收錄된 童話를 素材로 イ-ハトブ의 현상을 찾아보는 것을 目的으로해서 整理해 보고저 한다. 그러나 イ-ハトブ의 의미구현은『注文이 많은 料理店』에서만 나타나고 있는 것이 아니고 그의 모든 작품에 기본사상으로 눅진하게 녹아있다고 할 수 있다. 그가 國柱會에 가입, 高知尾智耀로부터 法華文學 창달을 권유받고 "지금부터 종교는 예술입니다. 지금부터의 예술은 종교입니다"고 그의 친구에게 편지를 쓴 후부터 6개월 동안 폭발적인 속력으로 동화초고를 썼다고 전한다. 사실 이러한 작업은 쉽지 않은 사건이었다. 1개월에 원고지 3천 매를 썼다고 하니 6개월이면 1만 8천 매가 된다. 그 해 가을 사랑하는 여동생 トシ가 아프다는 소식을 접하고 그동안에 쓴 童話草稿를 가방에 넣고 귀향했다고 한다. 그로부터 그는 晩年까지 推敲, 改作하면서 "永久한 未完成은 完成이다"는(『農民藝術概論綱要』, 結論 中에서) 의미 심장 한 말을 남기게 되었을까하는 생각을 해 보기도 한다.

그의 첫 동화집 타이틀을 처음에는『童話 山男의 四月』이었다고 한다. 그러나 후에 어떤 까닭인지는 모르지만『イ-ハトブ 童話 注文이 많은 料理店』이라고 변경해서 출판했다고 한다. 平澤信一氏는 賢治의 心象스케치와 食意識의 관계에 대한 고찰에서 'い-はとぶ'라는 단어의 등장은 극히 象徵的이라고 지적했다.[19] 여기서 象徵的이라는 의미에 대한 이해가 필요하다고 생각된다. 필자는 그것에 대해서 다음과 같이

이해 할 수 있다고 생각한다. 賢治가 생존했던 1900年代 初期 日本社會는 농경사회에서 산업사회로 진입하려는 변환기의 시대로 一常生活에 있어서도 많은 변화가 있었을 것이다. 하물며 동북지방의 이와테라는 농촌환경에서는 食生活해결에도 어려움이 많았을 것임은 당연한 사실이었을 것이다. 그것은 賢治의 詩 '心象스케치' 에서 잘 나타나 있기 때문에 충분히 짐작 할 수가 있다. 그의 『心象스케치 朝餐』의 일부를 소개하면 다음과 같다.

> 밀가루에 소금만 조금 넣어서 만든
> い-はとぶ縣의 소박한 빵 맛이여
> 농사일 한가한 날, 저 百姓이 구운 것이다
> (중략)
> 加味안한 이 밀가루 빵 맛이여
> 나는 말이 풀을 먹듯이
> 미국사람이 아스파라가스를 먹드시
> 투명한 공기와 함께 게걸스럽게 먹는다.
> (後略)[20]

---

19) 平澤信一「心象すけっちの 場所」,『宮澤賢治』11, 洋洋社, 1992年, pp.110～111.

20) 小麥粉とわずかの食鹽とからつくられた
い- はとぶ縣のこの白く素朴なぱんけきのうまいことよ
はたけのひまな日の百姓が自分でいちいち燒いたのだ
(중략)
味ない小麥のこのぱんけきのおいしさよ
わたくしは馬が草をたべるように/あめりか人があすぱらがすをたべるように
すきとおった空氣といっしょにむざぼりだべる.

이로서 우리는 당시 이와테의 環境과 狀況을 이해 할 수 있다고 생각한다. 時代的 轉換期가도래한 상황과 동북지방의 척박한 농촌의 환경이 잘 나타나있다. 그런 현실을 극복하기 위하여 이상적인 현실수용을 기도했는지도 모른다. 賢治는 이미 그 자신의 정신적, 철학적인 사상이 견고했기 때문에, 일상적인 환경을 초월 할 수 있는 정신의 지주가 굳건했었다고 생각한다. 그는 이미 법화 신앙을 기반으로 특이한 우주관을 표방했었다. 곁들여서 자신의 전공인 농화학적 입장에서 생태계의 변화와 그것들의 우주적 조화에 대해서 터득된 현상을 자신의 이상향을 위한 조감도구성의 자료로 사용했다고 생각한다. 이와테현이란 낙후되고 척박한 농촌을 드림랜드로 조감하고 그 이름은 'い-はとぶ'라는 유토피아를 건설하려는 노력이 그의 작품에 잘 나타나 있다. 지금도 이와테(岩手)에는 작품에 나타나는 地名들을 그대로 사용하고 있음을 볼 때 작품내용에 대한 現場感이 느껴진다. 특히 이와테山의 山麓에는 위에서 소개한 동화제목으로 사용한 地名이 그대로 남아있기 때문에 착각하는 경우도 있다.

예를 들면 'おいのもり', 'ざるもり', 'ぬすともり' 등의 숲 이름을 들 수 있고 『水仙月의 四日』이란 동화의 무대였던 'うばやしき' 고개와 'おにごり' 고개 등의 地名이 지금도 사용하고 있다. 그것은 결국 賢治가 전래되어온 장소를 사용해서 농민과 더불어 유토피아를 이룩하려는 향토적 귀향을 의도한 것이 아니었을까 생각한다.

그의 'イ-ハトブ" 동화는 그의 사상처럼 다양하다. 소박한 내용에서부터 핑크빛 꿈을 안겨주는 감격으로 독자에게 다가오는 것이 있는가하면, 너무 의미심장해서 쉽게 이해 할 수 없는 동화도 있다. 그의 「小岩井

農場」이란 長篇 詩는 'くらかけ山麓' 모습이 소박하고 진솔하게 표현되어 있어 小岩井農場을 아끼고 사랑한 愛鄕의 모습을 짐작케 한다.

『水仙月의 四日』은 봄이 곧 다가올 늦겨울 어느 날 해질 무렵 くらかけ山 기슭의 풍경이 실감나게 묘사되어있다.

> 구름도 없는 맑게 닦아 올린 群青의 하늘에서, 새 하얀 구름이 해오라기의 털처럼 둥실 내려왔습니다. 그것은 땅위 평원의 눈(雪)과 맥주빛 태양, 갈색 노송으로 만들어진 조용하고 奇麗한 일요일을 한층 더 아름답게 하려고 한 것입니다.
>
> 금방 동쪽 하늘이 노란 장미처럼 빛나고, 호박 빛을 띠면서 황금빛으로 타오르고 있었습니다. 언덕도 들녘도 눈으로 가득했습니다.21)

詩와 童話를 비롯하여 그는 항상 자신의 꿈과 희망과 思想을 피력했다고 본다. 이제 그의イ-ハトブ童話集의 표제였던 작품에 대해서 고찰 해보려고 한다.

Ⅲ. 注文이 많은 料理店

이 童話의 Story는 앞에서 자세하게 기술했기 때문에 다시 기술하지

---

21) 紙面關係로 後의 部分 引用文만 記述하겠음.
まもなく東のそらが黃ばらのやうにひかり, 琥珀いろにかがやき, 黃金に燒えだしました. 丘も野原もあたらしい雪でいぱいです.

는 않겠다. 다만 내용의 상기를 위해서 간단하게 작품의 전개과정을 기술 해 보려고 한다.

'영국 병사차림의 젊은 두 청년신사가 차가운 빛을 뿌리는 사냥총을 메고, 전문 사냥꾼과 곰처럼 덩치 큰 하얀 사냥개 두 마리를 데리고 깊은 산 속을 걸어가고 있습니다.' 라고 시작되는 導入部에서 두 청년신사의 Image가 구체적이고 선명하게 표현되었다.

산 속을 걸어가지만 그들 앞에는 사슴 한 마리도 보이지 않았고, 산이 너무 험악하여 전문 사냥꾼은 달아나 버렸고, 데려간 사냥개도 현기증으로 죽어버렸다. 날씨도 싸늘해지고 배도 고파서 두 청년신사는 사냥을 포기하고 돌아가자고 합의했으나 갑자기 방향을 잊고 만다. 이 부분까지도 도입부라고 할 수 있다. 여기까지 내용에서 '차가운 빛 뿌리는 사냥총을 멘' 두 신사의 대화에 "이 산은 좀 이상 해, 사슴의 샛노란 배에 두서너 발 쏘아보면 기분이 좋아질 텐데"22)라는 표현에 대해서 都會的인 표현이라고도 하는데 필자는 그렇다고 할 수 없을 것 같다. 왜냐면 아직은 도입과정이기 때문이다. 자연과 더불어 생활하는 농민과 대비되는 생각 즉 사슴사냥을 목표로 산에 들어가는 영국병사 같은 두 청년의 모습에서 대비가 이루어진다고는 생각한다. 여기서 밝혀두어야 할 것은 도망쳤던 전문 사냥꾼이 끝 부분에서 다시 돌아온다는 것이다. 그는 도망쳤기 때문에 돌아 온 사실에 대한 오해가 없겠지만, 현기증으로 죽은 사냥개가 나타나는데 그것은 구조상의 모순이 아닐 수 없기 때문에 미리 지적 해 둔다.

---

22) "ここらのやまは怪しからんね, 鹿の黃いろな橫つ腹なんぞに, 二三發お見舞もうしたら."

그들이 방향을 잃고 있을 때 나타난 서양식 건물과 그 현관에 걸려 있는 간판이 눈에 들어왔다. 간판에는 '서양식 요리점 들고양이 가게'라 쓰여 있었다. 들고양이 가게의 현관에 들어갔을 때부터 두 청년신사에게는 비현실의 공간세계가 전개된다. 산 속에 어울리지 않는 서양식 요리점 그 자체부터 비현실적 공간이라고 할 수 있을 것이다. 그 들고양이 가게에는 문이 많았다. 그 문을 순서대로 기술하고 문에 쓰여 있는 내용을 간추려보려고 한다.

① 하얀 타일이 깔린 멋진 현관문이 있고 그 앞에 황금 글씨로 "어느 분이든지 들어오십시오. 결코 사양하지 않겠습니다."[23]고 되어있었다.

② 현관에 들어서니 복도가 나타났고, 유리문 안쪽에 황금 글씨.

③ 복도를 걸어가자, 이번에는 물빛페인트 칠한 문 위에 샛노란 글씨로.

④ 또 문이 나타났는데 그 문 옆에는 거울이 걸려있고, 그 밑에는 긴 손잡이 빗이 있고, 빨간색 글씨.

⑤ 안으로 들어간 문에서 사냥총과 탄환을 내려놓는다.

⑥ 다시 검은 문에서 모자, 외투, 신발을 벗다.

⑦ 또 문이 있었다. 넥타이핀, 지갑, 금속류 등을 까만 금고에 넣고 걸어갔다.

⑧ 또 문이 있고, 그 옆에는 유리 항아리가 있었고 그 안에는 우유

23) "どなたもどうかお入りください. 決してご遠慮はありません."

로 된 크림이 있었다.

⑨ 또 문이 있고, 이번에는 황금 향수병 속의 향수를 머리에 잘 뿌려 달라고 쓰여 있었다. 그 문을 열고 들어갔더니 거기에는 항아리 안에 있는 소금을 듬뿍 바르고 잘 문질러 달라고 쓰여 있었다.

⑩ 안쪽에 커다란 두 개의 열쇠구멍과 함께 은빛 포크와 나이프모양으로 구멍이 뚫려있는 문이 있다. 이 문에는 "어서 안으로 들어오라"고 쓰여 있었다.

그들은 현관에 들어가서 복도를 따라서 10개의 문을 거쳤고, 문을 통과 할 때마다 먹혀 주기 위한 준비과정을 거친다. 마지막 9번째 문에서 소금을 온 몸에 바른 후에서야 "주문이 많다"는 말의 의미를 깨닫고 두 사람은 사시나무처럼 바들바들 떨었다. 문을 열고 도망치려고 했으나 열지 못하고 눈물을 흘리면서 울고 있을 때 안쪽에서는 빨리 들어오라고 재촉한다.

그때 캉 캉캉 개 짖는 소리가 들리고 곰 같은 개가 문을 뚫고 안으로 들어와 방안을 돌다가 문 밖으로 뛰어나가니 문이 열렸다. 집은 사라졌고 사냥개는 으르렁거리면서 돌아왔고, 전문 사냥꾼도 돌아왔다. 그들은 돌아오는 도중에 10엔을 주고 새를 사 가지고 도쿄로 돌아왔다. 그러나 그들의 구겨진 얼굴은 목욕탕을 다녀와도 펴지지 않고 꾸깃꾸깃 했다.

이 童話의 전개과정은 導入部에서 영국 병사처럼 보이는 두 청년이 전문 사냥꾼과 곰처럼 큰 개와 같이 사냥을 목적으로 산으로 가는 것으로 시작된다. 그러나 사냥의 목적은 이루지 못하고 전문 사냥꾼은 달아났고 개는 현기증으로 죽고, 두 신사만 남아서 배고픔에 시달리고 있을 때 갑자기 그 산 속에 서양식 2층 건물이 나타났고 그 현관에는 '서양식 요리점. 들고양이 가게' 라는 간판이 걸려있는 것을 보고 그들은 좀 이상하다고 하면서 하얀 타일이 깔려있는 현관으로 들어갔다.

현관에서부터 그들은 비현실적인 공간으로 안내 받으면서 호기심과 두려움을 안고 문을 열고 또 문을 열면서 문에 쓰여 있는 주문을 이행하면서 복도를 따라서 식사장소를 찾아서 걸어갔다.

여기서 그들이 따라서 걸어간 복도와 공간은 엄밀하게 표현한다면 모두 비현실적인 공간의 전개라고 할 수 있다. 비현실적인 공간에서 그들은 환상에 이끌려 문을 열고 또 문을 여는 행동을 하고 있다. 이런 비현실적인 공간에서 펼쳐지는 세계는 주인공은 물론 독자도 끝없는 호기심과 환상으로 이끌려가도록 전개되고 있다. 그것은 賢治 童話의 매력이라도 할 수 있을 것이다. 첫 번째 문에서 마지막 문까지 문 주위의 묘사가 훌륭하고 그가 사용한 색상의 Image가 賢治의 특징을 잘 나타내고 있다. 그래서 그가 사용한 色相 Image를 통해서 그의 童話精神을 추구한 연구업적도 상당수에 이른다. 이미 현관입구에서 우리는 한 색상을 접했다. 즉 "새 하얀 타일이 깔려있는 현관"이다. 이 하얀색은 그의 イ-ハトブ동화집에서도 자주 사용한 색이다. 예를 들면『水仙月の四日』,『山男の四月』,『鹿踊のはじまり』에서 하얀 색의 사용을 볼 수 있다. 이 하얀색은 대체로 太陽, 雪, 참 억새풀의 반영의 표현으로 사용되었다.『しかおとりのはじまり』에서 참 억새풀에 비유한 하얀색의 표현만 기술하면 다음과 같다. '참 억새는 모두 하얀 불처럼 흔들리고(すすきはみんな白い火のやうにゆれ).'

여기서 太陽, 雪, 억새를 통해서 표현되는 白色은 모두 自然風光에 의해서 일어나는 빛의 세계라고 할 수 있다. 그런데 현관입구에 나타난 白色의 Image는 인공적이고 현대적인 세계를 상징한다고 전한다. 그가 사용한 색상고찰은 다음으로 미룬다.

마지막 문에서

> "주문이 너무 많아서 귀찮으셨지요? 미안합니다. 더 이상 주문은 없습니다. 이제 항아리 안에 있는 소금을 온몸에 듬뿍 바르고 잘 문질러 주십시오."24)

파란 도자기 항아리가 놓여있는 것을 본 두 청년신사는 마주보며 깜짝 놀란다. 아무래도 이상하다는 것을 서로 인지한 것이다. 주문이 많다고 했는데 그것은 메뉴가 많다는 의미가 아니고 반대로 들고양이 가게에서 손님에게 주문이 많다는 뜻인 것을 알아차린 두 신사는 놀라고 당황한다. 여기서부터 이 동화는 종말부분이 시작된다.

> "지금까지 수고가 많으셨습니다. 그럼 어서 안으로 들어오십시오."

이는 은빛 포크와 나이프모양으로 구멍이 뚫려있는 문에 쓰여 있는 마지막 주문이다.

---

24) "いろいろ注文が多くてうるさかつたせう. お氣の毒でした. もうこれたけです. どうか, つぼの中にしおがたくさんあるんです. しおをからたにはってよくもみんでください."

여기까지 그들은 비현실적인 공간에서 환상적인 상황을 호기심과 인내심으로 견디고 있었다. 그러나 들고양이 가게의 사정을 파악한 그들로서는 사력을 다해서 그 장면을 피하고 싶었을 것이다. 문안쪽에서 들려오는 들고양이의 대화가 그들을 더욱 얼빠지게 했다.

> "어서 오세요. 냅킨을 두른 두목님께서 나이프를 들고 입맛을 다시면서 손님 여러분을 기다리고 있습니다."

이 소리를 들은 두 청년신사는 눈물만 흘리고 또 흘릴 뿐이었다.

그때 갑자기 뒤에서 컹컹컹 하는 소리와 함께 새하얀 개들이 문을 뚫고 안으로 들어와 방안을 돌면서 날카롭게 울부짖으면서 다음 문으로 뛰어갔다. 문이 열리고 개들은 안으로 들어갔다. 다음순간 집은 연기처럼 사라지고 두 사람은 추위에 떨면서 풀 속에서 있는 자신을 발견한다. 옷과 신발, 지갑 등은 나뭇가지에 매달려 있거나 주변에 흩어져 있었다. 개가 으르렁거리며 돌아왔고, 사냥꾼도 돌아와 두 신사는 안도의 한숨을 내쉬었고, 도중에 새 한 마리를 사서 東京으로 돌아오지만 휴지처럼 구겨진 그들의 얼굴은 원래모양으로 돌아오지 않았다.

이상에서 『주문이 많은 요리점』의 展開過程을 고찰해 보았다. 대체로 宮澤賢治의 동화구조는 現實 → 夢 → 現實의 세계를 넘나드는 작품이 많은 편이다. 동화 "銀河鐵道の夜"는 그를 대표하는 작품인데 이 작품의 구조도 그렇다.25)

---

25) 趙明烈, 「宮澤賢治의 동화에서 '꿈'의 설정 고」, 『중앙승가대논문집』 제5집, 1996年, pp.242~269.

그런데 이 『주문이 많은 요리점』의 구성을 대별하면 現實 → 非現實 → 現實의 구조다. 여기서 현실은 도입부의 전개부분을, 비현실은 들고양이 가게에서 발생하는 모든 상황을 일컬으며 다시 현실은 산 속에 갑자기 나타났던 서양식 2층집이 연기처럼 사라져버린 이후부터라고 할 수 있다. 현실에서 나타나는 대비는 영국 병사 같은 차림의 두 청년신사가 등장하는 점이다. 영국은 신사의 나라로 알려져 왔다. 그런데 영국 병사 같은 차림이란 표현은 군복차림을 뜻하는 것 같은데 거기에 덧붙여서 청년신사라는 단어가 이어지는데 과연 작자의 의도는 무엇일까? 하는 의구심이 생긴다. 다만 영국, 병사, 신사란 단어는 다분히 현대 산업사회가 낳은 都會文明의 상징인 것 마는 틀림없다고 생각한다. 그래서 그는 이 작품의 발단부터 자연인 山과 都會文明(영국, 신사, 병사)과의 대비를 이루는 표현을 한 것이라고 생각한다. 비현실의 공간에서 펼쳐지는 들고양이와 신사들은 어떤 관계로 이해할 수 있을까? 이도 역시 자연(들고양이)과의 대비로 이해하는 해석이 있다. 현상적인 상황에서는 그렇게 이해해도 큰 무리는 없겠지만, 실제 작품의 비현실적 공간에서는 먹고 먹히는 상대적인 관계를 이루고 있었음을 상기해서 이들의 대비에 대해서 고려해야 한다고 생각한다.

이에 대해서 작자의 해설은 다음과 같다.

> "식량이 부족한 農村의 어린이들이 都會文明과 放恣한 階級에 대해서 끈임 없이 일어나는 反感입니다."26)

26) "糧に乏しい村のこどもらが都會文明と放恣な 階級とに對する止むに止まれない反感です".

라는 해설을 기억할 때 생각나는 것이 있다. 비현실적 공간에서 열 개 정도의 문을 통해서 두 신사가 서 있던 장소는 들고양이 바로 앞이었다. 문만 열면 들고양이는 신사를 잡아먹을 수도 있는 상황이었다. 그러나 고양이는 신사를 죽이지 않았는데 여기서 작자의 해설을 상기해 보자. 신사와 들고양이의 대비는 도회문명과 自然 즉 농촌의 식량부족을 겪고 있는 어린이와의 대비로 이해해도 좋을 것 같다. 反感이란 반항하는 감정이기 때문에 살생하지 않은 것이라고 이해된다.

여기에 賢治의 'イ-ハトブ' 적 사상이 내포되어 있다고 생각한다.

한 가지 더 지적 해 두고 싶은 사실은 賢治童話에서 빠뜨릴 수 없는 것은 특이한 유모어라고 할 수 있다. 대개 이야기전개과정에서 유모어를 대하는 것이 보통인데 이 동화는 특별하게도 그 제목에 내재되어 있음에 주목하게 된다. '注文이 많은 料理店' 은 음식종류가 많은, 즉 메뉴가 많은 음식점으로 착각하기 쉽다. 그러나 그 注文은 손님의 주문이 아니고 주인이 손님에게 요구하는 주문인 것을 두 신사는 일상적으로 받아들였다. 이러한 의외의 발상을 통해서 그의 유모어를 다시 발견하면서 그와 흡사한 情況들이 우리주변에 實在하고 있다는 것을 생각해 본다.

동화 『注文이 많은 料理店』은 都會文明의 등장과 더불어 食糧이 부족한 落後된 農村의 어린이를 위하여, 自然이 지닌 天惠의 눈으로 放恣한 都會文明에 끈임 없는 反感의 내재는 그의 유토피아적 사상이라고 생각한다.

Ⅳ. 結 言

宮澤賢治의 동화를 통해서 그의 유토피아적 사상이 내포된 동화에 대해서 고찰 해 보았다. 특히 그가 스스로 'イ-ハトブ' 동화집이란 이름으로 간행한 『주문이 많은 요리점』을 택해서 거기에 수록된 동화 9편을 소개하고, 표제가 된 『주문이 많은 요리점』에 대해서 고찰해 보았다,

실제로 賢治는 동화집 廣告 전단에서

> 'イ-ハトブ' 는 모든 것이 가능하다. 사람은 한 순간에 氷雲위에 飛躍해서 大循環의 바람을 타고 북으로 갈 수도 있고, 빨간 꽃 술잔 아래 기어가는 개미와 이야기 할 수도 있다. 슬픔과 罪조차도 그곳에서는 성스럽고 깨끗하게 빛난다.(후략)"

그가 내세운 유토피아는 萬事가 可能한 世界임을 第 一聲으로 주장하고, 그 세계의 내용을 다양한 描寫를 통해서 이해를 돕고 있었다. 모든 것이 가능한 그 세계에서 올바른 種子가 아름답게 發芽되기를 기다리면서 'イ-ハトブ' 라는 유토피아의 實現을 希望했던 그의 노력의 흔적은 곳곳에 잘 나타나 있다. 그리고 더욱 더 좋은 세계의 구성 재료를 제공하려고 했다. 결국 'イ-ハトブ' 의 世界는 不可能이 없는 세계로서, 모두가 調和를 이루는 세계임을 提示하고있는데 그 중에서도 『注文이 많은 料理店』은 그 12권 시리즈 중 첫 번째 책으로서 거기에 수록된 童話는 古風스런 童話의 형식과 地方色을 지닌 9편의 童話라고 작자는 지적했는데, 그것이 바로 앞 단원(目次, 2, イ-ハトブ를 背景으로 한 作

品)에서 소개한 童話9편이다.

宮澤賢治는 Dreamland건설의 실현을 理想하고 스스로 心身을 바쳐 전력했다. 그가 願力세운 유토피아의 이름을 'イ-ハトブ' 라고 命名했다. 'イ-ハトブ' 라는 단어는 자신의故鄕인, 이와테(岩手)를 에스페란토와 獨逸語 發音의 合作으로 구성한 것으로 整理되었다.

賢治동화 『銀河鐵道의夜』를 만화로 그린 漫畵家 ますむらひろし는 岩手(이와테)를 'イ-ハトブ' 라고 한다면 자신의 고향 米澤(よねざわ)은 'ヨネザアド' 라고 할 수도 있겠다는 생각을 했다고 한다. 그래서 그는 자신의 집(野田市)에서 가까운 愛宕驛(あたごえき)이 있고 또 愛宕山(あたごやま)이 있는데 그는 거기서 賢治의 영향을 받아서 愛宕(あたご)를 'アタゴオル' 로 이름을 만들고 'アタゴオル' 라는 명칭한 만화를 그려 시리즈로 간행했다. 그러한 일련의 사건을 통해서 우리는 賢治의 탁월한 造語능력을 지적하지 않을 수 없다. 'イ-ハトブ' 라고 하는 賢治의 Dreamland 의 이름은 고향의 地名을 外來語 發音을 적당히 섞어서 만들었으나 그 이름으로 인해서 그의 작품과 사상에 대한 注目을 받게 되는 경우도 많다고 할 수 있다.

다음은 그의 'イ-ハトブ' 작품집 『注文이 많은 料理店』에 수록된 9편의 동화를 고풍스럽고, 향토적이고, 지방색이 짙은 작품으로 인정했는데 그렇게 인정한 부분에서 'イ-ハトブ' 의 의미를 파악할 수 있게 된다.

賢治의 유토피아 'イ-ハトブ' 를 構築하고있는 具體的인 思想을 定立해 보려고 했으나 그것은 쉽지 않을 것 같다. 왜냐면 賢治의 成長과 교육과정, 信仰의 諸모습, 敎師生活, 農村指導者 등등 그의 짧은 인생 중 어느 한 곳 특징이 없었던 시절이 없었기 때문이고, 또 한 가지는

‘心象スケチ’ 에 남겨진 그의 心象把握 역시 매우 다양하고 복잡하기 때문이다. 즉 그는 幼年時節 佛教的 信仰과 思想(淨土眞宗) 에 立身, 受學해서, 農學工夫를 통해서 生物의 有機的 관계를 알게 되었으며, 법화경에 심취한 이후 信徒 團體인 國柱會에 가입해서 大乘佛教의 優越性에 집착해서 ‘법화문학’ 창달에 심혈을 다 했다. 政治 理念的인 입장에서 그는 한 때 社會主義에 관심이 깊었던 적이 있었다. 일본 공산당 지배아래 있던 “勞動者農民黨”이 花卷에 들어왔을 때 그는 事務用器를 비롯해서 많은 도움을 주었고, 社會主義에 대한 공부도 많이 했다. 그래서 그는 資本主義 국가에서 부족한 社會保障과 福祉에 대해서 관심을 갖기도 했다. 결국 社會主義를 택하지는 않았지만, 그는 資本主義와 社會主義思想을 겸 할 수 있는 사람이 있다면 그 사람은 世界 思想界의 巨匠이 될 것임을 지적했다. 그러나 賢治는 당시의 日本을 올바르게 바로 잡을 수 있는 思想은 역시 佛教임을 강조했다. 여기서 賢治의 불교는 日蓮宗을 의미한다. 淨土眞宗은 “이 세상을 오염을 맑힐 수 없으므로, 죽어서는 西方淨土 極樂世界에 간다.”는 願力을 표방했다면, 日蓮宗에서는 “지금 이곳을 淨土로 만들자. 지금 花卷을 淨土로 만들자. 지금 괴로워하고 있는 사람을 지금 여기서 구원하자”는 現場感 있고 역동성 있는 힘찬 호소가 日蓮宗을 선택하게 한 것이 아닌가 한다. 『妙法蓮華經』의 힘을 빌려서 이와테를 ‘イ-ハトブ’ 로, 花卷(はなまき), 岩手(いわて)를 淨土化하려는 久遠의 願力 또한 ‘イ-ハトブ’ 思想이라고 지적하지 않을 수 없다.

그는 國柱會에 가입해서 격렬한 가두 포교에도 참가했었다.

‘自殺他生’ 이란 용어는 國柱會 根本思想중 하나인데 이 말의 의미는 '自己犧牲에 의해서 주변 사람이 살아간다.' 고 하는 뜻이다. 田中智學의 연설 내용이 위의 예와 비슷한 것들이 많다. 예를 들면 "스승과 제자가 눈 내리는 들판을 터벅터벅 걷고 있었다. 두 사람 얇은 옷을 입고 있었기 때문에 凍死할 지경이다. 제자는 자신의 옷을 벗어 스승에게 올리고 자기는 동사한다. 제자 한 사람이 죽음에 의해서 스승이 살아남는다." 이와 같은 내용에 감탄해서 한때는 많은 사람이 회원으로 가입했다고 한다.

그러나 賢治는 '一殺多生' 의 설을 부정하지는 않았으나 '죽음' 만은 스스로의 운명을 따른다는 사상이었다. 동화 『주문이 많은 요리점』에서 들고양이는 영국 병사차림의 두 신사가 몸에 기름과 버터를 잔뜩 바르고 목전에 있었는데도 그들을 잡아먹지 않았다.『銀河鐵道의 夜』에서 죠반니의 친구 캄빠넬라는 친구를 구하려다 익사하는 장면에서 그의 사상을 엿 볼 수 있다.

그의 'イ-ハトブ' 의 묘사에 대해서 지적하지 않을 수 없다.

賢治의 作品描寫에 사용한 言語使用能力의 탁월함에 대해서 讀者는 물론 評論家들까지 認定하는 部分이다.『注文이 많은 料理店』도 많은 의성어 의태어를 사용해서 현장감이 생동하는 느낌이 있도록 표현하고 있음을 볼 수 있다,

都會地에서 온 영국병사 같은 모습을 한 두 청년신사가 산에서 '들고양이 서양요리점' 이란 간판 앞의 상황을 묘사한 부분을 상기해 보기로 하면,

"かぜが どうどう ふいてきて,

草はざわざわ,

木の葉はかさかさ,

木はごとんごとんと鳴りました.

위와 같이 擬聲語,擬態語를 사용해서 현장의 모습을 묘사하고 있는데 바람이 세게 불어오는 깊은 산의 情景을 읽으면서 感知할 수 있다. 와삭거리는 풀 소리,바삭대는 나뭇잎 소리,그리고 큰 나무들이 부딪치며내는 쿵쿵거리는 소리는 모두 自然의 모습과 자연의 소리를 표현 한 것이다. 여기서 우리는 どうどう(거침없이 불어오는) 바람의 모습을 상상하게 된다. ざわざわ(바람에 흔들리는 풀들의 와삭와삭) 거리는 소리와 모습도 보고,듣게 된다. 바람을 맞는 나뭇잎들은 かさかさ(바삭바삭) 서로 부딪치면서 소리 내고,나무들은 ごとんごとんと(쿵쿵)거리면서 부딪는 소리를 묘사하고 있다.

이상의 考察을 整理하면 다음과 같다.

첫째,宮澤賢治는 자신의 고향을 유토피아화 하려는 꿈과 이상을 갖고 노력하면서 짧은 생을 마쳤다.

둘째,그가 실현하고자 한 유토피아의 이름은 'イ-ハトブ' 였다. 그 이름은 故鄕의 地名인 '이와테'(岩手)를 에스페란토 풍의 발음과 獨逸語 發音의 合成에서 이루어진 것이다.

셋째,'イ-ハトブ'의 기조를 이루는 思想을 한 마디로 정리하기에는 무리인 것 같다. 왜냐면 賢治사상의 다양성 때문이다. 專門的인 智識과 다양한 敎養,그리고 진지한 信仰과 愛鄕心 등등으로 이루어진 그의 내면을 파악하기는 쉽지가 않다. 그러므로 이 부분에 대한 정리된 결론은 다음으로 미루고, 단지 'イ-ハトブ' 동화집에 수록된 작품만을 한정해서 基調思想을 언급한다면 鄕土性과, 傳承의 意味라고 할 수 있다. 왜냐면 賢治자신이 말한 것처럼 그 作品集에서는 다분히 鄕土的, 즉 愛鄕的인 소재로 都會的인것과의 대비를 즐겼으며, 事件의 由來와 전승의 意義를 주제로 한 童話集이라고 말할 수 있기 때문이다.

넷째, 'イ-ハトブ' 동화집 『注文이 많은 料理店』은 고풍스럽고 향토적인 지방색이 많은 작품이 수록된 9편 동화를 소개했고, 그 중에서 표제로 사용한 삭품 『注文이 많은 料理店』에 대하여 'イ-ハトブ' 에 대한 고찰을 해 보았다.

다섯째, 賢治의 造語能力과 言語選擇, 擬聲語, 擬態語 사용의 實例를 들어서 言語描寫能力의 卓越性을 指摘해 보았으나 그의 作品은 理解하기가 쉽지 않는 부분이 많다고 할 수 있는데 그것은 그의 다양한 思想的 複合性에 原因이 있기 때문이라고 생각한다.

[參考文獻]

1. 『宮澤賢治 詩集』, 白鳳社, 1992年.
2. 萩原昌好, 『宮澤賢治, 修羅への 旅』, 1994年.
3. 新文藝讀本 『宮澤賢治』, 河出出版社, 1990年
4. 『國文學』, 春秋號, 學燈社, 1980年.
5. 『國文學』 27卷 3號, 學燈社, 昭和 57年.
6. 『國文學』 37卷 10號, 學燈社, 昭和 67年.
7. 益田勝實, 『賢治 童話と民話』, すばる書房, 昭和 51年.
8. 『校本 宮澤賢治 全集』, 築波書房刊, 1979年.
9. 平澤信一, 『宮澤賢治』 11, 洋洋社, 1992年.
10. 『中央 승가대 논문집』 4집(1995年), 5집(1996年).

童心

宮澤賢治の 作品に現れた法華思想

『일본인도학불교학연구』 51권 2호, 202.

宮澤賢治の 作品に現れた法華思想

1. 序言

宮澤賢治(1896～1993)は 日本の近代文學における重要な童話作家としてよく知られている. それは彼の童話作品が特殊性があるからたと思われる. 賢治は「コスモスの 所持者」,「塵點劫の旅人」とよばれるし, 又 藝術人, 法華經行者, 農業技師(科學人), 農民の友としての 實踐人だと評價されますが, それは彼の生涯と作品の特殊性が理解できるkey wordだと思われる. 何のために彼はそのような作品を創作ができるようになったのか. この問いの答えはすでに 諸學者達の研究がつつけて來たが 共通的な結果は彼の信仰と願力が基になったからたと言われる. 彼の本家のご兩親は淨土眞宗の信者であって彼こそ幼年時節にはご兩親と共に 淨土眞宗の信仰しみしだが18歳 以後の 改宗がきっかけになって彼は求道的な菩薩行を 實踐しようと意志をもって日常生活にすすめた. 大乗佛教の思想, 即ち法華文學の暢達を誓願したあと彼はいっょけんめいに創作のため努力したことはよくわかる. 18歳の時, 島地大等著編「漢和對照妙法蓮華經」をよみ, そのあと法華經が生涯の信仰となったことはよくしられている. 賢治は けっきょく 國柱會に入會(1920年, 24歳)して信仰と布教につとめ, 自分のご兩親の改宗を熱望したが容れられず, 25歳の時 東京へ行って本郷の 菊坂町に止宿し, ひるまは"文信社"という出版社で筆耕や校定等で, 夜は國柱會の講演に出席し信仰活動しながら自活し, 上野公園で街頭布教もしたことがある. その時, 國柱會の高知尾耀氏から文藝による大乗佛教の普及をすすめられたと知られている. 賢治は法華文學の暢達するために努力した. 賢治の一生を回顧してみたらかれが法華經に深趣して國柱會へ入會するまでには疾風怒濤とおなじような青年時節であったことがよくわかってくれる. それでも かれ自身 法華文學の暢達することを誓願したあと彼が執筆した原稿量 1個月3000枚に達したエピソドが つたわっているほどだ.

でも 賢治は 自分が生きている間には作品集の刊行は ただ 2册しかできなかった. 詩「春と修羅」と 童話集「注文の多い料理店」が それであるが, 2さつとも自費出版だったことはよくしられている. 37歳の短じかい人生であった彼は死ぬまえに父親に 「國譯妙法蓮華經」1000部を刊行して次の文章をいれて布施してくれることを遺言した.

"私の生涯の仕事はこの經をあなたのお手もとにとどけ, そして其中にある佛意に觸れてあなたが無上道に入られます"と書いて知己に頒布することであった.

彼の作品と文學精神は法華經の思想から至大な影響を受けたことは

よく言われますが,彼の法華文學について次のように考えられる.

1) 宮澤賢治の作品は大乘佛教の眞理を説くために書かれたものであるからそうした眞理の「解明手段」としてよむ必要があるとするようになっている. しかし,このような見方には文學を文學としての自立性を喪失させる疑いがあるのは言うことまでもない.
2) 賢治の文學精神が確認できるのは 彼の晩年に書かれた次ぎの文章である.
“斷じて教化の考えるべからず ただ純眞に法樂すべし”という自戒で 賢治の文學精神の意味がよく把握できるだろう.

2. 法華經と 賢治

法華經は眞理の統一性を教えてくれると意味で萬善同歸教と言われ,天台大師は法華經を通じて佛教の 體系を樹立して教判論の 終止符をつけようとした經典である.法華經の3門は

1) 宇宙の 統一的な 眞理(一乘妙法)の 解明.
2) 久遠な人格的生命(久遠本佛)を 教示.
3) 人間の現實的な活動(菩薩行道)で, それは 眞理, 生命, 實踐といって 法華經の3大思想とも言われている.

以上の3門の中で 日蓮は番號3)の 菩薩行道.即ち 實踐のところに注

目していた. 法華經の中では 第10 法師品から 21(22)燭涙品に特別な注目をしていたという. 日蓮は「立正安國論」の中で 法華經の教えをもって佛教を統一することを强調したり, 又, 爲政者でもその教を基ついて政治を立正してくれることを强調した. そのような日蓮主義的な法華信仰は明治維新以後に次のように大きく三分化されましたが

1) 國家主義的な 信仰を强調するGroup.
2) 國家を超越して宇宙の實相を信仰するGroup.
3) 新宗教運動に包括された民衆を中心とする信仰Group.等で 宮澤賢治は 2)Group 卽ち 國家を超越した宇宙實相の思想を信奉するGroupにはいる. 妹トシの死が彼を熱烈な日蓮主義の 信奉者になる契機だったという. 大正15年, 彼が起草された「農民藝術綱要」には彼の宇宙實相に對する信奉の內容が知られる. 彼が信じた宇宙實相は非觀念的で, 非靜止的な實相であって,ひじょに 實踐的で, 意志的で, 行爲的なものたと意味するが それが 卽ち 菩薩行である. 法華經の中では菩薩行について次のように述べている.

“世界の全體が幸福にならないうちは個人の幸福は得ない”と “われらは世界のまことの幸福を索よう”

賢治は法華經の中で如來壽量品16の內容に深かく感動を受けたと言われる. それで彼は 如來壽量品の 內容を引用した斷片的な思索や手紙などをよく書いている.

特に彼の 後半期の作品らが 特に法華經の信仰を基盤として藝術的な生活の集大成をするがために積極的な姿を殘されたと言われる. だからある人は賢治を東洋の賢者と呼ばれている. 18歳 法華經をよんだ後, 彼は一生 變らぬ信仰をつつけられたことはよくわかるが. 彼が死ぬ2年前に書いた「アメニモマケズ」の最後の表現で彼のふしぶしな誓願を充分に感じられる.

そこで 現らわれた誓願は不輕菩薩品の中の常不輕菩薩の行道を意味している.

みんなにで
デクノ-ボよばれ
ほめられもせず
くにもされず
さういうものに
わたしはなりたい.

ここで デクノ-ボ精神は 卽ち常不輕菩薩の行道である. 又,不輕菩薩の精神を「土偶坊」という戯曲を構想した時, 賢治の考えがよく表現されている文章にも彼の誓願がこもっていると思われる.

“法を先として父母を次とし近緣を三とし農村を最後の目標として猛進せよ.”

以上で賢治と法華經とのかかわりについて簡單に述べてみたが，賢治は 法華信仰で一生を過したことに 注目しなければならない．それが賢治と彼の文學の關係が 理解やすくなるだろう．

3. 作品について

賢治の童話は花鳥童話，動物童話，佛典童話等に分類されるが，その外 佛典童話とよばれる童話も ありますが，それは「四又の百合」，「雁の童子」，「イントラの網」，「北守將軍と三人の兄弟」，「マクノリアの木」等だと言われるが，「雁の童子」は 羽衣說話的な構成に佛敎的な三世因果思想をみごとに形象化しているし，「インドラの網」は法華經の序品と如來壽量品を形象化され自然科學的な感受性と宗敎の意識と密接な 關係を表現している．詩「マクノリアの木」は 阿耨達池 幻想曲の表現だと言われるし，法華經的な認識のあり方を自から心象風景として斷章の形にしたのが峯や谷である．その外「貝の火」，「二十六夜」「なめとこやまの 熊」，「よだかの星」等は題材として作品に收錄された表現が法華經と日蓮遺文を中心とした宗敎的思想が反影されていると傳える．「二十六夜」は本生譚 形式をそのまま踏襲した作品である.法華經典の內容のImageを象徵的に 用いていると知られている作品は「銀河鐵道の夜」「旅人のはなしから」，「貝の火」，「雁の童子」，「光の素足」，「十力金剛石」，「双子の星」等 數多くの作品が知られている．賢治文學の代表作として「銀河鐵道の夜」は主人公ジョバンニの自己の犧牲を媒介として「ユ-トピア」つくりの構想が主題たといわれるが, この作品は賢治文學の集成ともいわれる. この 銀河とか鐵道とかは作品「双子の星」, 「光の素足」, 「イントラの網」, 「よだかの星」と關聯して考察をしてみる必要があると思われる. 「旅人のはなしから」は 中國の南部の町を舞臺にしているが, その内容は法華經の教說の取り入れ等に宗教的な面から描きたしているが. それは法華經 信解品の「長者窮子」という有名な 比喩譚を踏えだと思われる, それは法華文學の創作を志すことになる間に「塵點劫」の歌との關連で書いた散文小品である. そこに彼の宗教的な時間意識と「旅人」」のイメ-ジの 原型的なものがあるだろうとして注目される. 「旅人」のイメ-ジは「塵點劫の旅人」のイメ-ジと相通するのではないかと思われる. 「貝の火」は紀野一義氏の說によれば 法華經 安樂行品14の内容をImage化したといわれる. 「雁の童子」は 法華經と物理科學の世界, その 一側面が表現されているし, 「光の素足」には如來壽量品の“うすあかり國”への幻想を語りつつけている. 「十力金剛石」は法華經での寶石のImageを象徵に用いているし, 「双子の星」は姿の見えない天なる「王さま」を中心とした世界でチュンセ, ポ-セという兄妹を描いた話が「銀河鐵道の夜」のジョバンニとカムパネルラに投映されていく.

冒頭で 述べたように賢治は18歲の時 讀んだ法華經の中で彼が一生かわらぬ法華の行者として信仰をさせられたのは菩薩行道の現實的な實踐であったと思われる. 菩薩行道とは現實に人間的な行動 卽ち現實的な人間の活動の意味である. そのような菩薩行を强調されてあるのが見寶塔分第11と如來壽量品第15である. そこでは永遠性(久遠常在)を主張されているが久遠常在 卽ち 久遠佛というのは創造者でなくつね

に菩薩行を實踐している. 久遠佛とは人格の統一體で 統一的な眞理がある所に久遠の人格的な生命がみられるが, その人格的な生命が現實の活動の中に永遠な生命の脈動がかんじられる. そのような菩薩行は賢治に深く影響を與え, 彼が塵點劫の旅人について注目され一生を過ごしたと思われる. 彼の四次元の世界は銀河を包む心象宇宙であって彼の藝術論における主な精神は科學の原理と信仰を結びつけた生活の藝術化を通じて彼の獨自的な藝術觀がみられますが, 彼の塵點劫という特異な時間意識の究明は賢治と彼のすべての作品がわかりやすく理解されるだろう.

賢治は不滅の四次元の藝術は可能であると考えた. それが塵點劫と言う時間の軸でそれは宗教的と生命的な時間意識であるが, これは佛教の時間觀念で,塵點劫とは法華經の化城喩品では三千塵劫, 又 如來壽量品では五百塵劫, 不輕品では億億萬劫の時間概念が説明されているが,これは無始無終の久遠の時間の流れを表現している.

賢治文學に現헤われた法華思想は "旅人のImage"の具現と指摘できる. しかしそのような "旅人のImage"とは 法華經の信行者が求道的な誓願の實踐のために絶え間がなく努力する菩薩行道の表現たと考えられる. 卽ち 賢治は "塵點劫の旅人のImage"を持って法華文學を通じて久遠本佛が教示された菩薩行道の現實的な實踐の永遠性を提示されたと考られる.

익산의 고대 문화를 고찰할 수 있는 대표적인 설화는 『三國遺事』에 기술된 설화, 이른바 백제 무왕에 관한 설화 『서동설화』, 『서동요』다. 내용은 백제의 歷史, 文化가 함축되어 있기 때문에 문학은 물론 정치, 경제, 사회의 모든 방면의 연구대상이 되어왔다. 역사적인 면에서도 百濟 武王과 관련된 설화는 백제 발전에 큰 계기를 마련하고 있다 해서 많은 역사학자들도 이에 주목해 왔었고, 그밖에도 문학, 불교, 정치, 경제학의 제분야에서도 주목했다.

童心

說話를 通해본 益山 文化의 性格

『익산의 선사와 고대문화』, 2003.

說話를 通해본 益山 文化의 性格

Ⅰ. 序言

百濟史를 고찰함에 있어 益山地域은 많은 관심과 주목을 받아 왔다. 箕準의 南遷地라 전해왔고, 혹은 馬韓의 首都라고도 한다. 특히 三國시대에는 百濟의 別宮地 혹은 別都地였다고 하는 說이 전해 왔다. 益山에는 그런 說들을 뒷받침해 주는 유물, 유적들이 남아있기도 한데, 즉 首都의 요건인 城地, 宮地, 寺院址, 王陵 등의 유적들이 史的 사실을 입증해 주는 것이다. 특히 彌勒寺址 東塔址의 發掘로 인해 百濟史에서의 익산 지역에 대한 관심은 고조되었고, 그로부터 王宮里의 발굴조사로 이어졌으며, 그러한 발굴조사의 축적은 彌勒寺의 복원으로까지 이어졌는데, 그런 축적이 어느덧 30여 년의 세월이 흘렀음에 감회가 깊다. 1974년 원광대학교 마한 · 백제 문화연구소에서 문화재관리국으로부터 용역을 받아 東塔址 발굴이 이루어졌고, 그로부터 익산지역은 한국고대 문화를 새롭게 인식시켜주었고, 재고증을 확인시켜준 유적유물들로 한국 고대문화사에서 주목받는 지역으로 확인되었다. 당시 익산지역에는 미륵사지를 비롯한 유적과 설화 전설들이 전해오고 있었는데, 미륵사지는 동양최대 石塔으로 알려진 西塔을 비롯해 龍華山, 王宮里 五層石塔, 쌍릉, 五金山, 연등리 石佛 등을 비롯한 유적과 그것들을 뒤받치고 있는 說話가 전해지고 있다. 특히 百濟 武王과 관계된 說話는 『三國遺事』에 전해지고 있음은 주지된 일이다. 이상과 같은 유물과 說話는 益山지역 고대 文化의 이모저모를 살필 수 있는 유용한 자료가 된다. 본 論文에서는 익산지역에 전해오는 說話를 통해서 익산文化의 성격을 규명함에 목적을 두고 전개해 보기로 한다. 한국고대사에서 백제의 관련 자료가 부족한 것과 같이 百濟史에 있어도 神話나 說話에 대한 記事는 고구려와 신라에 비하면 아주 빈약한 편이다. 익산의 고대 문화를 고찰할 수 있는 대표적인 설화는 『三國遺事』에 기술된 설화, 이른바 백제 무왕에 관한 설화 『서동설화』, 『서동요』다. 내용은 백제의 歷史, 文化가 함축되어 있기 때문에 문학은 물론 정치, 경제, 사회의 모든 방면의 연구대상이 되어왔다. 역사적인 면에서도 百濟 武王과 관련된 설화는 백제 발전에 큰 계기를 마련하고 있다 해서 많은 역사학자들도 이에 주목해 왔었고, 그밖에도 문학, 불교, 정치, 경제학의 제분야에서도 주목했다. 왜냐하면 백제 무왕과 관련된 설화는 神話的 性格을 지니고 있기 때문이다. 三國史에 있어 神話의 成立은 대체로 開國神話 내지 국가발전의 계기를 마련한 성격을 지닌 것이 多數 전해지고 있다. 예컨대 三國시대의 神話는 두 개 이상의 정치집단이 접근 내지 충돌을 일으킬 때 발생했다는 사실을 발견할 수 있는데, 백제사에 있어서 武王說話는 한편으로는 부여의 백제 집단과 馬韓의 益山地域집단의 결합을 계기로 成立되고 있으며, 이렇게 王權을 강화한 武王이 다시 新羅와의 결합 내지 충돌을 일으키고자 하는데 서동설화가 생기게 되었다고 생각하기 때문이다. 그리하여 武王說話를 규명한다는 것은 百濟史에 있어 益山地域의 文化圈을 인식하는데 중요한 의미를 지니는 것일 뿐 아니라 당시의 百濟와 新羅와의 관계를 살피는데도 중요한 의미를 지니는 것이라 생각한다. 그러나 여기서 先行해야 할 것은 說話의 개념설정이 있어야 한다고 생각된다. 설화를 먼저 究明한 다음 武王 · 薯童說話가 百濟史에 있어서 益山지역이 차지하는 文化的 性格을 밝혀 보고자 한다.

Ⅱ. 說話의 槪念

설화는 일정한 구조를 가진 꾸며낸 이야기로 원래는 口傳으로부터 시작했다. 설화는 원래 話者가 이야기의 핵심 구조를 기억하고 話者 나름의 수식을 덧붙여 전승하는 것이다. 그러므로 說話는 口傳에 적합하게 단순하면서도 잘 짜인 구조를 지니며, 표현도 단순하며, 산문적 속성을 지닌다. 口傳을 벗어나 文字로 정착되어진 것은 文獻說話라고 한다.

說話의 分類는 時代, 場所, 學者에 따라 의견이 다양하지만 韓國 內學界에서는 神話(myth) 說話(legend), 民譚(folktale)을 총칭하는 포괄적인 개념으로 정착되었다. 설화의 범위는 신화, 전설, 민담을 총칭하는 것이며, 환경에 따라 다소의 차이를 나타낸다. 전승자가 갖는 태도에서 차이를 찾는다면 신화는 진실 되고 신성한 것으로 인식하며 그 진실성과 신성성을 의심하지 않는 점이고, 전설은 전승자가 신성하다고 믿지는 않으나 진실 되다 믿고 실제로 있었다고 주장하는 태도를 지닌다. 민담에서의 전승자의 태도는 신성하다고 생각치도 않고 진실 되다 믿지 않으며 다만 흥미위주로 구연을 한다. 신화가 갖는 시간과 장소는 태초일, 특별한 신성장소를 무대로 하는 것이 보통이며, 신화의 진실성, 신성성이 그런 시간과 장소가 갖는 진실성이고 신성성이라고 보여 주기도 한다. 전설에서는 구체적으로 제한된 시간과 장소를 갖는 것이 전형적이다. 그 시간과 장소는 전설이 지니는 진실성을 뒷받침해주는 구실을 한다. 민담은 뚜렷한 시간과 장소가 없는 것이 보통이다. 신화는 포괄적인 증거물을 갖고 있으나 전설은 특정의 개별적인 증거물을 가진다. 그러나 민담은 증거물에 호소할 것은 없이 이야기 그 자체로 완결된다. 신화에서 주인공은 곧 神이며 그의 행위는 신이 지닌 능력발휘다. 전설에서의 주인공은 구체적 역사적 인물로 그 행위는 인간과 인간, 인간과 사물 사이에서 일어나는 예기치 않는 관계가 많다. 민담에서의 주인공은 일상적인 인간이다. 그러나 난관을 극복하고 운명을 개척해 나가는 행위를 한다. 전승의 범위는 신화는 민족적 범위의 전승이다. 민족의 고대사, 실제 혹은 가상적인 역사와 관련을 가지고 민족적 융합을 위해 신성성이 작용하는 것이 예사다. 전설의 전승범위는 증거물의 성격상 대체적으로 지역적인 범위를 갖는다. 대부분의 증거물은 일정 지역에만 알려져 있다. 어느 지역의 전설은 그 지역에 거주하는 사람들 전체에 알려져 있고, 지역적 유대감을 갖게 해주는 구실을 한다. 민담의 전승범위는 지역적 민족적 유형은 있어도, 어느 지역이나 민족적으로 한정되지 않는다. 개인전승으로 이루어지며 분포는 세계적이다. 특정 민족에 흥미로운 민담이면 약간의 수정만 가해도 흥미로운 민담일 수 있다.

이상에서 신화 전설 민담이 지닌 각자의 차이점을 기술했는데, 그것을 정리 圖示하면 다음과 같다.

神話 說話 民譚의 차이[1)]

항 목	신 화	전 설	민 담
1. 전승자 태도	神性性 인식	진실성을 믿음	신성성, 진실성 인식아니함
2. 시간과 장소	태초의 신성한 장소	구체적인 시간 및 장소	뚜렷한 시간 및 장소없음
3. 증거물	메우 포괄적인 증거물	특징의 개별적 증거물	증거물 없거나 아주 포괄적인 증거물
4. 주인공	神중심	人間중심 구체적 역사적 인물	일상적인 人이나 人間적인 행동을 하는 동물, 기타
5. 주인공의	신적 능력발휘	예기치 않은 사태에 좌절	인간적인 행동. 그러나 예기치 않던 사태에 이르러서는 초월자 도움으로 운명을 개척
6. 結構의 특징	崇高的 宗敎的	비극적, 운명론적	희극적 낙천적
7. 전승의 범위	민족적(씨족적, 부족적)인 범위	지역적	범세계, 범민족적

說話의 三分法은 인류학자 말리노브스키(B. Malinowski)에 의해서 비롯되었으며(1926년 팜프렛 형식으로 출판된 논문) 이 3分法을 적용하지 않는 지역도 있으나 三分法의 분류는 많은 자료를 구분하는데 有用하기 때문에 한국 학계에서는 이를 사용한다고 한다.

1) 曺喜雄, 『口碑文學개설』

說話는 원래 口傳으로 출발하여 口碑傳承하다가 어느 시기에 文字로 정착 기록되어 문헌 설화화 되어진 것도 있는데 전설 민담도 口傳과 文獻으로 남아있다.

說話研究를 맨 처음 시도한 것은 독일의 Grimm형제와 自然神學派[2]들로 그들은 설화의 起源을 인도와 유럽에 두고 있어 印歐기원설이라고도 한다. 그들의 주장은 言語傳播의 공통성에서 찾으려 했던 것이다. 인도 고전인 빵짜탄트라(panchatantra)를 번역한 독일 梵語學者 T. Benfey는 빵짜탄트라의 내용이 유럽 각국의 설화와 유사한 것이 많다고 하여 그도 印歐起源說을 주장한다. 빵짜탄트라는 古代 인도에서 王子教育書로 제작된 책이다. T. Benfey의 설화의 印歐起源說은 상당한 의미와 설득력을 지니고 있다고 생각한다. 왜냐하면 인도는 東洋의 오랜 역사와 문화를 지닌 지역이었고, 그러한 문화와 역사의 전파는 실크로드의 교류로 시작되었고, 그의 성행은 불교의 전래에 의해서 더욱 활발해졌다고 볼 수 있다. 인도에서는 빵짜탄트라 이전에 이미 구비전승되어졌던 옛 이야기들이 Veda文學에 영향을 주었고, Veda의 영향은 說話文學에도 지대한 영향을 미쳤기 때문에 설화의 印歐起源說은 설득력이 있다고 본다.

앞에서도 언급했지만, 학술적으로 전해 오는 설화는 神話, 傳說, 民譚으로 민속학계에서 사용하고 있다고 했지만 필자의 생각은 과연 神話를 설화의 범주 안에 넣어 이해함이 타당할 것인가 하는 의구심을 갖게 한다. 왜냐하면 신화는 대체로 宇宙의 起源, 人間의 起源, 開國의

2) 神話기원의 체계성 정립한 학파, 신화의 기원을 자연현상의 의인화에 둔다는 설

起源, 습관의 起源 등에 관한 설명을 신뢰하고 神聖視하며, 그 초월적 존재에 의해 평안한 생활을 영위하도록 원하고 행하는 것을 의미하고 있기 때문이다. 즉 신화는 社會나 人間存在의 의미를 부여하고 그를 규정하는 것이다. 太古의 사실에 의하여 현실세계의 기초를 만든다고 볼 수 있는데, 그것은 태고의 시대가 현실 생활과 밀접하게 결합하고 그를 규정하고 있으므로 神聖視된다는 것이다. 神話는 起源神話와 結末神話로 분류한다. 神話와 人間은 자신을 둘러싸고 있는 세계에 대하여 행하는 사색의 결정이라 할 수 있었다. 특히 近代社會에 이르러서 學問이 個別化되어지기 선까지는 神話는 사색의 수단이었으며 表現方法이었다. 신화에 대한 사색은 언제나 구체적인 物과 관계 하에 視覺的인 형태로 이야기된다는 특징을 지닌다. 그러나 신화가 이야기하고자 하는 대상은 現世界 以前의 것이어서 現世에 그 대응물이 없다. 그래서 神話에서는 現實世界의 사실에서 다소 변형하여 초자연적 모습으로 변하게 하여 Image화하게 된다. 따라서 사회의 변화에 따라 신화도 변화해 왔다. 예를 든다면 國家社會가 되면 宇宙의 기원, 人間의 기원 등의 創造神話보다 國王의 正統性을 내세우는 王權神話(開國신화)로 변한 것이 그것이다. 결국 신화는 사람들이 살아가는데 규범이나 의미 즉 존재기반을 부여하는 것으로서 언제나 필요했었던 보편적 신화와, 특정의 집단이나 계층에만 존재기반을 부여하는 것으로서 필요했었던 특수신화가 있었다. 그러므로 신화해석에 있어서도 보편성과 특수성 그 어디에 역점을 두느냐에 따라서 의미가 달라질 수 있는 것이다. 특히 『三國史記』, 『三國遺事』의 記事는 거의 모두 王權神話임을 볼 수 있는데, 이는 독자적인 신화를 갖는 부족사회가 보다 강한 부족에 통합되고 이어서 강대한 정치권력을 갖는 국가가 성립되고 그 지배자인 국왕에 대한 신화가 다시 만들어지는 것은 우리 역사에서 많이 볼 수 있다.

神話에서의 神들이 半神的 영웅, 혹은 人間的 영웅으로 변했을 때를 신화의 傳說化라고 한다. 이는 곧 神話는 傳說에 先行된다는 견해라 할 수 있다. 설화는 神話 傳說에 이어 발생한다고 하는데 敍事文學의 Genre를 神話, 傳說, 說話로 보는 견해가 그렇다. 필자는 說話의 범위를 우리 민속학계서 유용하는 설화의 3分類에 의거 기술함을 원칙으로 하나 神話의 성격을 王權신화적인 견해로 기술해보려 한다.

한국의 문헌 설화의 자료는 『三國史記』, 『三國遺事』, 『고려사』 등의 5史書와 『세종실록 지리지』, 『동국여지승람』 등의 地理書에서 채록할 수 있다. 본격적인 說話集은 조선시대 徐居正, 成俔, 康希孟에서 비롯되었으나 현대에 이르러서는 1980년 출간된 『韓國石碑文學大系』에 수록되어있는 文獻說話資料의 寶庫가 되었다.

Ⅲ. 益山地域의 百濟 說話

익산지역에는 百濟史와 관련된 설화가 口傳과 文獻을 통해서 전해왔다. 그 중 『三國遺事』 소전 武王條의 설화를 대표로 지적할 수 있고, 그에 상응한 유적들이 현존하고 있으므로, 그것을 통해서 백제 무왕의 익산천도 미륵사 창건 연대에 관한 논쟁이 꾸준히 있어왔음은 잘 알고 있다. 한편 국문학계에서는 설화는 물론 서동요라는 향가에 대한 연구도 지속되어 왔었다. 향가는 신라시대로부터 고려 前期까지 창작되어

鄕札로 표기한 한국 고대 定型詩인데 25首가 現存하고 있다. "薯童謠"는 "慧星歌"와 함께 新羅 眞平王代(579~631)의 작품으로 알려졌고 이는 現存 鄕歌中 가장 오래된 작품으로 알려졌다. 薯童謠의 作者는 薯童이고 4句体 형식이며, 성격은 呪術的인 면을 갖춘 呪歌로 알려져 왔다. 더욱이 薯童謠는 人間의 주관적 의지가 투영된 사랑의 呪歌로 김학성 선생은 그 성격을 나타내고 있으며 4句体의 짧고 간단한 내용이지만 다양한 연구 대상이 되어왔다. 향가는 韓國 古代文學史的으로 중요한 자료일 뿐 아니라 國語史 연구에도 중심적인 자료로 국문학계의 관심을 받았다. 특히 薯童謠는 이면의 서사적인 내용이 역사는 물론 불교, 문화, 경제, 정치 등 각 분야의 연구에 중요한 자료를 세공해 주있다.

"薯童謠"가 鄕歌研究와 國語史研究의 중심 자료였다면 그의 서사적인 서동설화는 民俗學, 佛教學 정치 문화 경제학 등 고대 익산지역의 문화적 총량을 감지 시켜 준 대표적인 설화로 남아있다고 할 수 있다.

익산지역에는 서동설화를 뒷받침하는 五金山이란 山과 山名이 현존하고 있고, 双陵의 유적이 전해지고 있으며, 龍華山과 그 산에 獄子寺가 현존하고 있으며 龍華山 아래 益山寺址에는 西塔의 一部가 고색창연한 옛 모습을 말없이 간직하고 있는데 그러한 현존 유적들이 『三國遺事』기록을 잘 뒷받침하고 있다고 본다. 또 王宮里 五層石塔 등의 유물은 百濟 武王의 益山 遷都와 彌勒寺 創建年代에 대한 무한한 의구심을 안겨주는 유물과 문헌이 있어 고대의 익산지역은 많은 관심을 갖게 해주는 곳이다. 어쨌든 『三國遺事』 소전 武王條의 설화는 고대백제사회에서의 익산지역의 문화적 위치를 현현 시켜주는 중심적인 역활을 한다고 생각된다.

1. 薯童說話의 전개

『三國遺事』 所傳 紀異篇 閼英, 脫解, 首露 등의 始祖, 王과 왕비의 생애에 대한 기록을 始祖傳承이라고 한다. 武王條의 薯童說話에서 서동이란 주인공이 탄생하여 왕위에 오르고 미륵사를 창건한다는 一代記가 있다. 백제 땅에서 마를 팔아 생활하던 미천한 소년이 신라의 공주를 아내로 맞이하여 왕이 되고 사찰을 창건한다는 薯童說話에 대한 견해와 논설이 다양하다. 우선 서동설화의 전개를 정리한 논설을 정리하고자 한다.

익산지역은 옛부터 別都, 別宮, 혹은 遷都地, 南遷地 등으로 전해져 왔다. 遺事 武王條를 비롯해서 『東國輿地勝覽』, 『大東地志』, 『益山邑地』, 『觀世音應驗記』 등의 文獻에는 武王에 대한 記錄, 双陵에 얽힌 기록, 報德城에 대한 기록이 전해온다. 또한 王宮坪은 馬韓의 內宮터라는 기록, 後朝鮮王基準에 대한 기록 등 그 내용을 정리해 보면 첫째, 익산지역은 三韓時代까지 거슬러 올라가는 유구한 역사의 땅이라는 것을 알 수 있고, 두 번째는 歷史의 중심인 別宮, 別都, 遷都地의 역할을 했었다는 것이고, 세 번째는 百濟末 武王의 一代를 함께 한 지역이었으며, 익산에는 동양 최대 최고의 가람인 미륵사를 창건했다는 창건 연기설화의 기록이 전하는데 현존하는 미륵사지는 백제 문화의 역량을 살필 수 있는 자료로서 큰 역할을 하고 있다.

어떻든 익산의 백제 설화로는 武王條에 실린 薯童의 一代記와 미륵사 창건 연기설화가 대표적이라고 할 수 있고, 그밖에 五金의 전설이나 双陵의 이야기 등은 미륵사 창건 연기설화에 부수된 것으로 이해하여

왔는데, 그것은 그러한 유적이 오늘에 전해오고 있기 때문이고, 또 거기에 수반된 전설의 전래가 그를 뒷받침하고 있음이다. 그러나 더욱 더 중요한 부분은 그 내용을 몇 가지 文獻에서 살펴볼 수 있다. 고산자 金正浩 『大東地志』의 『益山』 條에는 "今益山武王置別都於此"란 기록에 의거 황수영 선생은 帝釋寺址를 百濟 武王의 別都, 別地로 추정했다. 『新增輿地勝覽』 卷33, 益山 「山川」 조에도 "王宮井 在郡南五里 世傳 古宮闕遺址"라 기록되어 있는데 世傳이라고 되어있고 정확한 시대는 밝혀져 있지 않다. 그러나 益山 邑地의 「王宮坪」 條에서는 馬韓時朝宮[3] 또 「宮坪」 條에서는 內宮[4]으로 전해오고 있다. 馬韓은 後朝鮮王 箕準이 衛滿의 亂을 피해 南쪽으로 내려와 開國하여 이름을 馬韓이라 했는데, 箕準은 箕子 40代孫[5]으로 金馬는 後朝鮮開國說과 百濟置都說로 추정되어 왔다.

双陵에 관한 기록은 高麗史 地理誌 金馬郡條에서는 後朝鮮武康王과 王妃의 陵(속칭 末通大王陵, 혹은 百濟 武王, 小名은 薯童)이라 기록되어 있고 世宗實錄地志 益山郡條에서는 "후조선왕 基準王과 妃 双陵(在郡西地五里許, 속칭 武康王을 末通大王이라 했다"는 기록을 일찍이 梁柱東 先生은 末通大王은 百濟 武王임을 그의 『朝鮮古歌硏究』에서 상세히 밝혔으나 이병도 先生은 이를 반박하였다. 卽 末通은 武王의 高祖인 東城王으로 그의 諱가『牟大』, 『摩帝』로 되어있고 日本書紀에는『末

3) 益山邑誌 上卷 古蹟「王宮坪」條

4) 益山邑誌, "世傳馬韓時內宮至今階砌石尙存"

5) 『新增東國輿地勝覽』 卷33, 益山 「建置沿革」 條 註記에 "後漢朝鮮王箕準 箕子四十代孫也回避衛滿之亂浮海而南至韓地開國仍號馬韓"

多王』이라 했는데 이는 맏동과 音이 비슷하여 혼돈한 것이다. 그러므로 双陵은 東城王과 그 新羅夫人의 陵墓라고 추정6)했다. 文獻上의 기록을 정리해 보면 익산지역은 後朝鮮 箕準의 馬韓 開國, 百濟의 置都地로써 전해왔고 百濟의 대 가람인 彌勒寺의 創建의 역사적 의미를 추구해 볼 수 있는 관심을 갖게 한다.

형식과 내용을 3단계로 분류할 수 있다. 첫째, 출생담과 日常生活, 둘째, 結婚과 王位 즉위, 셋째, 미륵사 창건설화가 그것이다.

첫째, 출생과 일상생활

> "30代 武王의 이름은 璋이다. 그 母親이 과부가 되어 서울 남쪽 못가에 집을 짓고 살았는데 그 연못의 龍과 情을 통하여 璋을 낳고 그 아이 이름을 薯童이라 하였으며, 서동은 도량이 커서 헤아리기가 어려웠다. 항상 마를 캐어 팔아서 生活했으므로 서동이라 했다."

고 기술되어 있는데, 이는 薯童의 탄생과 그 인품에 대한 표현이다. 여기서 薯童이 龍子로 태어나는 탄생은 神話的이라고 할 수 있으며 특히 創業主들의 建國神話같은 형태를 지닌다. 建國 神話에서 창업자는 神異한 탄생을 하고, 용모에 특징이 있고, 기개가 활달하다든지 해서 남다른 특징을 지닌다. 삶의 전개과정에서 힘든 고난과 시련을 극복하게 되고 드디어 영웅으로 군림하는 神話的인 구조에서 薯童의 탄생설화를

6) 이병도, 「薯童說話에 대한 新考察」, 『韓國古代史研究』, 博英社, 1976, p.548

이해할 수 있다고 본다.

서동의 부친격인 龍은 탄생을 특징짓고 있는데 이러한 龍관련한 탄생설화는 거의 모두가 神聖婚의 의미를 내포하고 있는데 그런 神聖婚의 상징인 龍의 특질은 무엇일까

神話에 있어 祖上이나 建國의 영웅은 永遠한 存在라는 뜻에서 不可思議한 超人的 위력자로 숭배되었고 그러한 예시성은 동양에 있어서는 다양한 傳說을 낳았다. 예를 들면 漢 高祖의 母는 꿈속에서 蚊龍과 接神하여 高祖를 낳았다는 說이 있듯이 이는 動物의 생산력상징으로 우리나라에도 많은 탄생설화가 있다. 예를 들면 新羅 始祖 朴赫居世王后 閼英은 鷄龍의 在脇에서 탄생한 龍女였고, 백세의 견훤은 지렁이와의 교접을 통해서 神異한 탄생을 했다고 하는 것이다.

古代中國 三皇의 下半身은 蛇形으로 전해지는데 龍은 行雨施의 상징으로 농경사회에서는 龍信仰이 깊었으며 海岸에서도 龍신앙이 성행했다. 더욱이 신이의 탄생자로 태어난 군주는 龍의 가호를 받아야만 막강하게 天下를 다스릴 수 있다는 사고가 옛부터 내려와서 용을 국가 최고의 통치자로 상징7)하게 되었고 龍神의 숭배는 호국의 기틀을 삼으려 했었음을 『三國遺事』에서도 살펴볼 수가 있다. 신라 문무왕은 死後에도 海龍이 되어 나라를 지키는 불법의 기틀을 다졌다. 武王의 池龍交通의 탄생설화는 고대인의 신화의식 구조를 표현한 중요한 부분이라고 볼 수 있다. 神話의 구조를 통해서 武王에 대한 崇拜사상과 그를 위대한 存在로 승화시켰던 점이라고 할 수 있다. 그런 의미에서 薯童의

7) 박계동, 『한국민담연구』 21.

탄생은 神話的 구조에서 이해하게 되어 진다. 그의 度量이 커서 헤아리기가 어려웠다고 하는 뜻은 서동의 탁월한 능력을 상징한다고 볼 수 있다. 薯蕷(마)를 팔아서 生活을 유지했음은 시장경제가 이루어진 시기로 보는 견해도 있다. 龍子로 神異한 탄생은 했으나 마를 캐어 팔아서 생업을 영위했던 미천한 신분의 소년을 사람들이 薯童이라 했다고 한다. 여기까지는 서동의 탄생과 평범한 생활상의 기록이다.

둘째, 결혼과 王位즉위 내용

"신라 진평왕의 셋째 공주 善花가 아름답기 짝이 없다는 말을 듣고 머리를 깎고 신라 서울로 가서 마를 아이들에게 먹이고 아이들과 친해졌다. 동요를 지어 아이들을 꾀어 부르게 했다. 동요내용이 대궐까지 알려져 신하들이 왕에게 간청하여 공주를 먼 곳으로 귀향보내게 되었다. 떠나는 공주에게 왕후가 순금 한 말을 노자로 주었다. 공주가 귀향처로 갈 때 서동이 도중에 나와 맞으며 동행했다. 공주는 서동을 몰랐으나 우연히 믿고 기뻐하여 따라갔다. 후에 서동의 이름을 알고 동요와 맞는 것을 알았다. 같이 백제로 와서 왕후가 준 금을 내어 생계를 도모하려 하니 서동이 크게 웃으며 자신이 마를 캐는 산에 황금을 흙과 같이 쌓아 놓았다 했다. 공주는 놀라서 그것이 천하의 귀한 보배임을 알려주고 그 황금을 신라의 궁전으로 보낼 것을 요청한다. 서동은 금을 모아서 구릉처럼 쌓아놓고 용화산 사자사 지명법사에게 의뢰하여 지명법사의 神力으로 하루 사이에 신라 궁중에 갖다 놓았다. 진평왕이 신비한 변화를 이상히 여겨 항상 안부를 물었다. 서동이 이로부터 인심을 얻고 왕위에 올랐다."

미천한 신분의 서동의 행위가 구체적으로 드러나는 부분은 선화공주와의 결혼에서 살필 수 있다. 마를 팔아 생활하는 百濟人이 머리 깎고 신라에 들어가 "서동요"를 지어 부르게 하여 자신의 욕구를 실현해서 공주를 얻고 인심을 얻어 王이 되었다. 여기서 結婚까지 과정은 구체적이라고 할 수 있으나 王이 되는 과정은 잘 나타나 있지 않았다. 결혼 과정에서 서동은 龍子로써 힘이 있는 영웅의 모습이 아닌 지혜로운 영웅[8]의 모습으로 나타난다. 그는 노래를 지어 널리 퍼뜨려서 공주가 부왕으로부터 내쫓기게 해서 자신과 만나게 되는 일련의 과정에서 힘으로 군림하지 않았음을 살펴볼 수 있다.

공주가 노자로 받아온 황금덩이를 본 서동이 자기가 마를 캐는 산에 그것이 많다고 해서 같이 확인하고 지명법사의 신력으로 신라 궁궐에 보냈다고 했는데 실제 익산지역에 전해오는 五金寺 傳說[9] 전설에 의하면,

> "五金寺 전설에 의하면 백제 무왕이 어렸을 적에 맛동(薯童)이라고 하였으니 그는 이곳 오금산에서 홀어머니와 외롭게 살며 마를 캐어 저자에 팔아 근근히 생계를 잇더니만 하루는 다섯 개의 금덩이를 캤다. 이는 실로 그 효성이 하늘에 통함이라 하여 곧 나라 안에 총망을 받아 신라 일대의 미인 선화비를 얻어 장가들었다. 이어서 백제의 왕위를 계승하고 금덩이를 사자사 지명법사의 신통력으로 왕비의 고국인 신라

8) 宋孝燮 저, 「紀異篇 說話들의 敍事구조」, 『三國遺事說話와 記號學』, 一潮閣, 1992, p.87.
9) 宋祥奎 口述, 「흥미있는 두 개 전설」, 『익산고분』, 익산중학교, 1967.

로 하루 밤 사이에 옮기고 그 모친을 위하여 이 곳 산중에 절을 지어서 五金寺라 이름하였고 세상 사람들은 그를 薯童大王이라고 일컫는다."

이상의 내용은 효성 지극한 연유로 맛동이가 마를 캐다가 금덩이를 캐게 되었고 그 공덕으로 선화비를 얻고 왕이 되었다. 모친을 위해 五金寺를 창건했으며 세인들은 薯童大王이라 칭했다고 할 수 있는데, 이 설화의 내용은 한 마디로 五金寺 創建연기설화가 중심이라고 할 수 있고, 武王條의 서동설화를 근원으로 해서 효심을 강조한 오금사 창건연기설화로 재편되어진 것이라 이해할 수 있다.

셋째, 미륵사 창건 연기설화

"하루는 王이 부인과 함께 사자사에 가다가 용화산 밑의 큰 못가에 이르자 못 가운데서 彌勒三尊이 나타나므로 수레를 멈추고 경례하였다. 부인이 왕에게 "나의 소원은 이곳에 큰 절을 세웠으면 하는 것"이라 하니 왕이 허락하고 지명법사에게 못을 메울 일을 문의하니 神力으로 하루 밤사이에 산을 무너뜨려 못을 메워 평지를 만들었다. 彌勒三尊像과 會殿, 塔, 廊廡를 각각 세 곳에 세우고 額号를 彌勒寺라 하니 眞平王이 여러 工人을 보내어 도와주었다. 지금까지 그 절이 있다."

이상이 彌勒寺 創建에 대한 설화내용이다. 『三國遺事』 所傳의 武王條의 내용을 3단계로 구분하여 보았다.

薯童說話 鄕歌에서 薯童謠에 대해서 先行된 연구가 많은데 그것은

먼저『薯童』에 대한 관심사였다고 할 수 있다. 鄕歌 및 吏讀研究에 선봉이었던 小倉進平에서부터 시작해서 자칭 國寶一号였던 梁柱東 博士를 비롯한 많은 학자들이 薯童에 대한 학설을 전개한 바 있는데 첫 번째 문제는 설화의 주인공이 역사적 인물인가 아닌가에 대한 관심사였는바 여기서는 먼저 先行사료를 다음 몇 가지로 집약해 볼 수 있다.

① 서동 = 武王설

『삼국유사』 소전의 武王條의 내용을 그대로 신빙하는 설이라 할 수 있다. 卽 薯童은 곧 백제 30대 武王이라고 보는 견해로 이는 국문학계에서는 지배적이었다. 梁柱東 先生은「薯東」은「末子」의 뜻「맛둥」,「막둥」,「마퉁」으로 속명『末通大王』이라 하여 薯童이 武王이고 薯童謠의 作者도 武王으로 단정함[10]에 따라서 그 뒤의 연구자들[11]도 모두 같은 의견을 내세워 국문학계의 일반적인 학설처럼 알려졌다. 뿐 아니라 考古學界에서도 역시 薯童이 곧 武王임을 주장[12]하게 되었고 이는 곧 學界의 定說로 전해왔다고 할 수 있었다.

② 서동은 무왕이 아니라는 설

이를 처음 주장한 분은 사학계의 거봉 이병도 선생이었다. 그의『薯童說話에 대한 新考察』에서 서동설화 내용의 歷史的 사실에 근거해서

---

10) 梁柱東,『古歌研究』, 일조각, 1965, p.443

11) 조윤제, 김사엽, 김동욱, 조지훈, 이능우, 구자균, 정주동, 김기동, 김준영, 김종우, 정병욱, 이명선 先生 등

12) 고유섭, 홍사준, 황수영, 이양수 先生 등

薯童은 武王이 아니고 東城王13)임을 강력히 주장하고 있다. 그런가 하면 金善祺 선생은 東城王說에 의의를 제기한 바 있다. 그는 서동은 元曉임을 주장하고 있다. 『三國遺事』의 『元曉不覊』의 기록과 서동설화를 비교하여 武王條와 원효의 일화는 8가지 일치점14)을 갖고 있기 때문에 서동설화의 주인공은 元曉이고 서동요의 作者도 원효라고 하여 종래의 학설과는 다른 주장을 하고 있다. 그런데 史在東 先生도 지금까지의 설에 반박하면서 종래 서동설화의 연구 내용들은 說話가 歷史化하는 아이러니컬한 표본15)이었다고 주장했다. 즉 薯童說話를 史實과 혼동하여 薯童을 實在 인물로 고증하려던 從來의 모든 업적에 대하여 비판하고 그 나름대로의 說話硏究의 방향을 제시한 바가 있다16)고 주장하여 先行 연구에 비판을 가한 바 있음에 주목해야 한다. 史在東 선생은 "薯童說話의 주인공으로 분장된 歷史的 人物은 『古本』에 나타난 그 명칭으로나 이 설화의 反射, 投影된 歷史的 事項들로 미루어 武王, 東城王보다는 오히려 百濟의 武寧王代로 맞대어질 것 같다.17)라 하면서 薯童이

---

13) 이병도 「서동설화의 신고찰」, 『역사학보』 1집, 1952, p.49~68

14) 1. 원효와 서동의 어릴 적 이름이 비슷하다(誓幢과 薯童) 2. 원효는 스님이니 머리를 깍았고 薯童은 신라에 잠입할 때 머리를 깍고 들어간 점이 같다. 3. 원효스님과 薯童이 노래를 지어 불렀다. 4. 서동이 결혼한 선화공주인지 증거를 찾을 수 없고 5. 서동요는 신라노래지 백제노래 같지 않고 6. 화랑도 이전에 생긴 노래 같지 않다. 7. 원효의 절은 新幢, 初開라 했고, 武王은 미륵사를 지었다. 8. 신라가 경제적으로 넉넉해진 것은 지증왕 이후로 본다. 위의 여덟 가지 점을 들어 서동설화의 주인공은 원효 외에 될 수 없다고 주장했다.

15) 사재동, 「서동설화연구」, 『지헌영 선생 회갑논총」, p.949

16) 사재동, 「서동설화연구」, 『지헌영 선생 회갑논총」, p.951

17) 사재동, 「서동설화연구」, 『지헌영 선생 회갑논총」, p.950

武寧王이 될 수는 없으나 서동은 설화의 元來的 主人公이고 武寧王은 歷史的 主人公일 수 있겠다는 입장에 서있다. 즉 서동설화의 역사적 주인공은 武寧王으로 보려는 새로운 설을 學界에 제안했음은 설화를 說話學的으로 연구하려는 새로운 동향이라고 그는 피력했다. 설화의 주인공을 그대로 역사적인 인물로 받아들이고 있음은 學界의 定說처럼 전해오고 있으나 설화의 주인공과 역사적 인물을 구별하려는 설이 3人의 學者에 의해 제안되었다.

한편『三國遺事』卷2 武王條의 薯童說話를『彌勒寺 創建緣起 說話』[18]로 규명하는 실도 있는데 필자는 여기에 대해서 언급해 보고자 한다.

2. 彌勒寺 創建緣起說話의 意義

『三國遺事』所傳 武王條의 설화는 益山 彌勒寺 創建 緣起說話로 百濟佛教 思想의 一面을 이해하는데 매우 중요한 자료로써 알려져 있다, 특히 미륵사지 西塔이 一部 남아있는 옛 모습과 현재까지 발굴을 통해서 밝혀진 유적들은 百濟佛教文化를 이해하는데 소중한 자료가 되었으며 특히 미륵사 창건 연기설화의 의미를 파악하는데 많은 도움을 주고 있다.

武王條 설화에서 武王이 彌勒寺를 創建하게 된 직접적인 계기는 龍華山 아래 연못에서 三尊佛의 出現이었다. 善花王妃는 三尊佛의 출현을 보고 왕에게 創寺를 발원했고 무왕은 그 곳에 미륵사를 짓기로 결

18) 김영태,『백제불교사상연구』, 동국대학교출판부

심했으나 그 佛事의 성립은 知明法使라는 스님의 神通力을 빌리게 되고, 또 新羅로부터 보내온 많은 工人들의 힘을 입게 된다. 佛事과정에 나타난 神聖性은 武王의 영웅적 상징을 과시한 것으로 이해된다. 미륵사 創寺의 직접적인 동기는 彌勒三尊의 출현에 있다고 하겠으나 탄생 자체는 물론이고, 公主와 결혼하고 드디어 王이 된다는 설화의 모든 과정에 연기의 내용이 포함되어 있기 때문에 武王條를 "彌勒寺 창건 연기 설화"라고 하는 것이고, 이 설화는 물론 佛教說話이며 創寺緣起[19]說話라고 한다.

佛教說話 특히 『三國遺事』所傳의 創寺 관련 설화는 薯童說話에서처럼 비현실적이고 비상식적인 동기로 인해 創寺했다는 기록이 전한다.

고려시대 반야산에 큰 바위가 솟아올랐는데 그 바위는 미륵불상으로 지명 스님이 관촉사를 지었다[20]는 내용은 불상의 출현지가 연못과 산이란 차이만 있을 뿐 직접적인 創寺 연기설화의 내용은 동일한 패턴을 이룬다.

新羅 景德王이 땅 속에서 염불소리가 들려 땅을 파보니 四面佛이 묻혀있어서 그 자리에 절을 짓고 掘佛寺라고 했던 創寺 연기 說話들은 비현실적이고 비상식적인 집에서 공통적이라 볼 수 있듯이 서동설화도 그와 同一性을 지니고 있다. 地龍의 아들로 탄생해서 마를 캐던 맛동이가 他國의 공주와 결혼하고 인심을 얻어 王이 되어 미륵사를 創寺

19) 김영태,「미륵사 연기설화 攷」,『馬韓 百濟 文化』 창간호, 1975, p.91.

20) 관촉사 미륵불

했다는 일연의 내용이 상식을 초월하고 있는 것이다. 그리고 당시의 百濟와 新羅 두 나라는 원활치 못한 관계였던 歷史的 사실에 비추어볼 때 비현실적인 내용이라고 할 수 있다. 그럼에도 그는 신라의 公主를 비로 맞고 아내의 청으로 신라 왕국에 황금을 보냈고, 신라 진평왕은 자주 안부를 물었고 미륵사 창건에는 百工을 보내 주었다.

실제적인 사실과는 무리가 많은 내용의 기록들이 創寺연기 설화에 있어서는 실제 이상의 진실을 내포하고 있으며 이러한 면이 바로 創寺緣起說話의 특징[21]임을 『三國遺事』의 기록에서도 찾아 볼 수 있다.

미륵사는 百濟 最大의 가람으로 알려져 있다. 미륵사 창사 연기 설화는 그만큼 百濟史에서의 미륵시의 역사적 불교적 文化的인 모습을 유추할 수 있게 하는 역할을 하는 것으로 그 의의가 있다고 생각한다.

3. 미륵사 創寺의 歷史的 의미

史蹟 150號인 익산 미륵사지 石塔은 東洋最大 最古라고 칭하고 있으며 美術史的으로도 韓國石塔의 始源樣式을 살피는 중요한 資料[22]로 인식하고 있다.

薯童說話에 의하면 武王이 왕비의 청에 의해 미륵사를 창건했다는 기록을 통해서 그 역사적 의의를 구명해 왔지만, 아직까지는 미륵사에 대한 창건 년대, 창건주에 대한 해명이 명확하게 밝혀지지 못했고 다만

---

21) 김영태, p.91

22) 김삼용, 「미륵사 창건에 대한 미륵신앙적 배경」, 『마한 백제문화』 창간호, p.11

여러 설이 전해올 뿐이다.

『三國遺事』 武王條를 역사적 사실로 인정해서 武王代 창건했고 창건주 역시 武王으로 인정하는 일반적 규명이 있는가 하면 두계 선생은 東城王에 의해 創建해서 武寧王代 完成으로 주장[23]하고 있음은 잘 알려진 사실이다.

한편 史在東 先生은 武寧王만이 巨刹 미륵사를 창건할 수 있다[24]고 기술한다. 그는 聖王代를 중심으로 융성했던 불교문화가 무녕왕대에 그 기반을 완성했다고 보았고, 東城王 이후 國基가 바로 섰던 시기였지만 龍華山 이남의 광활한 평야지대를 장엄하기 위해 미륵설화에 王權의 상징을 과시하는 호국적 사찰을 세워 그 곳의 민심을 불교적으로 통일, 귀의시키려는 治民 目的을 달성하려 했던 것이 아니었던가[25]라는 의견을 개진하면서 그는 무녕왕이 미륵사를 창건한 목적은 非命横死한 先王(東城王)의 靈魂을 龍華世界 미륵불의 연화대로 천도함으로써 스스로 호국보살이 되도록 하기 위하여 彌勒大刹을 세웠으리라[26]는 설도 제기하면서 무녕왕의 崇佛心을 높이 표현했다. 그러나 日本學者 故 關野貞氏는 薯童說話를 다시 報德王 安勝에 결부시켜 益山의 彌勒寺 同石塔 · 王宮塔 및 双陵을 모두 報德國 관계로 보려고 하였다.[27] 즉 彌勒寺 創建을 新羅統一后의 報德國 安勝代로 보려했는데, 谷井濟

23) 이병도, 『역사학보』, p.550.

24) 사재동, 「武康王傳說의 연구」, 『百濟研究』 5집, 충남대백제연구소, 1974, p.98

25) 사재동, 上同, p.98.

26) 사재동

27) 이병도, p.546.

一도 同一한 의견을 개진한 바 있으나 故 今西龍氏는 安勝이라고는 보지 않았다.28)

彌勒寺 創建에 관한 기록이 『三國史記』에는 없고, 『三國遺事』에만 있는데 이 내용은 武王條 외에 "法王禁殺條"에 보이는데 여기서는 彌勒寺를 부여 泗沘城의 王興寺29)와 혼동되어 있기 때문에 彌勒寺 創建 年代를 둘러싼 논란이 있었던 것이다. 그것은 2년 庚申(600)에 國都인 泗沘城에 王興寺를 세웠다. 法王이 사찰을 짓기 시작하여 완성하지 못하고 사망하니 武王이 왕위를 계승하여 사찰을 완성하고 寺名을 彌勒寺라고 하였다"라고 한 뒤 끝에 脚註를 달아 武王條의 彌勒寺緣起說話의 原本을 기술30)하고 있다. 法王이 王興寺를 창건했다고 한 후 法王의 사망으로 왕위를 계승한 武王이 佛事를 마치고 사찰 이름을 彌勒寺라 했다는 기록은 모순적이며 혼동을 일으키게 한다. 현재도 부여 白馬江 가에는 王興寺地가 있고 益山에는 彌勒寺地가 남아있기 때문에 기록자의 착오가 王興寺와 彌勒寺를 혼동케 해주는 결과가 되었다. 史記의 法王 2년에 창건했다는 왕흥사는 부여의 王興寺이고 무왕 35년에 완성했다는 왕흥사는 익산 용화산 아래의 미륵사라 할 수 있다.31) 70年代 牧田諦豪 선생의 『觀世音応驗記의 硏究』를 通해서 彌勒寺 創建에 관한 연구가 새롭게 주목받게 되었는데 그의 六朝古逸 觀世音応驗記에 의

28) 이병도,

29) 『三國遺事』 卷3, 法王禁殺條 "明年庚申 度僧30人. 創王興寺於時都泗沘城(今扶餘). 始立載而升遐. 武王繼統. 父基子構. 歷數紀而成. 其寺亦名彌勒寺…"

30) 古記에 있는 바와는 다르다. 무왕은 寡母가 池龍과 通交하여 태어났으며 小名이 薯童이고 卽位後의 諡號가 武王이며 처음에 왕비와 더불어 草創하였다.

31) 김영태, 「미륵사 창건 연기 설화 고」, 『마한백제문화』 창간호, p.96

하면 "百濟 武廣王遷都 枳慕密地 新營精舍. 以貞觀13年歲次己亥冬十一月"라 했는데 이는 百濟 무광왕이 지모밀지에 천도하고 정사를 새로 지었다 정관 13년 11월이라 했는데 貞觀 13년은 百濟 武王 40年에 당하는 연대로써 武廣王은 武王에 해당한다. 지모밀은 益山 王宮터가 있는 王宮里지역이라[32] 하는데 이곳은 미륵사와 인접해 있다. 王宮터는 馬韓(또는 後朝鮮)의 왕궁터로 전해오는데 그곳을 武廣王의 遷都地였다는 것이다. 이와 같은 자료는 彌勒寺 창건을 百濟 武王대로 규명해 주는 역할을 한 셈이다.

百濟史에서 聖王은 後半期 百濟文化中興에 노력하여 실로 백제 문화의 부흥을 도모했고 특히 日本에 佛教를 전한 것도 聖王 때였다. 百濟文化는 원래 儒敎文化의 영향을 많이 받은 古朝鮮 移流民으로 형성된 馬韓의 文化를 母胎로 初期부터 漢文化의 영향이 짙었고, 지식층에는 漢文이 보급되어 유교문화의 작용이 있는 등 유교를 지도원리 삼아 왔으나 聖王以後 백제의 지도이념은 불교와 유교가 조화된 원리를 지니게 되었던 것[33]이라고 한다. 聖王은 도읍을 熊津에서 泗泌城으로 옮기고 國運쇄신을 도모하고 百濟文化 발전에 진력하게 된다. 당시 백제는 겸익이 戒律을 배워와서 律宗을 세웠다. 聖王 이후 백제 불교의 戒律主義的 경향이 聖王의 南遷이후 새롭게 律令國家체제를 갖추려했던 社會的 배경에 불교의 미륵 신앙이 영향을 주지는 않았을까 하고 생각해 본다. 미륵불은 當來佛로써 彌勒三部經에 의한 미륵신앙이 百濟와

32) 황수영, 「百濟帝釋寺址의 연구」, 『백제연구』 4집, 1973, p.13.

33) 김삼용, 「미륵사 창건에 대한 미륵신앙적 배경」, 『마한백제문화』, 창간호, p.20

新羅시대에 성행했음은 잘 알고 있는 사실이다. 특히 彌勒下生신앙이 성행했고 미륵불의 하생을 염원한 기록이 많은 것이 그를 입증한다고 생각된다. 그런 의미에서 미륵사는 彌勒思想의 實現道場으로 하려했던 것이 미륵사 創建의 理念이며 그것이 곧 歷史的 의미를 지니는 것이 아닐까 생각된다.

以上에서 彌勒寺 創寺의 歷史的 의미를 살펴 보았다. 결국 創寺 年代에 대해서는 결정되어진 학설은 없었지만 古逸六祖 觀世音應驗記에 기술된 내용에 貞觀 13년에 지모밀지에 천도했다는 기록을 인정하면 이때가 곧 武王 40年에 해당하므로 이 설을 인성하는 것 같다. 다만 武王을 武廣王으로 표현했음에 대해서는 "百濟 武廣王이란 곧 武王이니 三國遺事王曆 또한『或云武廣』이라 傳하여 주었다."[34]고 하여 武廣王은 武王으로 인증하고 있다.

결국 益山은 文獻上에서도 別都, 別宮, 또는 遷都地, 혹은 南遷地였음을 기록을 통해 살펴볼 수가 있었다. 그럼에도 불구하고 확연하게 歷史的 사실에 근거한 人物의 主人公을 정리해 볼 수 없었음은 과제로 남게 된다.

그러나 그러한 歷史的 바탕을 기반으로 해서 民譚과 說話는 발생하는 것이다. 薯童說話도 그런 歷史的 바탕을 기반으로 해서 성립되어진 것이라고 볼 때 설화에는 깊은 진실과 사상을 내포하고 있을 수 있기 때문이다.

34) 황수영, 「百濟 帝釋寺址의 연구」, 『百濟硏究』, 충남대백제연구소, 1973, p.13.

Ⅳ. 結言

益山지역은 1960年代 王宮里 五層石塔이 해체되어 거기서 수습된 舍利具와 金板金剛經 등에 의해서 王宮坪의 성격구명에 관심을 불러일으킨 계기가 되었다고 볼 수 있다. 특히 그 인근에는 百濟의 最大규모인 彌勒寺址 史蹟과 東方最古의 石塔인 彌勒寺址 東塔이 남아있어서 이 지역에 대하여 內外學者들의 관심이 끊임이 없었던 곳이었다.

1974년 원광대학교 부설 馬韓·百濟文化 硏究所의 彌勒寺址 東塔址 發掘調査와 더불어서 古代 益山지역에 대한 관심은 더욱 고조되었다고 할 수 있다. 곁들여서 馬韓·百濟文化 硏究所에서는 발굴조사와 병행하여 國際學術會議는 물론 國內學術會를 開催해서 學術的 論議와 검증을 수차례 진행한 바 있다.

결국 古代 益山지역의 歷史的 위치를 검증했고 그 文化的 기능을 들여다 볼 수 있었기에 百濟 最大 가람이었던 彌勒寺 復元을 모색하기에 이른 것이 아닐까 생각해 본다. 미륵사 창건은 百濟末期의 흐트러진 國家의 國創業 내지는 中興을 모색해 보려는 國家的 政治理念을 내포한 百濟의 律令體制 확립과정에 깊은 관계를 지니고 있는 곳으로 알려지기도 했다.

古代의 益山地域은 앞에서도 언급한 바와 같이 이 지역의 中心的 역할을 해왔음을 여러 文獻을 통해서 알 수 있었다. 箕準이 南遷地라 했고, 또는 馬韓의 古都였다고 전해오고 있고, 百濟 武王의 別都經營 혹은 遷都說은 古逸六祖 觀世音應驗의 硏究에 의해서 분명히 밝혀졌다. 또 益山에는 國都의 要件인 域址, 宮址가 있고, 寺院址, 그리고 王陵이 있다.[35] 彌勒寺의 創建主와 年代에 대해서 東城王을 주장한 이병도 선생도 益山地域을 아마 그 때 百濟의 別都로서 重要視되어, 왕의 빈번한 行幸을 보게 되고 따라서 龍華山下에 彌勒寺와 같은 巨刹이 경영되는 등 東城王과의 緣故가 가장 깊었던 그 곳이므로 해서가 아닐런가 한다.[36]라 하여 益山지역을 百濟의 別都로 인정한 바가 있다. 이처럼 古代 益山은 한 지역의 主體的 歷量을 지닌 國都, 내지는 別都로써 경영의 中心을 이룬 지역이었음을 알 수 있었다. 百濟의 薯童說話는 益山을 무대로 薯童이란 한 개인의 一代記를 담은 설화지만 설화의 의미는 彌勒寺 創寺 緣起說話로 보는 견해가 많았다.

彌勒寺라고 하는 東洋最大의 가람 창건의 연기이기 때문에 연기에 담겨진 思想 즉 佛敎的 理念구현이 없을 수 없을 것이고 佛敎的 理念구현은 百濟佛敎의 신앙과 文化的 기능을 엿볼 수 있게 된 것이다.

古代 益山지역이 國都, 혹은 遷都, 別都地로써 政治文化의 總力量을 지니고 있었는데 彌勒寺 창건으로 인해서 佛敎 信仰을 통한 文化的 기능의 활성으로 새로운 국가 사회의 창출을 도모하려는 政治文化의 理念이 존재한 것은 아니었을까 하는 의구심을 갖게 한다. 왜냐하면 王과 妃가 龍華山行을 하려할 때 연못에서 彌勒三尊佛의 出現이 있었고 妃의 소망에 의해 王은 龍華山下에 彌勒寺라는 巨刹을 창건했다는 설화의 내용에서 몇 가지 의문이 생긴다. 첫째는 王妃의 소망이 그처럼 대규모의 巨刹을 창건할 수 있을 것인지. 둘째는 미륵 三尊佛 출현의 의

35) 황수영, p.10.

36) 이병도, p.549.

미는 무엇일까. 그리고 知命法師의 神通力의 과시는 어떤 의미이며, 新羅 眞平王이 百工을 보내서 寺刹 創建을 도왔다는 의미는 무엇일까 하는 등등이다. 王妃의 소망은 彌勒寺 創寺를 위한 허구로써 구성되어질 수 있다고 할 수 있겠다. 왜냐하면 薯童은 善花王妃를 얻기 위해 많은 노력을 했고 또 王妃를 얻은 후 王이 되었기에 王妃의 소망으로 寺刹 創建의 첫 장을 펼칠 수도 있다고 생각되어진다. 위의 의구심 가운데 중요한 부분은 彌勒三尊의 출현이라 하겠다. 龍華山 아래 彌勒三尊의 출현은 百濟가 彌勒下生의 佛國土建設을 도모했으며, 이는 百濟佛教의 한 특징이라고 할 수 있다. 當來佛인 彌勒佛의 佛國土인 龍華世界를 百濟에 具現하려 했고, 거기서 三回說法을 구현하려한 百濟의 彌勒信仰의 배경이 彌勒寺를 創建하도록 된 것이 아니었을까 하고 생각되어진다. 新羅의 미륵신앙도 관념적이고 理想的인 신앙에만 그치지 않고 事實的 現實로서 彌勒이 곧 花郎으로 現人身으로 구현된다는 구체적인 신앙형태를 보였음에 비해 百濟의 미륵신앙은 이 땅위에 彌勒佛의 薯童世界를 實現하려는 國土的 具現을 理想[37]으로 하였음에 그 특징이 있다.

百濟의 沙門 謙益이 中印度에 가서 律문을 배운 후 귀국하여 律宗을 세워 開祖가 미륵불을 모셨고 律藏을 번역한 것이 聖王代였었다. 聖王以後 百濟佛教의 계율주의적 경향은 法王의 禁殺條의 선포와 조화를 이루게 되었고 律令國家的 체제를 갖추려 했던 社會배경 속에서 持戒를 기본으로 삼고 있는 미륵신앙이 활발히 전개되었던 것이 아닌가

37) 김삼용, p.18

생각한다. 즉 百濟의 미륵신앙은 百濟佛教의 律宗的경향과 깊은 관계를 갖고 한편 당시의 律令社會가 要求한 信仰體系이기도 했을 것으로 이는 百濟의 미륵신앙이 百濟의 땅에 龍華世界의 具現을 갈망했고 그렇게 하기 위해서는 미륵신앙의 基本 수행인 十善道를 實踐하려는 계율주의적 성격을 지니게 되므로 百濟 미륵신앙은 계율주의적 경향을 지니게 된 것이 아닌가 생각한다. 그러므로 미륵사의 창건은 百濟末의 흐트러지는 국가의 중흥을 위해서 未來佛인 미륵불의 龍華會上을 國土에 具現하여 律令社會를 건설하여 現世淨土를 실현하고 나아가 국가의 중흥을 다져보려 했던 것은 아니었을까 생각해 본다.

彌勒下生信仰은 末法思想과 맞물려 있었으나 歷史上에서는 革命的인 사건과 관계가 깊었었다. 弓裔가 스스로 미륵불이라 칭하고 아들을 靑光菩薩 神光菩薩이라 하고 미륵을 자처한 사실은 잘 알려진 歷史的인 事實이다. 그만큼 미륵은 當來佛로서 龍華世界건설의 希望佛로 교설되어 있었으나 百濟佛教에서는 龍華世界의 國土的 具現을 백제인들은 간절히 도모했었다고 볼 수 있고 그런 백제인들의 강력한 신앙의 원력이 大刹 미륵사를 창건하게 된 것이 아닌가 생각되어진다.

彌勒寺가 위치한 益山지역은 다방면에서 연구를 하고 있다. 역사, 문학, 고고학, 미술사, 민속학, 정치, 경제, 문화에 걸쳐서 많은 관심의 대상이 되고 있다. 특히 발굴조사 이후에는 더욱더 많은 관심과 주목을 받아서 연구가 계속되고 있는 지역이기도 하다. 그것은 古代의 益山地域이 고대의 익산지역이 어떠한 위치를 점하고 있었는가에 대한 가치를 상상해 볼 수 있기도 한다.

1975년 미륵사지 東塔址 發掘調査時에 풍탁이 발굴되었었다. 오랜 세월 흙속에 묻혀있었던 金도금 風鐸이 출토되었을 때 찬란하게 빛나는 금빛을 대하면서 百濟文化의 성격을 상상해 본 적이 있었다. 정교한 문양과 단아한 모습에서 백제인의 품격을 조금 느껴본 경험이 필자가 백제를 이해하는데 많은 도움을 준 계기가 되었었다.

고대 익산지역의 文化的 성격을 다음과 같이 정리할 수가 있다. 첫째, 고대 익산지역은 한 지역의 中心에서 경영과 文化의 축을 이루었다는 것이다. 龍華山下에 넓은 평야를 지닌 金馬와 王宮뜰 지역이 古都, 혹인 遷都地, 別都로써 요소를 갖추고 있다고 할 수 있다. 지금도 龍華山에는 旗準城이라 전해오는 城의 흔적이 있고 五金山, 「陵, 宮坪, 帝釋寺址, 彌勒寺址 등의 유적들이 그를 입증하고 있는 것이다.

둘째, 現傳說話로 薯童說話, 五金寺說話, 双陵에 대한 이야기는 모두 薯童說話에 부속되어지는 내용이므로 익산의 百濟說話는 薯童說話가 代表的이라고 할 수 있는데 薯童說話는 서동 一代記로 이해할 수 있지만 필자는 이를 미륵사 창건 연기설화에 무게중심을 두었다. 왜냐하면 古代 益山지역에서 彌勒寺의 創寺는 획기적이라고 봐야 하기 때문이다. 이 설화를 통해서 百濟의 歷史와 文化의 척도를 추량할 수 있기 때문이다. 백제는 익산에 미륵사를 창건하고 백제중흥을 다짐하는 律令體制의 확립이란 역사적인 과업의 추진력이 되었다고 볼 수 있기 때문이다.

셋째, 백제 불교가 龍華會上의 國土的 具現 실현을 위해 未來佛인 彌勒下生 신앙을 통해서 중앙집권적인 정치체제의 요구와 龍華會上건설에 대한 신념이 발전 전개한 점이다.

넷째, 龍子로 태어난 薯童의 탄생에서 龍은 민간신앙의 '머리신앙'

의 불교적 전개로 民衆신앙을 불교의 미륵신화로 변형 전개시켜 정치적으로는 중앙집권적인 律令體制를 강화하고 佛國土化하려는 理念하에 미륵신앙의 傳敎가 있었다고 볼 수 있다.

오늘 益山地域에 전해오는 유적은 益山지역이 古代, 특히 百濟史에 있어서 한 文化의 축을 형성했던 지역으로 주목을 받아왔다. 특히 彌勒寺의 창건은 百濟의 국가 경영의 한 획을 그었다고 할 수 있으며, 또 백제 불교의 신앙형태와 불교사상으로 국가중흥을 도모했음에서 불교이념의 정치적 활용을 찾아볼 수 있었다.

益山지역의 고대문화는 佛教文化의 융성을 엿볼 수 있었다고 본다. 미륵사 창건이 바로 그것을 입증해 주고 있기 때문이다.

童心

宮澤賢治 童話의 教育的 意味

『일본학』 제24집, 2005.

宮澤賢治 童話의 教育的 意味

Ⅰ. 序言

宮澤賢治의 동화는 현재도 많은 독자의 사랑을 받고 있다. 그의 작품은 死後에 오히려 더 많이 알려졌을 뿐 아니라, 이미 세계 각국으로도 소개되어서 220여 편(1983년 현재)이 각국의 언어로 번역되었다고 전한다. 번역된 언어로는 영어를 비롯해서 독일어, 프랑스어, 중국어, 헝가리어, 스웨덴어, 힌디어, 에스페란토어 등이라고 하는데 이는 그의 작품이 일본은 물론 세계 각국에 그의 동화를 좋아하는 상당하는 독자가 있음을 의미하는 것이라고 볼 수 있는데 그렇다면 그의 동화는 왜 그렇게 많은 독자층을 갖게 되었으며, 꾸준한 관심을 불러일으키는 것일까?

1996년은 宮澤賢治 誕生 100년이 되는 해였다. 이를 기념하는 행사가 매우 성대했다. 작품집이 새롭게 간행되었고, 작품에 대한 연구서적

이 많이 출간되었으며, 賢治와 그 작품을 중심으로 각종 이벤트가 다양했다. 이보다 먼저 발족한 宮澤賢治學會(1990년 9월 발족)의 イ-ハトブセンタ를 중심으로 宮澤賢治研究가 진행되어왔지만, 탄생100주년에는 전국규모의 宮澤賢治연구를 위한 연구단체가 결성되어 東京의 『宮澤賢治研究會』를 비롯해서 많은 연구단체가 발족되었다, 1990년9월22일에 열린 宮澤賢治學會에는 900여명이 참가해서관심을 나타냈고, 1700여 명의 회원이 입회했다[1]고 전하는데 과연 宮澤賢治는 어떠한 인물이었기에 후세 사람들로부터 많은 관심을 받는 것일까? 일본의 여러 문학기념관 중에서 연간 입장자수 1위는 宮澤賢治 文學 記念館이라고 한다. 어린이와 어른 관계없이 함께 관람한다고 하는데 관내는 동화전시만이 아니고, 보석이 전시되어 있기도 하고, 浮世繪가있고, 레코드, 첼로, 교재, 그가 만든 화단 등이 전시되어 있어 전시관이 문학기념관이라고 하기보다는 잡다한 것들이 모여 있는 유원지같은 인상이라고 小柳學氏는 표현했다. 그의 문학관내부를 통해서 우리는 그의 인생을 드려다 본 듯한 느낌을 갇게 된다. 단순한 동화를 위한 동화작가 이상의 그의 삶의 모습이 묻어있는 것 같은 뭔가를 느끼게 된다. 그는 왜 동화를 썼을까하는 의구심이 생기게 되고 따라서 그의 인생과 동화사상에 연민의 정을 갖게 하는 매력이 있다고 생각한다. "세계가 행복해지지 않으면 개인도 행복해 질 수 없다"는 그의 신념이라고 한다. 그는 농민지도에 일생을 보냈다고 해도 과언이 아니다. 그러면서 시, 동화, 단가, 각본 등을 창작해서 훌륭한 작품을 남겼다. 그런데 그의 동화는 무엇을

1) 田口昭典, 「宮澤賢治の展望」, 洋洋社, 1992, p.240.

어떻게 표현하고 있기에 시간과 공간을 초월해서 읽혀지고 있는 것일까? 하는 의구심을 갖게 된다. 宮澤賢治를 소개하는 문장에서는 시인이면서 동화작가 라는 내용이 공통적이다. 그렇다면 시와 동화라는 Genre를 공유했기 때문에 그의 동화가 특수성을 갖는 것일까? 하는 등등의 의구심이 생긴다.

그것은 한 마디로 언급한다면 아마도 作家 賢治와 그가 쓴 동화작품이 둘 아닌 하나였기 때문일 것이라고 생각한다. 즉 賢治의 일상적인 생활철학의 응집된 표현이 그의 동화세계로 전개되어진 것이 아니었을까? 라는 사고를 하게 된다. 어느 작가든지 작품과 자기사고와 생활자세와 무관하지 않겠지만 賢治의 경우는 너무나도 밀접했기 때문에 지적하지 않을 수가 없다. 37세라는 짧은 일생을 농촌지도와 신앙과, 꿈을 실현하기 위해서, 작품을 쓰고, 비옥한 농촌을 가꾸는 농촌의 지도자로써 짧은 인생을 굵게 살았던 그의 일생이 묻어난 동화이기 때문에 일본 초, 중, 고등학교의 국어교과서에 수록될 만큼의 국어교육의 한 장을 차지하여 차세대 국민교육에 밑거름이 되기도 했다. 또한 국경을 초월해서 독자를 갖고 있으며, 세기를 넘어선 현재까지 관심을 갖는 것이 아닐까하고 생각한다. 본 논문에서는 그의 동화사상에 대하여 고찰해 보고 그 의미를 정리해 보려는데 목적을 둔다.

Ⅱ. 宮澤賢治의 生涯와 작품

1. 生涯

宮澤賢治는 1896년(명치 29년) 8월 27일 岩手縣 裨貫郡 花卷町 大字里川 弟12地 割字川口町 295(현재의 花卷市 豊澤町41-1)에서 부친 政次郎, 모친 いち(이찌)의 장남으로 태어났다. 부모는 옷집과 전당포를 겸했고, 부친 政次郎은 독실한 정토진종의 신자였다. 賢治는 가정의 신앙적 영향을 받게 되었고, 경전이야기를 많이 들었고, 가족들과 함께 불전에 모여서 불전을 암송하기도 했다. 형제는 세 명의 여동생과, 남동생이 한 명이었다.

1903년 4월, 그는 花卷町 立川口 小學校 尋常科에 입학했으며, 이때부터 그는 經典과 동화를 좋아했고, 진흙으로 불상을 조성하기도 하고, 광물채집과 곤충채집에도 열심히 했다고 한다. 小學校입학한 해부터는 부친을 따라서 「佛教 講話 會」에 매년 출석했다고 한다.

1909년 岩手縣立 盛岡中學校에 입학하여 집을 떠나서 학교의 기숙사로 갔다. 중학교 3학년 때 이미 石川啄木의 "一握の砂"라는 短歌에 영향을 받아서 단가를 짓기 시작했다.

1914년 3월, 중학교 졸업하고, 4월에는 축농증수술을 했으나 후유증으로 2개월 동안 병원에서 요양하고 집으로 돌아와서 가업을 도왔다. 같은 해에 그는 『漢和對照妙法蓮華經』을 읽고 깊은 감동을 받았고 그로부터 법화경에 대한 깊은 믿음을 지니게 된다.

1915년, 盛岡 高等農林學校 農 學科 弟二部(현재의 岩手大學 農學

部)에 수석합격해서 다시 학교의 기숙사에서 학교생활을 하게 되었다.

그는 매일 밤 암호문자를 이용해서 일기를 쓰고, 법화경을 가까이 했다. 한가한 시간이면 기숙사에서 큰 소리로 법화경을 낭송해서 주위를 놀라게 하기도 했다.

농림학교 본과를 마친 후 연구생 자격으로 학교에 남아서 稗貫郡의 토질조사 조수로 활동했는데 그때에도 그는 조사하러 가는 곳마다 법화경전 인쇄본을 가지고가서 농민들에게 나누어주기도 주었다고 한다. 또한 그때부터 5년 동안 채식생활을 하면서 동화를 썼고, 불전 동화 풍의 작품을 인쇄해서 무명으로 배포하는 등의 특별한 행동을 했다고 한다.

1918년 12월 일본 여자대학에 다니던 여동생 とし(토시)가 폐렴으로 동경제국대학 부속병원에 입원했다는 소식을 듣고 모친과 상경해서 다음 해 2월까지 간호하면서 上野도서관을 출입했다. 당시(1919년) 23세였던 賢治는 동경에 머물면서 日蓮宗 신앙단체인 國柱會를 방문해서 법화경 신앙을 돈독히 하면서, 동경에 머물러서 인조보석제조업을 해 보려고 했으나 부친의 부름을 받고 완쾌된 여동생을 데리고 고향으로 돌아온다. 여동생은 대학 졸업 후에 고향 모교인 花卷高等女學校 교사가 되었다. 여동생 토시가 賢治의 시 600여수를 정서해서 歌集을 만들었고, 그 다음해(1920년)賢治는 盛岡 高等農林學校 地質學部 研究科를 마치고 독서와 지질조사를 계속하면서도 법화경에 대한 신앙은 계속되었다.

1921년 상경해서 국주회 방문해서 高知尾智耀씨를 만난다. 그로부터 그는 낮에는 「文信社」라는 출판사에서 일하고 밤에는 국주회의 강연회에 참석하고, 上野공원에서 포교활동도 열심히 했다. 당시 국주회의 高知尾智耀는 국주회가 주창하는 純正 日蓮主義의 신앙은 신자들 각자가 자신의 생업을 통해서 펼쳐가는 것, 글로써 뜻을 펼치는 것 자체가 참 신앙이지 전문적인 종교인이 되는 것이 참 신앙이 아니라고 알려주면서 글로써 대승불교의 진리를 찾는 창작을 권고 받고 열성을 다 하겠다고 다짐한다. 즉 문학으로서 가르침을 넓혀가자고 하는 제안을 받은 賢治는 한층 더 창작에 집중했다고 한다.

여동생 토시의 병이 악화되어 賢治는 다시 고향으로 돌아와, 稗貫郡立 稗貫農學教(현재 花巻農業高等學校) 선생이 된다. 담당 과목은 화학, 수학, 영어, 토양비료였고, 농사일의 실습도 담당했다. 계속해서 동화창작활동을 하면서, 그는 독일어와 에스페란토어 공부도 시작했다. 1918년 12월말부터 병으로 고생해온 여동생 とし가(당시 20세) 1922년 24세의 꽃다운 나이에 짧은 인생을 마친다(1922년). 어떤 사람이라도 혈육과의 사별은 표현할 수 없는 마음의 아픔을 가슴에 안고 살겠지만, 賢治는 유난하게도 여동생을 지극히 아꼈고 사랑했었기 때문에 그만큼의 아픔과 충격이 컸다는 것은 잘 알려진 사실이다. 그는 여동생 죽은 날 밤에 「無聲慟哭」, 「永遠の朝」라는 글로써 사별의 충격과 누이의 죽음을 표현했다. 다음해(1923년) 여동생とし의 分骨을 국주회 大靈廟에 안치했다.

1922년, 心像스케치 『春と修羅』라는 시를 처음 썼는데, 다음해인 1923년에 東京의 關根書店에서 自費로출판했다. 이어서 이-와또-부2)(イ-ハトブ)동화집 『주문이 많은 요리점』이 東京 光原社에서 간행되었다.

1924년경부터 독학으로 첼로와 올겐을 익혔고, 그의 詩「春と修羅」가 草野心平氏의 권유로「銅羅」에 소개되었고, 이시기에 이미 그의 대표작『銀河鐵道の夜』를 창작했다고 한다.

1926년 花卷農學敎에 농촌지도자 단기양성과정 국민고등학교가 설립되어 그는 그곳 농업학과에서 예술개론을 가르쳤다. 학생들과 함께 레코드콘서트를 비롯하여, 각종이벤트를 했고, 매주 토요일에는 어린이회를 열어서 안델센과 그림형제의 동화와 자신의 창작동화를 들려주면서 고향 어린이들의 정서를 함양시키는 일을 했고, 밤에는 청년들과 모여서 철학과 인생과 종교를 논하면서 생활했다. 언덕의 경사진 땅을 개간해서 스스로 농작물을 가꾸어 수확한 농산물을 매매노하면서『農民藝術概論綱要』를 썼고,『羅須地人協會』를 설립해서 인근의 농민들에게까지 농사짓는 법, 원예, 비료 주는 법 등을 실질적으로 지도해 주었고, 비료상담소를 마을마다 설치해서 헌신적인 지도를 했다. 이러한 그의 노력과 생활태도는 풍요로운 농촌을 이룩해보려는 간절한 소망이 있었기 때문이라고 생각된다. 그것이 바로 이와테켕을 유토피아로 건설하려는 이상으로 실현을 위해서 많은 노력을 했다고 전한다.

그는 농민들에게 농업경작에 대해서는 실천적인 지도자였으며, 羅須地人協會에서 토양학, 비료학, 비료설계지도를 비롯해서 농업에 관한 지도를 강의하면서 농촌을 순회하면서 헌신적인 노력을 했다.

농민을 위한 헌신적인 지도를 하면서도 그는 창작생활도 계속되었다.

---

2) 일본 동북지방 岩手縣(이와떼껭)지역을 宮澤賢治가 dreamland化를 이상으로 "이와또-보"라는 유토피아를 소망했었다고 한다.

1928년 특별히 기후가 좋지 못해서 모든 농작물이 실패하게 되었다. 그는 심리적인 고통도 컸겠지만 그의 심신은 지나친 과로와 영양부족이 중첩된 결과 그는 드디어 늑막염에 결려서 본가에 돌아가 정양했으나, 급성폐렴까지 발병해서 고통을 받았다.

1931년 東北 碎石工場의 기사촉탁 의뢰를 받아서 종사하게 되었다. 다시 폐렴이 발병해서 본가에 돌아와 정양하면서 그는 편지를 보내서 공장을 지도했고, 농사를 지도하는 열성을 보였다. 병석에 있으면서 고등수학 연구를 시작했고, 『아동문학』에 작품 "쿠스꼬-부도리전기"를 발표했으며 많은 詩도 창작해서 다수 발표했다.

1933년 9월 19일 밤 花卷鳥谷崎神社祭禮 행사를 관람하고 밤늦게까지 비료작법에 대해서 상담을 했다. 그날 밤 그는 급성 폐렴이 다시 발병했다. 9월 21일 그는 부친에게 國譯妙法蓮花經 千部를 보시해 줄 것을 유언하고 스스로 목욕재개하고 오후 1시에 사망했다고 전한다. 1933년 9월 23일 花卷町 淨土眞宗 安淨寺에 시신을 봉안했으나, 1953년 7월 花卷市 日蓮宗 身照寺로 改葬했고, 그의 법명은 "眞金院三不日賢善男子"라고 한다.

이상으로 37세의 일생을 마감한 宮澤賢治의 짧은 인생역정을 살펴보았다. 결국 그의 일생은 짧았지만, 다양한 일과 사업에 폭넓게 관여해서 성실한 자세를 보여주었다고 할 수 있다. 그러나 한편 그는 확실한 직장을 평생 갖지 못하고 여러 직장을 전전했음을 볼 수 있다. 그의 직장생활은 農學校 교사로 4년여 간이 가장 길었고, 2년여 동안 실제로 농경에 뛰어들어 농촌생활개선을 위해서 헌신했음을 통해서 볼 때 그는 평생 농촌지도자였다고 할 수 있다. 그 다음이 碎石工場의 기사생활

6개월이 전부였다. 비록 짧은 직장생활이었지만 농촌에 대한 열정과 노력은 쉽게 평가 할 수 없다고 생각한다. 하지만 그의 학력은 당시로서는 고급학력이었을 것인데도 직장에 뿌리를 내리지 못한 원인은 무엇이었을까? 여동생 とし의 발병이 그 원인이었다고 지적하는 설에 따르면 賢治가 그만큼 자신의 여동생에 대한 관심과 배려가 극진했었기 때문이라고 한다.

그러나 그것만이 아닌 또 다른 요건들이 그를 직장에 붙들어두지 못한 그 무엇이 있지 않았을까? 하는 상상도 하게 된다. 예를 들면 개인적으로는 돈독한 법화경 신앙인으로 법화문학의 창달을 위한 사명감이 투철해서 창작에 심혈을 다 했고, 고향 농촌을 유토피아로 건설해 보려는 열정이 두터웠다. 어쨌든 평범하지 않은 그의 일생은 상식으로서는 이해하기 어려운 환경과 그에게는 다양하고 복잡한 내면세계가 있었고 그 속에 賢治가 있었음을 확인하게 되어 진다. 그러한 생활에서도 그는 꾸준하게 창작에 열중했고 그의 작품은 자신의 사상과 심화된 신앙의 표현으로 독자와 만나게 된다.

2. 작품

그는 생전에 시집『春と修羅』와 동화집『注文の多い料理店』2冊이 1924년에 출판되었을 뿐이었던, 동북지방의 무명작가였다. 그의 사후에도 한때는 日本文學史에서 이색적인 작가로 취급되었던 때도 있었다. 그러나 지금은 시와 아동문학 분야에 커다란 영향을 끼친 작가로 새롭게 평가받고 있다. 賢治는 동화작가이기 전에 시인이었다. 그는 첫 시집인 『春と修羅』를 "시"라고 표현하지 않았다. "心像스케치"라고 했는데, 이점이 賢治문학의 독자성을 낳은 원형이라고 생각된다. 그렇다면 과연 그에게 "심상스케치"는 어떤 의미를 가졌을까?

賢治는 산과 들을 거닐면서 광물이나 식물을 자세히 관찰하고 사소한 자연의 변화도 민감하게 느꼈을 뿐만 아니라, 그러한 현상에 이끌려서 마음속에 자연스럽게 만들어진 여러 감정들이나 교감을 관찰하여 기록하는 방법을 만들어 냈다. 그는 그러한 독특한 방법을 "심상스케치"라고 불렀는데, 그것은 자신이 이질적인 여러 존재들의 내면 속으로 들어가서 세계와 자신을 동시에 파악하려는 방법이었다. 그는 시뿐만 아니라 동화까지도 "심상스케치"의 한 형태로 파악해서 표현하려고 했음을 볼 수 있다.

賢治의 동화는 맑은 눈으로 외부세계의 생명을 보고, 그들과 호흡하며, 자유로운 상상력으로 미래를 묘사한다. 제약을 받지 않고 다른 차원을 넘나들며 묘사하는 동화 장르가 賢治에의해 성립되었다고 해도 과언이 아니다. 이것이 그의 작품만이 갖는 독자성이라고 할 수 있다. 賢治도 동물을 주제로 한 동화도 썼다. 이솝우화는 대표적인 동물우화로 알려졌다. 단편적이고 교훈적이며, 동물 중심으로 표현되는 몇 가지 형식 패턴이 정해져있다. 예를 든다면 대체로 등장하는 동물의 몸이 크면 지혜는 없고, 몸이 작으면 지혜가 뛰어나 결국 몸이 큰 동물이 작은 동물에게 지게 되는 모티브로 엮어진 지극히 교훈적이고 도덕적인 내용을 갖게 되는데, 賢治의 동물을 주인공으로 한 동화는 우화적 요소를 충분히 내포하면서 시각적인 언어묘사를 적절하게 사용하고, 의성어, 의태어를 사용해서 자연스럽게 음악적 리듬으로 동화를 구연하기가 쉽다고 한다. 그래서 그의 동물소재의 동화는 일본 초등학교 저학년 교과서에 수록되기도 한다.

賢治는 동화구성에 있어서도 독자적인 특징이 있다고 할 수 있다. 賢治의 모든 작품은 "심상스케치"를 기반으로 완성된 것이라고 볼 수 있다. "심상스케치"는 일체의 존재 속으로 들어가서 존재와 자신을 동시에 파악하려는 노력의 모습이라고 할 수 있다. 그런데 이 "심상스케치"는 그의 작품의 저변에 숨어있는 구도의 측면 이미지로 이해되기도 하고, 사후세계에의 환상, 현실과 이상, 현실과 환상세계에 대한 이중성으로 표현으로 이해되기도 한다. 그의 동화는 대체로 단순 명쾌하고, 문장은 매우 미려하다고 한다. 그래서 그의 동화가 한층 더 시석이라고도 한다. "雙子の星", "貝の火"를 비롯한 동화 등은 주인공의 천진난만한 소박성에서 단순 명쾌함이 잘 나타나있다고 전한다. 또한 동화전체에 흐르는 미려한 문체의 내용은 은유적 표현으로 이상세계를 발원하는 소망이 포함되어있고, 생에 대한 외경과 환희를 통해서 신앙을 깊게 심화시킨 작품이며, 현실의 고통에 대한 슬픔과 분노가 면면히 흐르는 작품을 통해서는 신랄한 풍자를 서술해서 표현하기도 한다.

이러한 작품을 통해 볼 때 賢治작품은 단순히 독자를 향한 지적조작 내지는 과시 등이 내적인 여과과정을 거치지 않고, 밖으로만 향한 일반적인 교훈이나, 풍자와 비유를 그는 사용하지 않았음을 알게 된다. 꾸준히 자신의 심상세계, 즉 마음의 모습을 감성적으로 파악해서 묘사하고 서술한 것이 賢治 작품이 갖는 독자성이라고 지적할 수 있다.

賢治의 동화는 자연의 생명을 정감적, 사념적으로 추구하려는 동화적 구도가 작품의 특징인 것이다. 그의 심상스케치는 불교적 사념, 특히 법화경 신앙에 입각해서 자기완성을 위해 서 쉼 없이 추구했다. 그래서 그의 동화는 어른이 읽을 수 있는 매력을 갖고 있다고 생각한다. 賢治 동화는 살벌한 일상에 심신이 편안하지 못한 어른들에게 신선한 감동과 충격을 주는 이유는 작가 내면에 영원한 동심이 있기 때문이라고 생각한다. 그 영원한 동심의 추구가 그의 동화의 매력이고 특징이라고 생각한다.

宮澤賢治의 주요작품으로 동화 대표작『銀河鐵道の夜』를 비롯해서 "風野又三郎", "ポランの廣場", "グスコ-ブドリの傳記" 등의 장편동화를 지적하고, 그리고 "セロひきのゴ-シュ"와 "オッペル", "三人の兄弟", "よたかの星", "どんぐりと山猫", "やまなし" 등을 포함해서 다수의 동화가 있다. 특기할 사항은 그의 동화작품에서 西域異聞이라고 분류되는 작품이 있는데『법화경』「서품」과「여래수량품」에서 작품을 착상했다고 전하는 "インドラの網"과 "雁の童子", "マクノリアの木", "四又の百合" 등의 작품이 있다. 花鳥동화로 "おきなぐさ", "せきれい", "黃いトマト" 등을 지적하고, 동물 우화는 "ツエねずみ", "クンねずみ", "鳥箱先生とフウねずみ"라는 쥐 세계의 연작을 비롯해서 "カイロ團長", "개구리의 고무구두", "거미와 달팽이와 너구리", "黑ぶだう"茨海小學校" 등이 있다. 초등학교 저학년을 위한 동화로는 "雙子の星", "貝の火", "雪度り" 등으로 주인공이 소박하고 천진난만함을 통해서 순수무구의 아름다움과 슬픔과 기쁨의 묘사전개가 명확하고 음률적인 문체로 서술되어 있다. 성인 동화로는 "ガドルフの百合", "インドラの網" 등을 들 수 있다. 중학교부터 쓰기 시작한 短歌, "心像스케치"라고 자칭한 口語詩 약400편과 만년 동화의 일부와 함께 임종 할 때까지 推敲해

온 文語詩 약200편이 된다. 그 유명한 "雨ニモマケズ"는 그의 수첩에 메모처럼 수록되어 있었다고 한다. 그의 전집이 5회[3] 간행했다고 한다. 이러한 사실을 통해서 우리는 宮澤賢治작품에대한 재평가가 이미 일어나고 있었다고 짐작하게 된다. 5회 간행했다는 상황은 그만큼의 독자가 있었음을 의미하는 것이라고 한다면 그야 말로 그의 작품의 사상과 내용에 주목하지 않으면 안 된다고 생각한다.

Ⅲ. 作品世界

昭和 10년대부터 서서히 宮澤賢治의 작품은 독자로부터 관심과 호기심을 얻게 되었고, 그의 작품은 진가가 드러나게 되었으나, 실제로 그의 작품이 널리 알려진 시기는 賢治 死後 60여 년에 이르러서였다. 그의 작품에 대해서 처음으로 평가해준 이는 草野心平[4]라고 할 수 있다. 草野心平는 1924년 경 賢治의 시 "春と修羅"를 읽고 감동 받았다고 한다. 그래서 草野心平의 권유로 賢治는 "銅羅"의 동인이 되었다고 한다. 草野心平는 "개구리"를 소재로 한 시를 많이 쓴 시인으로 알려졌는데, 그는 개구리의 왕성한 생명력에서 人間同事의 연대감을 추구해 보려는 의지가 있었다고 한다. 그러나 草野心平의 시 세계는 우주 및, 고대

3) 『日本文學事典』, 平凡社, 1982年, p.371.

4) 詩人, 1903年 福島縣출신으로 慶応義熟, 중국 광주, 영남대학에유학, 유학중 광동에서 詩誌 "銅羅"를 창간했으며, 賢治의 全集 편집을 통해서 작품을 소개하기도 했다.

에로의 환상의 폭을 넓혀서 생명의 근원을 추구하려는 경향이 많다고 하는데 그러한 시 세계를 지녔기 때문에 賢治의 시를 쉽게 공감했는지도 모른다. 谷川徹三도(1895年, 愛知縣출신이고, 京都大교수, 총장역임) 賢治작품을 알리는데 공헌한 인물이다. 원래는 철학자였으나 그는 "생의철학"을 基軸으로한 "감상과 반성"이란 평론으로 등단해서 활발한 활동을 했다. 특히 宮澤賢治연구의 축적을 통해서 그의 작품을 알리는데 공헌을 했다고 본다. 賢治작품의 가치를 평가한 또 한 사람은 시인이며, 조각가인 高村光太郎(1883～1956, 東京출신)라고 전한다. 그들은 賢治작품연구를 통해서, 혹은 작품가치를 인정하고 평가를 통해서 많은 독자를 형성하게 되었다.

賢治의 문학은 자연과 인간의 교감이 동화되는 不可思議한 아름다움과 매력이 함축되어 있다고 생각한다. 그래서 독자를 무한한 호기심으로 이끄는 묘미가 있다고 할 수 있다. 즉 독자에게 무한한 호기심을 일으키는 다양한 특질을 지녔다고 볼 수 있다. 그 다양한 특질의 근원이 무엇일까?

모든 문학작품이 작가의 생애와 사상과 무관하지 않듯이 賢治작품도 역시 그의 생애와 사상의 이해를 통해서 접근이 가능 할 것이라고 생각하게 된다. 賢治는 시인이고, 동화작가, 농촌지도자였다고 그의 일생을 정리한다. 따라서 필자는 그의 작품세계를 셋으로 분류해서 이해할 수 있다고 생각한다.

첫째는 작품의 연상적 작용을 지적할 수 있다. 연상적이라고 하는 점은 그의 작품 시와 동화의 연상적 이미지가 강하게 내포되어 있다는 것이다. 그의 시를 읽으면 머리에 떠오르는 이미지는 마치 동화의 연속처럼 이어지고, 또 동화를 읽을 때는 시를 연상하게 되는 연상적 일치감이 그의 작품 전반에 깔려있음을 특별하게 느껴지기 때문이다.

1924년 自費출판했던 "心像스케치" 『春と修羅』의 서두를 통해서 동화적 연상의 가능성이 나타나 있다고 생각하는데 소개하면 다음과 같다.

나라고하는 현상은
가정된 유기교류 전등의
한 푸른 소녕입니다.
(모든 투명한 유령의 복합체)
모든 경치와 함께
깜박깜박 명멸하면서
어떻든 확실하게 계속해서 돌아오는
인과교류 전등의
한 푸른 조명입니다.
(빛은 남고 그 전등은 잊어라)5)

위에서 나, 가정된 유기교류의 전등(투명복합체), 인과교류의 푸른 조명등의 단어나열은 결국 나라고하는 현상에 대한 천착과정이라고 생각할 수 있겠으며, 투명복합체, 인과교류의 푸른 조명이란 단어는 賢治문학세계를 대변하는 표현이면서 이 표현은 그의 대표작이라고 알

5) 『宮澤賢治 詩集』, 白鳳社, 1992年.

려진 동화 『銀河鐵道의の夜』를 연상하게 하는 동화적 이미지를 부각하고 있다고 생각한다. “깜박깜박 명멸하면서 확실하게 계속 돌아오는 인과 교류전등의 푸른 조명인데 빛은 남고 전등은 잊어라”에서 표현한 빛의 세계는 시와 동화가 공존하는 연상적 이미지라고 볼 수 있다고 생각한다. 宮澤賢治의 문학세계를 4차원세계의 표현이라고 지적하는 원인을 위에 소개한 시에서 찾을 수 있다고 생각한다. 그의 작품 대부분은 투명한 빛과 인과교류의 푸른 조명을 기본소재로 하고 있다고 생각한다. 그러기 때문에 그의 시와 동화는 연속적 연상작용의 이미지를 동반하고 있다고 할 수 있다. 그렇기 때문에 시와 동화의 구분을 명확하게 할 수 없는 점이 있는데 그래서 賢治자신이 詩를 詩라고 표현하지 않고 “心像스케치”라고 표현한 것이 아니었을까하고 생각된다. 그러한 입지에서 창작된 詩와 동화는 일치되는 이미지를 연상시켜준다고 생각된다. 賢治도 森佐一氏에게 “春と修羅”는 詩라고 하기보다는 심리적인 사건의 기록이라고 기술하기도 했다. 1922년에 쓴 “眞空溶媒”도 선행된 연구에서는 詩장르에 속해있지만 이 작품도 역시 詩와동화의 양면성을 연상시켜주는 작품이다. 양면적 연상이 곧 賢治작품세계의 특징이라고 할 수 있다.

둘째 賢治문학세계의 특징으로 향토적 문학세계를 들 수 있다. 그의 농촌에 대한 관심은 높이 평가되고 있다. 그는 특별한 농촌지도자였다. 농촌의 유토피아를 건설하려는 이상으로 ‘イ-ハトブ’ 6)실현을 위해서 노력했고, 유토피아를 소재로 한 작품도 많이 썼는데, 동화집 『주문이

6) 조명렬, 「宮澤賢治 작품에 나타난 유토피아에 대한 一考」, 『중앙승가대논문집』 9집, 중앙승가대학교, pp.102～131.

많은 요리점』은 잘 알려졌다. 이 동화집을 賢治 스스로 'イ-ハトブ동화' 라고 명명한 동화집이다. 이 동화집에 표현된 자연 산천은 실제로 이와테 山 주변에 있는 地名을 그대로 표현하고 있기 때문에 그의 유토피아 건설의 의지가 생경하게 나타나 있다고 볼 수 있다. 예를 들면, おいのもり, ざるもり, ぬすともり 등의 지명과 그를 중심으로 표현된 내용에는 현실감이 짙게 나타난다. 賢治의 "イ-ハトブ동화집"에 대해서 선행된 연구가 다양하다. "イ-ハトブ"라는 신조어에 대한 연구도 축적되어 있다. "イ-ハトブ"에 대한 개념파악이 중요하다고 생각되는데 그 개념정리와 이해도 다양한 것 같다. 필자도 이미 정리를 했기 때문에 본고에서는 생략하려고 한다. 다만 "イ-ハトブ동화집" 『주문이 많은 요리점』이 향토색이라고 평가하는 것이 정설로 되어있다. 그러나 단지 향토색이 짙은 동화집이란 평가로 끝나지 않는다는 점을 지적하지 않을 수 없다. 왜냐면 賢治의 『農民藝術概論綱要』는 그의 문학과 이상이 잘 나타나있기 때문이다. 그가 추구한 농민예술은 그의 꿈과 이상실현을 위한 최고의 목적이었다고 생각된다.

그러면 우리는 "イ-ハトブ동화집"의 의미를 파악해야봐야 할 것 같다. 왜냐면 이 동화집에 수록된 동화가 단순히 향토색 짙은 동화라는 평가를 초월한 동화임을 밝혀 보기 위해서다.

賢治는 이들 동화를 "고풍스럽고 형식과 지방색을 지닌 동화"라고 표현했으며, 이 동화집에는 9편의 동화가 수록되어있다. 우서 목차를 소개하고 내용을 간추려 소개하겠다.

1) どんぐりと山猫(やまねこ).

2) おいのもり(狼森) ざるもりと 盜森(ぬすのもり).

3) 烏(がらす)の北斗と七星.

4) 注文の多い料理店.

5) 水仙月の四日.

6) 山男の四月.

7) かしはばやしの夜.

8) 月夜のでんしんばしら.

9) 鹿踊のはじまり.

이상이 "イ-ハトブ동화집"『주문이 많은 요리점』에 수록된 동화 목록이다. 위 작품에서 몇 작품을 선택해서 동화의 줄거리를 요약정리해서 소개하려고 하는데 그 이유는 동화의 내용을 통해서 작가자신의 표현 욕구를 이해 할 수 있을 것이라고 생각되어지기 때문이다.

1) どんぐりと やまねこ(도토리와 들고양이)

이 작품은『법화경』의 "常不輕菩薩品"의 내용을 소재로 한 작품으로 알려졌다. 자연에 대한 묘사가 탁월하고 신선감 가득한 작품으로 평가받고 있는데 내용을 요약정리하면 다음과 같다.

> 어느 토요일 석양 무렵에 한 통의 엽서가 카네타 一郎에게 왔다.
>
> 엽서는 간단했다. 소개하면
>
> "카네타 一郎씨 9월 19일
>
> 당신이 기분 좋은 것 같아서 좋습니다.

내일, 이상한 재판을 할 예정이니까 오세요.

무기는 가지고 오지 마세요.

들고양이 절함"7)

엽서 끝 부분에 "들고양이 절함"이라고 기록된 것은 발신자가 들고양이임을 알게 된다.

다음날 아침, 소년 一郎은 들고양이를 찾아 산 깊숙한 곳까지 갔다. 산에서 들고양이를 찾아다니는 중 비자나무 숲을 지날 때, 마부를 거느린 큰 들고양이를 만났다.

들고양이는 위엄을 갖추고 재판을 열어서 세상에서 가장 훌륭한 것이 무엇인가에 대해서 판정하려고 한다. 소년은 그러한 재판에 초대받은 것이다. 들고양이는 근엄한 표정으로 재판장에 앉아 있다가 일랑을 향하여 "이 세상에서 가장 훌륭한 것은 무엇입니까?" 하고 묻는다.

一郎은 대답한다.

"가장 어리석고, 제멋 대로고, 어쩌면 좀 모자란 것 같은 이가 제일 훌륭하다"8)고 했다.一郎의 대답은 지금까지 들고양이가 고심한 번잡하고 성가신 재판을 해결해 준 실마리가 되었다. 고통스런 문제해결에 들고양이는 매우 기뻐했다. 들고양이는 감사의 표시로 一郎에게 황금도토리를 주었다. 일랑은 그 황금도토리를 가지고 집으로 돌아왔다. 그

7) かねた一郎さま9月 19日, あなたは ごきげんよろしいほで, げっこうです. あした, めんどなさいばんしますから, おいでんなさい. とびどぐもたないでください. ねこ拜.

8) "いちばんばがで, めちゃくちゃで, まるでなっていないようなのが いちばんえらい"

런데 집에 돌아왔을 때 황금 도토리는 보통 도토리로 변했고, 그 이후에는 들고양이로부터의 소식도 없었다."

이 작품을 『주문이 많은 요리점』과 비슷한 점이 있다고 보는 견해도 있는데 즉 시각의 차이에서 일어나는 현상이라고 할 수 있다. 사람이 들고양이를 보는 시각이 아닌 반대시각 즉 들고양이가 인간을 보는 시각으로 시작된 작품이라는 점이다. 넌센스적 환상이라고도 할 수 있고, 우화적이라고도 할 수 있는 모티브를 지녔다고 생각된다.

賢治동화는 인간과 동물의 관계를 주제로 한 작품이 많다. 그의 동물이야기는 이솝 동화의 교훈적이고, 단편적인 의미를 뛰어넘었다고 할 만하다. 일반적으로 알려진 이솝의 동물우화는 정해진 패턴을 갖고 있다. 예를 들면 등장하는 동물의 몸이 크면 지혜가 부족하고, 몸이 작으면 슬기로운 행동과 사고를 하는 것으로 표현된다. 결국 몸이 작은 동물의 승리로 끝나면서 교훈적이고 도덕적인 내용으로 표현된 우화가 대부분이다. 賢治는 우화적 소재의 작품은 동물을 등장시키면서도 시각적인 언어 묘사와 적적한 의성어, 의태어를 절묘하게 사용하고 있어서 동화내용이 자연스럽게 구연된다고 한다.

"도토리와 들고양이"는 동물과 인간의 교류를 소재로 한 동물우화, 혹은 동물이야기라고 한다. 동화의 구성이 대체로 단순 명쾌하고, 문장체가 미려하고, 표현이 은유적이지만 이상세계건설의 소망과, 생에 대한 외경과 환희, 현실의 고통과 부조리에 대한 슬픔과 분노에 이성적인 감정을 엮어서 신랄하게 풍자한 점이 특징이라고 할 수 있다.

2) おいのもり(狼森) ざるもりと 盜森(ぬすのもり)

전설이나 설화로 깊이 뿌리내려 전해오는 향토적 서정성을 이어온 소재를 작품화 한 것으로 평가되는 동화다. 진정한 유토피아의 뿌리를 표현하기 위해서 이러한 동화를 창작했는지도 모른다고 생각된다. 스토리를 소개하면 다음과 같다.

> 어느 큰 바위로부터 숲 이름의 유래를 들었다는 내용이다. 즉 옛날 어느 한 숲이 만들어 졌을 때, 그 숲은 이름이 없었다. 농민들이 숲에 찾아와서 허락을 받고 숲에서 살기로 했다. 그런데 수확하는 가을이 되면 매년 어린이가 없어지거나 아니면 농기구, 혹은 밤 등이 차례로 없어졌다. 그것들이 없어지는 까닭은 그 숲 속에 살고 있는 늑대와 산사나이9)와 盜森때문이었다.

이 작품은 한 마디로 지명유래담이다. 실제 통용되는 지명을 작품속으로 끌어들여서 표현한 것도 賢治작품의 특징이라고 할 수 있는데 이 작품에 대해서 水野葉舟氏는 岩手地方의 各郡에 전해오는 옛이야기의 동화적 구성임을 지적했고, 지방색의 동일성을 언급했다. 賢治의 民話를 주제로 한 여러 작품가운데 이 동화를 민화적 색채가 짙은 佳作이라는 평가를 받고있다.

---

9) 原文은 山男으로 표현했다. 그 의미는 산에 살고 있는 사나이를 뜻하지만, 일본 옛이야기에 나타나는 山男은 깊숙한 산에 사는 수컷 괴물을 말한다. 혹은 やまうば라는 표현도 있다.

3) 注文の多い料理店

大正 13년 東京 광원사에서 초판1천부를 간행했으나 일반인에게는 거의 알려지지 않은 작품이지만, 賢治생전에 이미 몇 사람으로부터 높은 평가를 받았다고 한다. 그의 작품을 최초로 인정한 草野心平도 이 작품이 일본 동화에 새로운 바람을 일으켰다고 찬탄했다고 한다. 賢治死後 水野葉舟는 「宮澤賢治氏の童話について」(『宮澤賢治研究』, 十字屋書店, 昭和 14年)에서 아래와 같이 기술했다.

> 본 동화집의 특징인 "향토의 흐름", "전승되어 오는 이야기를 바탕으로 해서 생긴 요소"를 발탁한 이래 현재까지 본 동화집의 기본성격을 향토색이라고 평가하는 게 定說化 되었다. 단지 나는 이 향토색을 작가 자신의 계획에는 없었고 아마도 무의식적인 것이었다고 본다. 본 동화집이 "イ-ハトブ" 동화라고 명명되어서 작가자신 간행한 詩의 광고 속에 그 의식을 故鄕 岩手의 지방색과 연결하고 있는 점에서도 나타난 것처럼 자신이 명확히 의도한 鄕土주의적 입장이기도 하다.

이는 賢治를 鄕土주의적 입장에서 이해하려고 했었음을 알 수 있다. 향토주의적 입장에서 토착적인 근대 시인으로서의 賢治의 像을 모색했던 境忠一은 『詩と故鄕』에서 다음과 같이 언급한 적이 있다.

> "イ-ハトブ"는 岩手인 동시에 그의 心像宇宙를 표상하는 명사고, 현실을 이상에 연결하려는 관념의 세계이며, 향토에 밀착한 賢治의 향토를 초월하려고 하는 의지로 만들어진 것이다.

또한 小澤俊郎은 「宮澤賢治の童話世界」[10]에서 이렇게 표현했다.

> "イ-ハトブ"동화집으로서 『주문이 많은 요리점』은 향토주의의 연장이며, 다음의 농민예술론을 상정하는 평가라고도 한다. 단순히 향토색만을 목적으로 삼는 것이 아니고 자신의 숙명인 향토를 "イ-ハトブ"라는 새로운 단어를 만들어 가치를 인정하고, 극복하려는 노력에서 성립된 향토주의라고 賢治의 향토주의에 입각한 문학을 평가한 바가 있다. "イ-ハトブ"라는 新造語의 개념과 관념의 실상에 賢治의 향토사상의 의미가 내포되어있다고 생각된다. 그가 만든 新造語의 개념을 파악해서 이해가 되면 "イ-ハトブ"의 사상과 賢治작품에 나타난 유토피아의 작품성을 쉽게 이해할 수 있을 것이다. 그가 구가한 유토피아는 단순하게 자신의 고향 땅 岩手 그 자체가 아니었다고 생각한다. 다만 척박한 농촌, 자신의 고향 岩手라는 지역을 유토피아로 건설하려고 한 것이다. 유토피아의 내용, 즉 사상은 고향주의, 향토주의의 틀을 넘어선 賢治의 우주관이나, 心像世界, 자연과 인간이 공존하는 이상적인 세계를 그는 구축하려고 노력했지, 단순한 고향주의, 향토주의를 고집한 것은 아니라고 생각한다.

"イ-ハトブ"의 대표작으로 알려진 동화 『주문이 많은 요리점』의 줄거리를 소개하면 다음과 같다.

---

10) 水野葉舟, 境忠一, 小澤俊郎諸氏의 설은 『宮澤賢治童話辭典』에서 재인용했음.

영국 병사차림의 젊은 신사가 차가운 빛을 뿌리는 사냥총을 메고, 전문사냥꾼과 곰처럼 덩치 큰 하얀 사냥개 두 마리를 데리고 산 속을 걸어가고 있다. 깊숙한 곳까지 갔으나 아무것도 보이지 않았다. 그들과 동행한 전문사냥꾼들도 망설이다가 돌아갔다. 산세가 험악해서 사냥개들도 현기증을 일으키다가 죽어버렸다. 두 신사도 돌아가기로 결정했다. 그러나 돌아 갈 방향을 찾지 못하고, 배도 몹시 고팠다. 이리저리 헤메고 있을 때 그들 앞에 서양식 건물이 나타났고, 그 현관에 "서양식 요리점 들고양이 가게"라는 간판이 걸려있었다. 두 신사는 그 간판을 보고 용기를 얻었다. 현관문을 열고 들어가니 거기에는 황금색 그자가 쓰여 있었다.

'어느 분이든 들어오세요. 결코 사양하지 않습니다.'

두 신사는 그 문을 열고 들어갔다. 그곳에도 또 황금색으로 안내문이 있었다.

'특히 뚱뚱한 분이나 젊은 분은 두 손 들고 환영합니다.'

두 신사는 계속 문을 열고 들어갔다. 물빛 페인트 문이 있고 그 문에는 '저희 집은 주문이 많은 요리점이니까 부디 양해해 주십시오.'

요리솜씨가 훌륭한 곳이란 의미라고 생각하고 두 신사는 계속 걸어서 안으로 들어갔다. 또 문이 있어서 열고 들어가니, '주문이 상당히 많지만, 부디 화내지 마시고 참의시기 바랍니다.' 라고 쓰여 있었다. 신사들은 주문이 너무 많아서 준비시간이 오래 걸린다는 뜻으로 이해하고 계속해서 안으로 들어갔다. 또 한 문이 나타나고, 그 문 옆에는 거울과 빗이 있었다. 그리고 빨간색 글씨로 '손님 여러분, 여기서 단정히 머리 빗고, 신발의 흙도 털어 주십시오.' 라고 쓰여 있었다. 신사들은 그렇게 하고 안으로 걸어갔다. 또 문이 있고 거기에는 받침대가 있었다.

'사냥총과 탄환은 여기에 놓아 주십시오.' 라고 쓰여 있었다. 총을 그곳에 놓고 또 안으로 걸어갔다. 이번에는 검은색 문이 나타났고, '부디, 모자와 외투, 신발을 벗으십시오.' 라고 쓰여 있었다. 또 다음 문에는 '넥타이 핀, 커프스버튼, 안경, 지갑, 기타금속류, 특히 날카로운 물건들은 모두 여기에 놓아주세요.' 라고 쓰였다. 거기에는 금고가 있었다. 신사들은 전기를 사용해서 요리하는 것이라고 생각하면서 호기심을 갖고 안으로 갔다. 그들 앞에는 유리항아리가 놓여있고, '항아리 속의 크림을 얼굴과 손에 빈틈없이 발라 주세요.' 라고 쓰여 있었다. 항아리 속에는 우유로 된 크림이 있었다. 신사들은 크림을 바르고 서둘러서 들어갔더니, 이번에는 '크림을 바르셨나요? 귀까지 바르셨나요?' 라는 글씨가 보였다. 두 신사는 매우 친절하다고 생각하면서 안으로 들어갔다. 또한 문이 있고, 거기에 '요리는 곧 완성됩니다. 15분까지 기다릴 필요 없이 즉시 드실 수 있습니다. 지금 곧 병속의 향수를 머리에 잘 뿌려주십시오.' 라고 쓰여 있었다. 향수에서는 식초냄새가 났다. 신사들은 문을 열고 안으로 들어갔다. 거기에는 '주문이 너무 많아서 귀찮으셨죠? 미안합니다. 더 이상 주문은 없습니다. 이제 항아리 안에 있는 소금을 온 몸에 듬뿍 바르고 문질러 주십시오.' 라고 써 있었다.

두 신사는 아무래도 이상하다는 느낌이 들어 바들바들 떨기 시작했다. 안쪽에 커다란 열쇠구멍과 함께 은빛 포크와 나이프모양으로 구멍이 뚫려있는 문이 있고 거기는 '지금까지 수고가 많으셨습니다. 그럼, 어서 안으로 들어오십시오.' 라고 쓰여 있었다. 그리고 열쇠구멍 안에서는 두 개의 파란 눈동자가 두리번거리면서 신사들이 있는 쪽을 바라보고 있었다. 두 신사는 눈물을 흘리면서 바들바들 떨고 있는데 안쪽에서 '어서 들어오세요. 냅킨을 두른 두목께서 나이프를 들고 입맛을 다시면서 손님 여러분을 기다리고 있습니다.' 라는 목소리가 들려왔다.

컹컹컹 개 짖는 소리가 들리고, 곰 같은 개가 문을 뚫고 안으로 들어와 방안을 돌다가 문 밖으로 뛰어나가니 문이 열렸다. 순간 2층 건물은 연기처럼 사라지고, 사냥개는 으르렁대면서 돌아왔고, 사냥꾼도 돌아왔다. 두 신사는 풀밭에서 떨고 있는 자신들을 발견했다. 그리고 옷과 신발, 지갑, 넥타이핀은 나뭇가지에 걸려있거나 흩어져 있었다. 두 신사는 사냥꾼이 가져온 경단을 먹고 돌아오는 길에 10엔을 주고 새를 샀다. 동경으로 돌아와서 목욕탕을 다녀왔다. 그들의 구겨진 얼굴은 펴지지 않고 구깃구깃했다.

이상이 동화『주문이 많은 요리점』의 줄거리다.

宮澤賢治의 동화는 대체로 "현실 → 꿈 → 현실"의 구조로 전개되는 작품[11]이 있는데 그 대표작으로『銀河鐵道の夜』를 지적 할 수 있고, 그밖에 "貝の火", "ひかりの素足", "よたかの星"등도 그와 같은 구조로 작품이 구성되어 있다. 그런데 이『주문이 많은 요리점』은 스토리가 "현실→非現實→현실"로 전개된다. 도입부분에서 전개되는 상황은 지극히 현실적이고 현대적이라고 볼 수 있다. "영국병사처럼"으로 시작되는 도입부분에서부터 신사, 차가운 빛을 뿌리는 사냥총, 곰처럼 덩치 큰 하얀 사냥개 등의 표현은 이미지가 너무나 구체적이고 선명하게 기

11) 조명렬,「宮澤賢治의童話에서꿈의設定考」,『중앙승가대학교논문집』 제5집, 1996, pp.242~260.

술되고 있다.

산을 걸어가지만 그들 앞에는 사슴 한 마리도 볼 수 없었고, 산이 험악해서 전문사냥꾼도 달아나 버린다. 사냥개는 현기증으로 죽고, 싸늘해지는 날씨에 두 신사가 사냥을 포기하고 돌아가려고 결정했으나 방향을 잊고 곤경에 처해있을 때 그들 앞에 양옥집이 나타났다.

양옥집이 나타나기 이전까지를 도입부라고 생각한다.

음식점이라는 간판을 발견하고 그 현관에 들어 갈 때부터 그 신사들 앞에는 非現實의 공간세계가 열리는데 열림의 장은 문으로 표현되고 있다. 산중에 어울리지 않는 서양요리점, 그 자체부터가 비현실적인 구도라고 생각한다. 그리고 그 들고양이 가게에는 문이 많았다. 한 공간이 표현될 때마다 문을 설정하고 있는데 그 문들과 거기에 쓰여 진 안내문의 내용을 간추려 보면 다음과 같다.

① 하얀 타일의 멋진 현관문에 황금색 글씨로 '어느 분이든 들어오십시오. 결코 사양하지 않겠습니다.' 12)라고 쓰여 있었다.

② 현관에 들어서니 복도가 있고, 유리문이 있고, 거기도 황금 글씨로 '뚱뚱하고 젊은 분 환영한다.' 고 써 있었다.

③ 물빛 페인트 문에 샛노란 글씨로 '주문이 많은 요리점이니 양해해 달라' 고 써 있었다 .

④ 문에는 거울이 걸려있고, 손잡이 긴 빗이 메 달려 있는데 빨간 글씨로 '거울 앞에서 머리 빗고, 신발에 흙도 털고 단정하게 하라'

---

12) "どなたもどうかお入りください,決してご遠慮はありません".

는 안내가 있었다.

⑤ 문 앞에 받침대가 있고 '사냥총과 탄환을 받침대에 놓아라.' 고 쓰여 있었다.

⑥ 검은색 문이 있고, '외투와 모자, 신발을 벗으라.' 는 내용의 글이 쓰여 있었다.

⑦ 이 문 앞에서는, 넥타이 핀, 지갑, 금속류 등을 까만 금고에 넣으라고 되어있다.

⑧ 또 문이 있고, 그 옆에는 우유크림이 들어있는 유리항아리가 있고, '항아리 속의 크림을 얼굴과 귀에 발라라' 고 쓰여 있었다.

⑨ 크림을 바르고 문을 열었더니 '크림을 귀까지 잘 바르셨나요?' 라고 써 있었다

⑩ 또 한 문을 열었더니 '요리는 곧 완성됩니다. 병 속에 있는 향수를 머리에 잘 뿌려주십시오' 라는 주문이 있었다.

⑪ 식초냄새 나는 향수를 뿌리고 또 문을 여니 '더 이상 주문은 없습니다. 이제 항아리 속의 소금을 온 몸에 듬뿍 바르고 문질러 주세요.'

그들은 현관에 들어가서 복도를 따라 펼쳐지는 공간세계를 문을 하나씩 열고 들어가면서 10여개의 문을 열었다. 소금을 몸에 듬뿍 바른 후에 비로소 '주문이 많다' 는 말의 의미를 깨닫고, 두 신사는 눈물을 흘리면서 당황했고, 안에서는 빨리 들어오라는 재촉이 성화였다.

여기까지를 非現實세계의 설정 표현이라고 생각한다.

"서양식 요리점 들고양이 가게"라는 간판을 보고 그들은 이상하다

고 하면서도 하얀 타일이 까려있는 현관에 들어가면서부터 그들은 비현실적인 공간을 하나하나 문을 열면서 들어갔다. 처음에는 식사를 위해서 찾은 요리점이었다. 그러나 긴 복도에 문을 열 때마다 배고픈 생각은 잊게 되었을 지도 모른다. 다만 밀고 들어간 문마다 펼쳐지는 상황들이 오히려 호기심과 환상을 불러오게 해 준다고 생각하기 때문이다. 마치 탐정을 하는 것처럼 느껴지는 환상적인 전개가 호기심도 유발시키고 있다고 느껴지기 때문이다.

賢治동화에서 초등학교 저학년용에서도 환상적인 요소를 내포하는 것이 많은데 대개 이 동화에서는 넌센스적인 환상을 나타내고 있다고 하는데 그 대표적인 작품으로 "노란 토마토"를 는다. 노란 토마토는 賢治나이 27세쯤(大正 12年이고, 생전 未發表作으로 알려진다.) 창작품으로 저학년 어린이를 대상으로 한 작품이다. 박물관에 박제되어있는 峰雀으로부터 들었다는 이야기다. 주인공은 농사짓는 오누이였다. 자신들이 경작한 토마토가 노랗게 익은 것을 보고 그들은 그 토마토가 황금으로 만들어졌다고 믿게 된다. 그래서 서커스단에 입장하는 사람들이 돈 내고 입장하는 것을 보고 그들은 비록 돈은 아니지만 토마토를 황금으로 믿고 개찰구에 내밀었다. 개찰하는 사람은 화를 내면서 토마토를 던져버렸고, 아이들은 울면서 돌아온다는 내용이다. 단순하고 순수한 유아적 심리를 표현한다고 볼 수도 있겠지만, 노란 토마토를 황금으로 인식하는 것은 넌센스라고 할 수 있다. 노란색과 황금은 색을 통해서 인식되어지는 단순비유 일뿐이다. 그러나 노란 토마토는 박물관에 하급관리인 큐스터가 박물관에 박제로부터 들었다는 전제로부터 동화가 시작되고, 끝 부분에서도 박제가 "그 뒷이야기는 말 할 수 없다"고

하면서 동화는 끝난다. 단순한 구조와 내용이지만 시사하는 바가 많다고 볼 수 있다. 박제된 참새의 입을 빌려서 賢治는 자연과 인간의 관계를 동일한 공간에서 공존하고 있음을 표현했다고 생각한다. 그리고 엉뚱한 발상 즉 넌센스적인 발상을 지적한다면 노란 토마토와 황금의 관계인 것으로 생각된다. 그러나 그러한 발상을 기성의 관념과 선입관을 타파한 신선한 시각으로 평가받기도 한다.

宮澤賢治는 25세에 이미 法華文學의 창달을 권유받고, 사명감을 갖고 창작에 임했던 시기였을 것으로 생각된다. 그래서 그러한 신념을 바탕으로 대승문학창작에 심혈을 다했을 것으로 생각한다. 넌센스적인 구조와 판타지를 엮어서 순수한 세계를 표현하려고 했던 노력이 그의 작품에 잘 표현되고 있다.

동화 『주문이 많은 요리점』에서는 복도의 문을 열고 들어 갈 때마다 호기심이 일어나게 하고는 있지만 순수성의 추구는 나타나지 않는 것 같다. 단지 비현실적인 공간에서 그들은 호기심의 환상에 끌려서 문을 열고 또 문을 여는 행동이 되풀이되는 것이라고 생각되는데 이것이 賢治동화의 특징이라고 할 수 있다.

첫 번째 문에서 마지막 문까지 문 앞에 표시된 안내문의 묘사가 아주 잘 되어있다. 안내문에 사용한 색상도 賢治의 동화에 자주 나타나는 색상이다. 곰처럼 큰 하얀 사냥개를 비롯해서 현관입구에서도 하얀색을 표현했는데 이 하얀색은 "イ-ハトブ"동화집에서 즐겨 표현한 색상이다. 동화 "水仙月の四月"와 "山男の四月", "鹿踊のはじまり"에서도 하얀색이 자주 등장하고 있는데 여기서 하얀색은 대체로 태양과 雪, 참억새를 반영하고 있다. 참 억새가 바람에 흔들리는 상황을 賢治는 "모두 하얀 불처럼 흔들린다"고 표현하고 있다. 하얀색은 순수성을 상징하는 색깔로 인식하고 있기 때문에 賢治자신이 자신의 동화를 통해서 순수성을 추구하는 의미를 갖고 있는 있는 것이 아닌가하고 생각한다. 왜냐면 賢治의 동화사상을 이해하기 위해서는 그가 즐겨 사용한 색상에도 관심을 가져야하기 때문이다. 그는 특히 "イ-ハトブ" 동화집에 수록한 작품에서 태양의 흰빛, 雪, 억새를 백색으로 표현했다. 여기서 표현된 白色은 모두 자연풍광에 의해서 일어나는 빛의 세계라고 할 수 있는데 다만 『주문이 많은 요리점』의 현관입구에는 하얀색 타일을 표현하고 있다. 賢治가 사용한 색깔의 이해는 그의 동화사상을 이해하는 한 실마리가 되는 중요한 부분이라고 생각한다. 특히 "イ-ハトブ"동화집에 표현된 하얀색은 다양한 의미를 시사한다고 생각된다.

두 신사가 입장한 마지막 문에는 '주문이 너무 많아서 귀찮으셨지요? 미안합니다. 더 이상 주문은 없습니다. 이제 항아리 안에 있는 소금을 온 몸에 듬뿍 바르시고 잘 문질러주십시오' 읽고, 파란 도자기 항아리를 본 두 신사는 마주보며 깜짝 놀란다. '주문이 많다' 는 의미를 알았기 때문이다. 주문이 많은 것은 들고양이 가게로부터 손님에게 요청이 많다는 것임을 알아차린 것이다. 그 사실은 마지막 주문에서 극명하게 나타난다.

'지금까지 수고가 많으셨습니다. 그럼 어서 안으로 들어오십시오.' 라는 주문을 읽고 황당해있던 그들에게 안에서 들려오는 대화에서 더 확실하게 상황을 인식하게 된다.

'어서 들어오세요, 두목께서 냅킨을 걸고 나이프 들고 입맛 다시면서 손님 여러분을 기다리고 있습니다.' 이 소리를 듣는 순간 그들은 두려움에 떨고 있었다.

호기심의 장은 여기서 무너진다고 생각한다. 두 신사가 두려움에 떨고 있을 때 갑자기 뒤쪽에서 캉캉캉 개가 짖더니 문이 열리고, 집은 연기처럼 사라지고, 하얀 사냥개와 전문사냥꾼도 돌아오는 현실로 전개된다. 안도의 숨을 내쉬고 돌아오는 도중에 새 한 마리를 샀다. 동경에 돌아왔지만 휴지처럼 구겨진 얼굴은 목욕을 해도 펴지지 않았다고 하는 맺음은 동화가 제시하는 또 하나의 의미라고 생각되어지는데 그것은 바로 동화의 상상력의 제공인 것이라고 생각한다. 해피엔딩의 끝맺음이 아니고, 무엇인가를 같이 생각할 공간을 제공하는 종결이라고 생각하기 때문이다. "노란 토마토"도 그랬다. 즉 박제 참새가 황금 토마토를 화폐와 동일한 가치로 믿고 서커스입장료로 제시했지만 그들은 쫓겨났는데 그 뒷이야기는 박 참새도 모른다고 하면서 끝나는데 이 동화의 종말도 역시 상상의 공백을 제시한 부분이라고 생각된다.

그런데 이 『주문이 많은 요리점』을 "イ-ハトブ"동화집을 대표하는 동화라고 전해오고 있을까? 하는 의구심이 생긴다. 宮澤賢治는 작품해설에서 "식량이 부족한 농촌의 어린이들이 도회문명과 放恣한 계급에 대해서 끈임 없이 일어나는 반감입니다."13)라고 한 해설에서 생각되어지는 것이 있다. 많은 문을 열고 들어간 두 신사는 마지막 들고양이의 앞 공간이었다.

문만 열면 신사들은 들고양이와 대치된 상태에 있었다. 여기서 신사와 고양이의 대비는 도회문명과 자연, 도회의 세련되고 풍부함과 농촌

---

13) "糧に乏しい村のこどもらが都會文明と放恣な階級とに對する止むに止まれない反感です."

의 식량부족을 겪고 있는 어린이와의 대비라고 이해할 수 있고, 끊임없이 일어나는 反感은 반항하는 감정으로 당시 일본사회의 사상적 인 현상을 표현하는 것으로 생각된다.

결국 이 동화는 제목이 주는 느낌부터 특별하다. 『주문이 많은 요리점』은 현대적 의미로 메뉴가 많은 음식점이 아니다. 주문이 많은 쪽은 방문한 손님이 아니고, 반대로 가게에 있는 들고양이였다. 주인이 손님에게 주문하는 가게가 주문이 많은 요리점이었다. 이러한 요리점의 설정이 무엇을 의미하는 것일까? 賢治는 이 작품집에 수록한 동화 9편을 고풍스럽고, 향토적이고, 지방색이 짙은 작품이라고 했다.

이상에서 宮澤賢治 동화에서 향토적이고, 지방색이 짙다고 표현한 "イ-ハトブ"동화집 『주문이 많은 요리점』에 수록된 동화 9편의 제목을 소개하고, 대표작으로 알려진 『주문이 많은 요리점』의 스토리와 구조를 고찰해 보았다.

셋째, 宮澤賢治의 법화경신앙과 법화문학 창달을 위한 신념과 사명감이 그의 동화의 특징이라고 지적 할 수 있다.

賢治를 'Cosmos의 소유자' 또는 '塵點劫의 여행자' 라고 한다. 이는 그의 작품을 통한 평가라고 생각한다. 그를 일러서 법화경행자, 농업기사, 농민의 친구며 실천가, 예술인등으로 칭하는데 그것은 그만큼 다양한 행적의 소유자였다는 의미라고 생각한다. 여기서 'Cosmos의 소유자', '塵點劫의 여행자' 라는 표현은 그의 신앙을 기반해서 창작된 동화를 통해서 붙여진 칭호로 그의 사상을 연구한 학자들의 표현이다. 사실 賢治는 법화경신행과 법화문학의 창달을 위해서 사명감이 투철했다. 18세에 법화경을 접한 후 일생을 법화경 행자로 살았다. 질풍노도 같은 청년기도 법화경행자로 신행하고, 대승불교의 진리를 문학으로 구현하기 위해서 집필에 몰두했는데, 그 당시 賢治가 집필한 원고용지의 분량이 1개월에 3000매 정도의 방대한 분량이었다고 전한다. 賢治작품의 문학정신은 『법화경』의 가르침을 통해서 찾아볼 수 있다고 할 수 있는데 그의 法華文學은 다음과 같이 정리할 수 있다고 생각한다.

첫째, 賢治작품은 대승불교, 즉 법화경사상을 기반으로 법화문학의 창달을 목적으로 창작된 작품을 의미한다. 즉 법화경사상을 널리 전달하기 위한 목적이 자명하기 때문에 법화경 신 행자들은 읽을 필요가 있다고 생각한다. 그러나 그러한 목적을 해결하는 방법으로 모든 문학을 평가한다면 문학을 문학으로 바라보는 자주성을 상실할 우려가 있을 수 있음을 지적 할 수 있다.

둘째, 그가 말년에 쓴 문장에서 그의 문학정신을 확인할 수 있는데

> "결코 교화를 위한 생각을 하지 않고 단지 純眞하게 法樂해야 한다."14)

이 문장은 賢治 만년의 自戒였다고 한다. 이 문장을 통해서 그의 신앙적, 문학적 내면세계를 분명하게 파악 할 수 가있다.

『법화경』은 진리의 통일성을 가르쳐주는 경전으로 萬善同歸敎라고도 하는데 天台大師는 『법화경』을 통해서 불교의 체계를 수립하고 敎判論의 종지부를 찍었다는 경전이다.

---

14) "斷じて教化の考えよべからず, ただ純眞に法樂すべし."

『법화경』 3門 중에서 宮澤賢治는 제3문의 菩薩행도였다. 이는 인간의 현실적인 활동에 중점을 둔 것으로 실천을 강조하는 것이다. 진리, 생명, 실천을 『법화경』의 3대사상이라고 한다면 賢治는 실천에 관심이 많았다고 할 수 있다. 이는 물론 日蓮의 가르침을 따른 것이다. 日蓮은 『법화경』제10 법사품 에서부터 21(22)囑累品의 내용에 대해서 특별한 법을 설했다고 한다.

日蓮主義的 법화신앙이 명치유신 후에 다양한 파당을 짓고, 그 파당은 크게 세 그룹으로 분류했는데 그 분류는, 국가주의적인 신앙을 강조하는 그룹과, 국가를 초월해서 우주의 실상을 신앙하는 그룹, 신흥종교에 포괄된 민중중심의 그룹이다. 여기서 賢治는 국가를 초월한 우주실상의 사상을 신봉하는 법화경행자였다. 『법화경』에서 "세계가 행복해지지 않으면 개인도 행복을 얻을 수 없다. 우리는 세상의 진실한 행복을 찾자"고 하는 보살행을 실천하려는 신념으로 법화문학의 창작에 주력했다고 생각한다.

『법화경』의 「如來壽量品」 16의 내용에 깊이 감동해서 이 내용을 인용한 단편적인 사색문과, 서간문에서도 즐겨 사용했다. 『법화경』신앙을 기반으로 전개한 그의 문학적 접근과 작품의 세계가 오늘날 그의 문학을 평가하는 중요한 핵심을 이루고 있다고 생각한다.

『법화경』을 소재로 한 동화는 "ひかりの素足", "貝の火", "二十六夜", "なめとこやまの熊", "よだかの星", "銀河鐵道の夜", "十力金剛石", "双子の星", "旅人のはなしから" 등과 그의 친구와 친지에게 보낸 서간문에서도 그의 법화경사상에 대한 신앙과 보살행을 실천하려는 열정이 잘 나타나있다. 여기서 "ひかりの素足"은 "如來壽量品"16의 내용을 이미지화 했다고 하고, "貝の火"는 안락행품을 소재로 했다는 견해와 방편품과 비유품을 소재로 한 동화라고 하는 견해도 있다. "旅人のはなしから"의 동화에서는 신해품의 窮子의비유를 연상하게 하는 작품이라고 생각된다. 賢治가 盛岡高等農林學校 재학당시 만든 동인지 『アザリ』15)1호에 수록한 작품이다. 다분히 습작기작품으로 평가할 수 있지만 법화문학 성립의 가능성을 시사한다고 필자는 생각한다.

> 주인공은 여러 곳을 여행한다. 어느 날 나이 높은 왕의 성안에 들어간다. 여행자는 늙은 왕을 보고, 자신이 그 왕의 아들인 것을 알게 된다. 그러나 그 성에 머물지 않고, 여행 도중에 만났던 친구들이 그리워 다시 여행을 계속한다.

『법화경』신해품의 내용을 그대로 옮겨온 느낌이다. 그러므로 이 작품은 습작기의 작품으로 평가 할 수 있다고 생각한다.

동화 "なめとこやまの熊"은 소설적 구성을 연상시켜준다. 숙명적인 인간의 삶을 살고 있는 곰 사냥꾼 小十郎이 일상을 극복하며 살고 있는 구체적인 모습이 묘사되어있다. 곰을 죽여서 모피와 웅담을 팔면서 겪는 심리적인 갈등, 곰을 미워하지는 않지만 생활을 위해서 총을 겨냥하는 小十郎는 자신의 숙명을 거부하지 않는다. 결국 그는 곰에게 살해당한다. 곰 사냥꾼이 곰에게 죽는다는 인과응보의 결과로서 숙명의 고리가 풀어지는 것이라고 할 수 있을까하는 의구심이 든다. 숙명적인 현

15) 大正 6년(1917년) 창간된 학내 동인지다. 賢治 나이 21세 해당되며, 4호로 종간 했는데, 이유는 여동생 토시의 간병을 위해서 상경했기 때문이다.

실을 극복하는 동화는 "よだかの星"이 대표적이라고 지적 할 수 있다. 못생기고 외로운 새 한 마리가 냉엄한 현실을 극복해서 하늘에 올라가 "카시오페아"의 옆에서 빛나고 있다는 내용이다. 못생긴 よだか(쑥독새)는 비슷한 이름을 새 매(타카)로부터 엄청난 구박을 받는다. "못생긴 것이 이름까지 비슷해서 기분 나쁘다. 이름을 바꾸라"는 성화와 구박을 견디기가 어려웠다. 쑥독새는 하늘높이 올라가기를 간절하게 발원하고 필사적인 노력을 한다. 쑥독새는 기적적인 전생이 이루어졌음을 묘사한 동화다. 이를 칭해서 일본 근대문학이 낳은 최고의 미를 나타냈고, 깊은 사상과 높은 정신이 잘 표현된 작품으로 평가한다. 이 작품은 일본의 小學校, 中學校의 교재로 사용된 작품이다. 현실의 고독과 불공평을 탈피한 쑥독새의 脫日常이 밤하늘의 별로 轉生했음을 통해서 종교적 신앙의 성취를 생각하게도 한다.

『법화경』에 입각한 보살정신이 절절하게 표현된 작품으로 그의 시 "アメニモマケズ"는 관심의 대상으로 주목받는다. 이는 "常不輕 菩薩品"에 나타난 보살의 行道를 뜻한다. 그 시를 간략히 표현하면

> 비가 오나 바람이 불어도 눈이 내려와도
> 더운 여름에도 건강한 몸으로 성냄 없이 돌이라도 깨트릴 힘으로
> (중략)
> 동쪽에 병 앓는 어린이 있으면 찾아가서 간병하고
> 서쪽에 지친 어머니 있으면 가서 그 일을 돕고
> 남쪽에 죽어 가는 사람 있으면 가서 두려워하지 말라고 일러주고
> (생략)

바람 불고 비 내리는 악조건도 기쁜 마음으로 헌신적인 노력으로 常不輕 菩薩의 행을 다 하겠다는 보살의 의지가 확실하게 표현되어 있다.『법화경』의 전파를 위한 법화문학의 창달을 목적으로 창작한 동화를 중심으로 살펴보았다.

賢治의 법화경신앙은 국가를 초월해서 우주의 실상을 추구하는 입장이었기 때문에 그의 작품은 우주적인 시각에서 서술한 부분이 많고 塵點劫의 시간을 조망할 수 있었을 것이라고 생각한다. "土偶坊"이라는 희곡에서도 賢治는 "法이 먼저고, 다음이 부모, 세 번째를 가까운 인연으로, 농촌을 최후의 목표로서 猛進할 것"을 주장하고 있다.

이상에서 宮澤賢治 동화의 특징을 셋으로 구분해서 동화의 내용과 성격을 대해서 고찰해 보았다.

불교의 대중화운동의 일환으로 전개된 창도라는 단어는 현대적인 의미로 표현한다면 불교포교를 위한 "설교(설법)"라고 할 수 있다.

다시 말하면 대중에게 불교를 이해시키기 위한 설교를 창도라고 표현했다고 생각한다. 창도는 불교경전의 내용을 중생에게 쉽게 설명하고, 쉽게 전하는 방법을 익혀야 했던 전문분야라고 할 수 있다.

童心

佛教敎義의 大衆的 接近小考

- 唱導文學을 中心으로 -

중국에 불교가 전래된 이후 불교는 교의의 전달과 홍포를 위해서 역경을 했고, 교의의 대중적 접근을 위한 포교의 한 방법으로 창도라는 문화가 東晋이전에 발생하여 隋 · 唐에 이르러 성행했다. 창도는 진정 종합 예술적인 성격을 갖춘 것이라고 필자는 생각한다. 그렇기 때문에 필자는 중국불교에서 창도는 불교교의를 포교하기 위한 불교적 종합예술이라고 기술했다. 『梁高僧傳』에 전독, 찬패, 강경을 창도 3과로 기록되어있는데 그 당시는 聲, 辯, 博, 才의 네가지 조건을 갖춘 창도사를 필요로 했다고 한다. 그만큼 창도는 예술적인 표현을 요구한 것이라고 생각된다. 창도에 어울리는 음성과 박식함과 타고난 재능이 창도사의 구비조건인 점을 감안한다면 예술적 표현이 중요한 것임을 짐작하게 된다. 원래 중국불교에서 창도는 불교교의를 재미있고 쉽게 전하는데 목적이 있었다고 생각한다. 처음에는 대본에 의해서 창도를 했다. 불교교의를 소재로 한 것이다. 창도를 필자는 불교교의의 대중적 접근 즉 포교를 위한 한 방법으로 이해하고 기술했다. 창도의 전개가 변문, 변상으로 이어지고, 돈황변문의 발견으로 중국 민속문학의 발전과 전개에 영향을 주었다는 것도 잘 알려진 사실이다. 그러나 창도의 기원은 불교경전의 서술에서 찾을 수 있다고 생각해 보았다.

『중앙승가대논문집』 12집 – 종석 · 태원스님 회갑기념 논문, 중앙승가대학교, 2007.

佛敎敎義의 大衆的 接近小考

- 唱導文學을 中心으로 -

Ⅰ. 서론

1. 불교문화의 성립

불교는 불타의 깨달음의 내용을 널리 가르쳐서 삼라만상의 모든 중생이 고통에서 벗어나 열반의 즐거움을 누릴 수 있는 방법을 널리 가르쳐 모두가 이고득락의 기쁨을 얻도록 하기 위한 것이 불교홍포의 목적이었고, 불교를 전파하게 된 동기라고 생각한다.

인도에서 발생한 불교가 중앙아시아, 중국, 한국, 일본 등 각 나라로 전파하여 수용되는 과정을 고찰해 볼 때 불교의 수용은 다양한 형태의 불교문화를 형성했고 그것을 토대로 해서 전개되고 발전된 불교문화는 형식보다는 그 내면에 깊이 함축된 불교교의가 나타나기도 한다. 불교는 불교교의를 전파하는 것이 가장 중요한 목적이었지만 그 목적해결을 위해서 차용된 모든 부차적인 방법은 불교문화라고 필자는 생각한다. 필자는 이 논문에서 불교문화의 성립범위를 불교의 동방전래이후 특히 중국을 중심으로 고찰하려고 한다.

불전의 역경사업은 대표적인 불교문화였다고 필자는 생각한다. 왜 그런가하면 역경을 하기 위해서는 먼저 역경에 필요한 상황을 파악하고 그에 따르는 여러 가지 환경조건과 현지인의 의식, 풍속, 습관 등의 문화인식의 파악이 필요하지 않았을까 하는 생각이 된다. 왜냐면 현존하는 한역경전이 고역, 구역, 新譯 등 매우 풍부하다. 그런데 많은 한역경전에서 특별하게도 鳩摩羅什이 번역한 경전이 널리 읽혀지고 있다는 것은 잘 알려진 사실이다. 이 점에 대해서 鳩摩羅什의 언어능력을 높이 평가하는 등 여러 가지 설이 중국 佛教史에서 이미 명확하게 지적된 바가 있다. 그러나 구자국 출신이었던 그가 이국 땅 중국에서 역경을 시작했을 때는 아마도 그는 중국 문화를 어느 정도는 숙지했던 것이 아니었을까 라고 생각된다. 鳩摩羅什의 한역경전이 널리 읽혀지고, 신봉되는 것은 그만큼 그의 한역경전에 대한 평가라고 할 수 있다. 이러한 상황을 통찰해 볼 때 鳩摩羅什에게는 역경의 문화적 배경이 성립되었던 것이 아닐까하는 생각을 한다. 중국문화가 숙지된 토대에서 역경을 한 결과가 그의 한역경전의 평가를 받게 되었다고 본다. 그러한 의미에서 역경은 불교문화를 대표한다고 할 수 있다.

한역경전은 포교사업을 위한 첫 사업이었고, 문자를 읽을 수 있는 상류사회를 위한 포교사업이라고 할 수 있으며 경전의 한역을 통해서 불교는 점차 뿌리를 내리는 계기가 되었다.

중국에 불교가 전래된 년대에 대해서는 여러 설이 있지만 일반적으로는 후한 명제의 영평 10년(서기 67년)경이라고 전한다. 그 당시의 중국은 유교를 비롯해서 한민족이 굳게 믿었던 고유사상이 뿌리 깊었으므로 외래 종교인 불교가 수용되기에는 매우 어려운 환경이었을 것이라고 생각한다. 불교의 중국적수용을 위해서는 먼저 불교교의를 이해시키는 것을 먼저 이행해야 할 중요한 점이었고, 그 해결방법으로 불교경전을 한역하는 것이었다고 생각된다.

安世高, 竺法護 등 최초의 譯經僧을 비롯해서 많은 譯經僧이 불교경전의 한역에 헌신적으로 종사한 결과 불교 경전의 한역은 고역, 구역, 新譯의 시대를 거쳐 왔고 불교교의는 중국에 점차적으로 수용되어졌다고 할 수 있다.

불교교의의 이해가 깊어지고 신앙과 수행이 돈독해지면서 중국스님(法顯, 玄奘, 義淨)들이 온갖 고초를 겪으면서 불법을 들여왔다. 많은 불교경전이 중국에 들여오게 되었다. 불교가 중국에 初傳되면서부터 시작된 경전의 한역사업은 唐代까지 중점적으로 이루어졌다. 그후 宋代까지 千여년에 걸쳐서 지속되어온 한역사업의 업적에 대해서는 높은 평가를 하는 것이 마땅하다고 생각한다.

번역은 제2의 창작이라 하는 만큼 중국의 한역경전사업은 훌륭한 업적이었다고 할 수 있다. 한역경전은 중국 상류층에 불교신앙심을 고취시켰고, 학문적 종교로서 연구를 축적해서 중국적인 불교발전을 이끌어 주었다고 생각한다.

인도 불교경전의 한역을 역경문학이라고 한다. 그런데 이 역경문학은 중국문학에 많은 영향을 주었다고 한다. 불교경전의 한역을 통해서 기존의 중국문학의 형식과 사상의 틀에 많은 변화를 주었다고 하는데,

예를 들면 중국의 문학자, 사상가로 白話文學을 제창하여 口語문학에 의한 현대화에 노력한 胡適(1891～1962)[1]은 다음과 같이 지적한다.

> "첫째, 중국문학에서 운문과 산문이 騈文으로 통일되려 한 시기에 불교경전이 번역되었는데 維秖難, 竺法護, 鳩摩羅什이 번역한 문장은 소박한 백화문체를 써서 알기 쉬운 새로운 문체로 이는 唐代 선종의 백화문, 백화시의 원류가 되었다.
>
> 둘째, 불교문학은 상상력, 공상력이 풍부해서 중국 로맨티시즘 문학 출현에 큰 영향을 주었다.
>
> 셋째, 『普曜經』, 『佛所行讚』, 『佛本行經』은 거대한 장편이고, 『須뇌경』, 『維摩經』, 『思益梵天所問經』은 반은 小說체, 반은 희곡적인 작품이나 고대 중국문학에 없었던 문체다. 이러한 소설들이 후대의 彈詞나 小說 등에 直간접적 영향을 미쳤다. 그 외에 불교 경전에서 산문과 운문을 병용하는 방법도 후대의 문학체재와 관계가 있다"

불교경전의 한역으로 인해서 중국문학이 영향을 받았다고 하는 胡適의 지적은 시사하는 바가 많다고 할 수 있는데 우선 문화의 교류관계에 대해서 주목 할 수 있을 것이다. 역경문학과 중국문학의 관계의 상호성을 생각 할 수 있으며 그것이 곧 불교문화와 문학과의 관계에 대해서 고찰해볼 수 있는 분이라고 할 수 있다.

경전의 한역은 불교교의의 전파에 우선적인 목적이었다고 볼 수 있

1) 鎌田茂雄, 『中國佛教史』 卷1, 東京大學出版會. 1982年. p.48 재인용

지만, 한역경전은 중국문학에 영향을 주는 부수적인 문화의 패턴을 성립시켜서 중국문학의 변화를 가져왔다. 이는 역경을 통해서 성립되어진 문화의 한 단면인 것이다. 이는 분명히 불교문화 성립과정의 첫 단계였을 것이라고 생각한다. 그러나 胡適의설에 부응한 연구업적이 이전에는 없었지만, 근래에는 한역불전을 중국문학사나 語學史 연구에 관련지어 연구대상으로 삼는 연구자가 나타나 한역불전에 대한 語學的研究가 새로운 학문 영역으로 관심을 받는다고 한다.

문헌적 자료를 중심으로 볼 때 불교문화는 경전의 한역과 더불어 성립되었다고 할 수 있다. 불교교의의 이해를 통해서 불교적인 신앙과 수행의 의례가 이루어지는 과정을 통해서 중국문학 뿐만 아니고 모든 분야에서 불교문화가 성립되었을 것이라고 생각한다. 미술, 조각, 음악, 무용 등에도 불교미술, 불교조각, 불교음악, 불교무용 등등의 장르를 형성하기에 이르렀고, 시대적인 발전을 축적하여 오늘의 불교문화를 이루었다고 본다.

한역경전은 포교의 대상이 사대부 즉 治者를 중심이었다고 할 수 있다.

중국불교도 민중화운동이 전개되었다. 불교의 민중화라고 하는 의미는 일반사회에 불교를 보급해서 침투해 가는 상태를 뜻한다.

민중이란 대상을 이해하기 위해서는 중국 국가사회의 구성에 대한 관심을 필요로 한다.

여기서 잠시 중국국가사회의 구성원을 살펴보면 官, 士, 治者와 民, 庶, 被治者로 분리된다. 전자는 관리치자계급으로 사대부라 칭하고, 후자는 농, 공, 상의 계급으로 치자의생활을 유지하고 있는 사람들이다.

여기서 말하는 민중은 피지배계급의 농, 공, 상을 직업으로 하는 사람들로 특히 중국사회에 있어서는 인구의 대부분이 농민이기 때문에 농민을 주축으로 해서 또 다른 직업에 종사하는 사람을 서민, 민중, 대중이라 하는 것이다. 그러므로 중국불교의 민중화는 이러한 민중을 대상으로 하는 것임에 주의해야한다.2) 여기 피치자에 대한 명칭을 서민, 민중, 대중이라 표현하고 있으나 지금부터는 편의상 대중이란 단어를 사용하기로 한다. 불교의 대중화는 불교교의를 일반서민 대중이 이해하기 쉽게 접근하는 것으로서 이를 唱導라고한다. 중국에서 불교의 대중화운동은 東晋이전부터 시작되어 隋, 唐시대의 불교융성기까지 계속되었다 고한다. 불교의 대중화운동을 창도라고 한다.

창도문화, 창도문학이 불교의 대중화를 위한 폭넓은 불교문화라고 할 수 있다. 上求菩提 下化衆生하고 涅槃寂靜의 낙을 대중과 함께 공유하려는 불타의 원력을 창도문화, 창도문학을 통해서 대중을 향해서 침투한 것이다.

불교경전의 한역이 중국사회의 지식인들 사이에 뿌리를 내렸다고 할 수 있는 시대는 六朝시대 이후라고 하는데 이는 불교가 중국에 전래된 후 300년이 지난 시기고, 老莊 호화설이 등장하면서 중국의 지식인들은 노장사상에 입각해서 불교를 이해하려고 했던 격의불교시대라 고한다. 격의란 불교사상의 중국적 수용과 이해라고 필자는 생각한다. 그 당시 중국불교는 스승이 제자에게 경전의 종지, 교의를 중국고전에 대비시켜서 쉽게 이해 할 수 있도록 설명하고, 그것을 轉讀시켰다고

2) 横超慧日外, 『中國の佛教』, 大藏出版株式會社, S.56, pp.105~130.

한다.

유명한 釋도안과 그의 제자 慧遠이 활동할 시기부터 경전연구가 활발하여 많은 경전주석서가 나오게 되는데 이 시기를 학문불교의 기점으로 볼 수 있다. 주석서의 전문적인 강의를 필요로 하게 된 것이다. 학승을 위한 전문 강경 의식과, 재가를 대상으로 한 講經의식이 나타나는데 이를 俗講이라고 한다. 속강은 통속적인 인연담을 얘기하면서 불교교의를 설명하는 형식을 취했는데 이를 창도의 시작이라고 생각한다.

불교경전이 번역되면서 그 번역경전의 올바른 의미전달을 필요로 했고, 그 충족을 위해서 많은 주석서들이 만들어지면서 중국불교의 학문적 발전을 이루게 되었다고 할 수 있다.

그러나 한편으로는 일반 대중들에게 접근할 포교방법에 관심이 필요했고, 그에 부응해서 일어난 대중화운동이 일반 지식인과 서민대중의 포교방법이 발생했다. 이는 중국불교문화의 새로운 성립이라고 볼 수 있다. 한역경전은 중국불교의 신앙의 길잡이 역할은 물론 교학발전에 초석으로 중국역사문화 발전에 커다란 영향을 주게되 었으며, 불교의 대중화 운동은 중국 민속문화의 새로운 장을 만든 것이 라고 할 수 있다.

불교의 대중화운동의 일환으로 전개된 창도라는 단어는 현대적인 의미로 표현한다면 불교포교를 위한 "설교(설법)"라고 할 수 있다. 다시 말하면 대중에게 불교를 이해시키기 위한 설교를 창도라고 표현했다고 생각한다. 창도는 불교경전의 내용을 중생에게 쉽게 설명하고, 쉽게 전하는 방법을 익혀야 했던 전문분야라고 할 수 있다. 창도는 講經, 轉讀, 讚唄를 익히는 것을 기본으로 했다고 하는데 결국 창도문화는 불교의 대중포교를 위한 설교문화에서 성립된 것이라고 생각할 수 있다. 그리고 그 내용 전달을 위해 사용된 문학적인 요소를 창도문학이라고 한다.

결국 불교의 중국 전래와 더불어 시작된 경전의 한역이 역경문학이란 문화형태를 성립했고, 중국문학에도 영향을 주었으며, 한편 대중포교를 위한 방법으로 창도문화가 발생했다는 점을 서론에서 밝혀보려고 생각했다. 대중 접근을 위해 창도사 들은 경전내용의 의미를 쉽게 전달하기 위해서 여러 가지방법을 사용했다. 즉 비유법을 사용하기도 했고, 윤회이야기를 설해서 깨달음의 내용을 전하기도 했으며, 때로는 찬탄을 통해서 깊은 불교교의의 의미를 대중에게 쉽게 전해질 수 있는 표현을 했다고 생각된다. 그런 방법은 이미 불타의 45년 동안의 가르침에서 잘 나타나있다고 생각한다. 그런 의미에서 불타는 위대한 說法자인 것을 확인 할 수 가 있다.

불교문학 연구하는 학자들은 비유, 인연, 설화를 불교문학의 3대요소라고 지적한다. 그것은 곧 불교경전의 성격을 나타내는 것이라고 볼 수 있는데, 경전의 내용은 이 세 가지 방법으로 가르침을 서술하는 점이 많다고 하는 때문이지만. 사실 불교문학의 장르에서도 비유문학, 인연문학, 설화문학으로 분류하기도 한다. 특히 본생담은 우화적인 요소를 많이 수록하고 있어서 동물우화의 기원으로 보고 있는 연구자도 있다. 이처럼 불교경전이 문학적 우수성을 내포한다고 한다.

창도는 한마디로 불교의 종합예술이다. 대중포교를 위한 방법으로 형성된 창도문화는 불교의 종합 예술적인 형태를 갖고 있다. 자세한 설명은 창도부분에서 서술하기로 한다. 대중이 더 쉽고 재미있게 교의를 이해 할 수 있도록 하기 위해서 사용한 포교방법이었음은 틀림없는 사실이다. 그런 의미선상에서 본다면 창도는 이미 부처님 설법 때부터 성립되었다고 해도 과언이 아니라고 생각한다. 인도에 이미 범패가 있었다고 한다. 吳나라황제의 스승인 支謙(승려신분이 아님)이 『법구경』, 『유마경』, 『대아미타경』 등 36부를 역경을 마치고, 인도의 불교찬가를 중국식 찬가로 만들어서 불교포교에 공헌했다고 鎌田茂雄선생은 저서 『중국불교사』에서 밝히고 있다. 인도범패는 중국에서 漢讚이라고 한역 소개 되었다. 漢讚은 음률을 통해서 찬탄을 표현했으며 찬탄의 내용은 문학적인 가사를 사용하여 깊은 감동을 주었다고 한다면 인도에서 시작되어 중궁에 전해진 漢讚은 중국적인 불교음악이라고 할 수 있고, 그에 사용된 가사는 문학적요소라고 할 수 있는데 그러한 선상에서 본다면 漢讚은 불교음악과 문학적인 요소가 합성된 불교문화로 창도문화의 한 분야로 관심을 갖게 된다.

Ⅱ. 본론

1. 창도문학의 기원

唱導는 불교의 종합 예술적인 포교였다고 생각한다. 불교교의의 대중화를 위한 포교방법이라고 할 수 있는데 창도는 음율과 몸짓을 통한 무용적 표현과, 교의의 전달을 위해서 쉽고 재미있는 설법내용의 문학적 표현이 공존한다는 의미에서 종합예술이라는 표현을 하는 것이다.

그러한 포교를 통해서 세속의 일반신도를 대상으로 사원 밖에서 이루어지기도 했다고 한다. 이때의 唱導師는 경전내용에서 벗어나 쉽고 통속적인 방법으로 법을 설하는 것이 특징이었다고 한다. 즉 불타의 깨달음의 내용을 대중이 쉽게 이해 할 수 있도록 소재를 선택하고, 轉讀, 講經 등의 설화를 이용해서 시각, 청각적인 효과를 낼 수 있는 방법을 이용했다고 할 수 있는데 현대적인 표현을 한다면 시청각을 동원한 설교(설법)라고 할 수 있다고 생각한다. 더 쉽게 표현을 한다면 불교교의의 눈높이를 대중에 맞추어서 포교한다는 뜻이 라고 생각한다. 중국 불교사상 이러한 대중교화운동은 東晋시대이전부터 활동을 시작해서 불교융성기였던 隨나라, 唐나라 때까지 이어졌다. 이렇게 대중화운동에 참여한 창도사(포교사)의 명칭을 살펴보면 대체로 經師, 唱導師, 說法師, 俗講師, 化俗法師, 流行僧, 邑師, 社僧 등 다양하게 전해지고 있으며, 그들의 역할에 약간의 차이를 발견 할 수 있다. 여기서 說法師, 화속법사는 대중교화를 목적으로 하는 창도사를 말하고, 邑師는 재가불교 信行단체를 지도하는 스님을 뜻한다. 그들이 사용한 포교방법은 대체로 시각적 포교, 청각적 포교, 일반포교의 방법을 이용했다고 하는데 일본학자는 창도를 중국의 설교라[3]고 지적했는데 그런 설도 타당하다고 생각한다.

먼저 창도의 기원을 살펴보기로 하자.

중국의 불교문화 특히 창도문화에 대한 이해는 高僧傳을 고찰해보

3) 關山和夫, 『庶民藝能と佛敎』, 東京 : 大藏出版株式會社, 2002, p.40

는 것이 중요하다. 현재까지 잘 알려진 고승전류로는 梁나라 慧皎(497~544)의 『高僧傳』(梁고승전)을 비롯해서, 唐의 道宣(696~667)의 『續高僧傳』과, 宋의 贊寧(919~1001)의 『宋高僧傳』, 明의 如惺의 『大明高僧傳』이 전한다.

우리는 중국최초의 고승전인 양고승전을 통해서 창도의 기원을 살펴 볼 수 있다. 양고승전에 수록된 내용에는 중국에 불교가 전래된 초기부터 六朝시대후기 天監18년까지 약 500여 년 동안에 걸쳐 활동한 고승의 전기다. 내용을 살펴보면, 譯經, 義解, 神異, 習禪, 明律, 亡身, 誦經, 興復, 經師, 唱導의 10과로 분류하고 각 분야에서 활약한 고승의 전기를 서술한 것으로 이는 중국초기 佛敎연구에 대단히 중요한 기본사료다.

『梁高僧傳』(519년 편찬)에 분류된 10科에 대해서 먼저 고찰해 보기로 한다. 왜냐면 창도의 의의를 찾아보기 위해서 그 편제를 살펴보자는 것이다. 역사학에서는 삼국유사편제가 『梁高僧傳』의 편제와 유사하다고 하는 견해도 있지만 여기서는 그를 밝혀보려는 것이 아니고 단지 10과 각각의 의미만을 살펴보려고 한다.

① 譯經 : 『고승전』 제1권부터 제3권까지 수록되어있다. 구성은 역경 上, 中, 下로 구분해서 기록되어있다. 제1권 역경 상에는 백마사의 攝摩騰, 竺法蘭을 비롯해서 15인의 전기와 역경현황이 기록되어 있다. 제2권 역경中에서는 晋장안의 鳩摩羅什과 佛馱跋陀羅 등의 7인의 기록을 살펴볼 수 있고, 제3권 역경 下에서는

宋의 岡陵 辛寺의 釋法顯을 비롯해서 13인이 기록되어 있다. 역경분야를 모두에 편성한 의미는 경전번역의 중요성을 나타내기 때문이라고 생각된다. 경전한역에 공헌한 스님들의 공로는 높이 평가됨이 당연한 것이라 생각된다. 그런 연유에서 慧皎가 역경을 고승전 모두에 배치 기술했고, 이것은 또한 慧皎『고승전』선술의 근간이라고 볼 수 있다.

② 義解 : 의해편은 중국법사의 전기로『고승전』4권에서8권까지 101인 정도의 법사를 열거하고 있다. 제4권 1은 朱士行을 비롯 14인을 소개하고 있으며, 제5권 2에서는 晋의 長安 五級寺의 釋道安 등 15인이 기술되었고, 제6권 3에는 廬山의 釋慧遠 등 13인을, 제7권 4는 竺道生을 비롯해서 32명의 법사를, 제8권 5에는 釋僧淵 등 27명의 법사의 전기를 볼 수 있다. 여기서 법사는 불교교의를 쉽게 이해할 수 있도록 전법하고 설법하는 보살을 지칭한다고 생각한다. 그런 의미에서 법사는 佛教護持를 위해서 매우 중요한 책임이 있었고, 그것에 부응하는 역할을 위해서는 설법의 중요성을 인식하게 되었을 것이라고 생각한다.

보살설법의 정의를 "四弁莊嚴해서 사람을 위해서 널리 설하고, 가르침을 펴서 기쁘게 해 주는 것이 법사다"[4]고 慧皎는 언급했는데 四弁莊嚴이란 뜻은 네가지 부분에 모두 통달한 사람이 설법해야한다는 말이다. 사변 즉 네 부분을 살펴보면

첫째, 教法에 막힘이 없이 통달해야 할 것, 둘째, 教法의 의미를

4)『大正藏』50. 383a. 四弁莊嚴 爲人廣說 示教利憙 其在法師乎.

파악하고 그 내용에 걸리고 막힘이 없이 알아야 할 것, 셋째, 제국의 언어에 통달자재해서 표현에 걸림이 없을 것, 넷째, 弁舌이 막힘이 없을 것, 이라고 하는데 이는 설법자가 갖추어야하는 기본자세를 나타내고 있는 것이다. 올바르게 불교교리를 통달해서 막히고 걸리는 분야 없이 명석하게 의의를 밝히고, 환경과 청중의 수준에 맞추어서 신앙심을 고취시키는데 역할을 할 수 있는 언어구사를 잘 하는 법사를 사변장엄의 설법이라고 표현한 것이라고 생각하는데 이는 불교의 중국 포교를 위해서 매우 중요한 부분이었다고 생각한다. 사변장엄은 현대의 설법사에게 적용되어도 마땅한 내용이 아닌가 생각된다.

③ 神異 : 『고승전』 제9권, 제10권에 기술되어있다. 9권 神異上에는 불도증외 3인이 수록되었고, 제10권 神異편 下에는 16인의 기록을 볼 수 있다. 불도증은 중국불교에서 신이를 대표하는 인물로 알려진다. 그는 능히神呪를 통달했고, 괴물을 물리칠 신통력을 보인 행적을 다루고 있다. 이미 위진남북조시대의 神怪에 대해서 집록된 『神仙傳』류 등을 통해서 중국사회에 神怪사상이 수용되었다고 알고 있다. 그런 사상의수용을 기반해서 혜교는 『고승전』에 신이편을 수록한 것이다. 결국 신이는 불교포교의 한 방편이라고 할 수 있다. 村上嘉實씨는 『六朝思想史 硏究』에서 고승전의 신이편 수록의 의미를 "신이는 자비심에서 일어나는 종교적 실천이고, 그 자신이 구제의 힘을 갖은, 선도와 불교의 융합이 신이로 보여지게 된다."고 표현 한 바 있다. 신이한 행적을 통해 불교를 전파한 한 분야였음에 의미를 둔다.

④ 習禪 : 습선은 경전을 읽고 그 내용을 통달하고, 禪을 하면서 수도생활에 정진함을 뜻한다. 『고승전』 제11권에 習禪과 明律이 수록되어있다. 습선은 僧顯을 비롯해서 21명이 소개되어있다. 특히 宋代 香積寺의 釋道法은 禪수행과 신주를 병행했다고 소개하고 있다.

⑤ 明律 : 계율을 존중하는 의미의 과목이라고 할 수 있다. 梁代 건초사 釋僧祐 등 13인이 소개되어있다.

⑥ 亡身 : 『고승전』 제12권에 망신 11명, 송경 21명이 기록되어있다. 망신은 문자 그대로 몸을 버리는 것, 즉 깨달음을 얻기 위한 망신의 수행과, 자신을 희생해서 타인을 구제하는 보살행의 수행을 의미한다. 쟈타카의 餓虎投身 설화는 자신을 던져서 굶주린 호랑이를 구한 인욕보시를 표현하고, 토끼의 소신공양은 자신의 몸을 버린 보살행을 통해서 대표적인 망신의 의의를 찾을 수 있다. 그러나 중국 남북조말기는 亡身遺身풍조가 많았다고 한다. 그 시대 탄생한 疑經 중 『要行捨身經』에는 捨身을하면 공덕이 무량하고, 전생의 惡業도 사신 福德으로 감해진다고 해서 망신유신을 장려한 것 같은 경설이 나타났다고 생각된다. 때문에 고승전, 應驗記 류 등에도 망신을 명확하게 표현하는 것이라고 생각한다.

⑦ 誦經 : 晋 河陰 白馬寺 釋曇수 등 21명을 소개한다. 誦經은 소리내어 경문을 읽는 것, 즉 독경이나 암송을 뜻한다. 주로 轉讀과 범패를 주로 하는 唱導師 作梵법사의 기록이 전한다. 誦經科의 기록을 통해서 당시 불교의 상황을 상상 할 수 가있다. 송경은

소리(聲)로서 경전의 내용을 전하기 때문에 감동되는 음성과 음률로 효과를 얻었을 것이다.

⑧ 興復 : 혜교는 『고승전』 제13권에서 興復, 經師, 唱導를 수록했다. 興復科에서는 晋 并州 竺慧遠을 비롯하여 14명의 고승전기를 수록했다. 흥복은 불상을 조성하여 공경을 다하고, 불탑을 세워 사리를 봉안하여 지혜를 얻고 복덕을 쌓는다는 뜻이다.

⑨ 經師 : 晋 中山 帛法橋 등 13을 수록했다. 범패에 곡을 붙여서 경문을 諷誦하고, 게송을 詠唱한다. 아름다운 소리로 부처님의 덕을 찬양하는 것이다. 혜교는 경문을 詠唱할 때는 轉讀이고, 경문에 곡을 붙여서 찬탄할 때는 범패라고 구별한다.

⑩ 唱導 : 창도의 의미는 법리를 선창해서 衆心을 引導하는 것이다. 중국에 불교가 전래된 초기에는 불교에 대해서 기초적인 이해가 없었을 때는 佛名만 부르고 예배하는 정도였다고 한다. 차츰 고승을 청하여 설법을 들을 때 고승은 각종의 因緣談을 설하고, 적절한 비유담을 통해서 가르침을 전파했는데 이를 창도라고 한다. 창도에서는 聲, 弁, 博, 才의 4조건의 구비를 필요로 한다. 이 4요소가 구비되었을 때에 창도는 많은 사람을 기쁘게 해 줄 수 있다고 전한다. 대중을 즐겁게 하기 위해서는 唱導師 자신이 기교가 탁월하고, 무상정진의 불교교의를 바르게 표현하되 재미있고 쉽게 이해 할 수 있도록 하는 것이다. 혜교는 창도에 대해서 경사의 轉讀과 시기에 적절한 포교방법으로 불교교의의 의미가 대중(衆, 庶)과 인연이 되어진 부분에 의미를 두고 창도과를 두고 10인의 창도사 열전을 수록하고, 창도과를 설치한 의의를 기술

했다.[5] 고승전 분류 10과 중에서 誦經, 經師, 唱導 3과는 소리가 중심이 되는 과목이라 할 수 있는데 이것은 무엇을 의미하는 것일까? 그것은 곧 창도를 통한 소리중심의 포교가 고승10과 중 많은 부분을 점하고 있는데 이는 대중포교의 중요성을 나타내고 있기 때문이라고 생각된다. 또 소리 중심의 3과목은 당 시대에 적절한 포교의 방법으로 중요했던 것이라고 생각된다. 여기서 창도는 轉讀, 讚唄, 講經으로 이루어지는데 그것이 곧 소리를 중심으로 하는 포교의식이라고 할 수 있다. 그러나 그 소리의 내용은 문학을 중심으로 한 예술적인 기반에서 이루어졌다고 볼 수 있다. 이는 경전의 가르침의 내용을 講經하고, 唱說하고, 說法하고, 講導하고, 宣講하고, 宣唱하면서 음악적인 표현으로 감흥을 일으키는 효과를 통해서 불교교의를 전하게 되었을 것으로 생각되기 때문이다.

결국 창도는 성, 변, 박, 재라고 하는 4조건을 구비한 창도문학이란 장르가 성립된 것이라고 생각한다. 창도문학은 불교교의의 대중적 접근을 위한 불교문화라고 할 수 있다. 따라서 창도문학의 기원은 불교교의의 대중적 접근에서부터 시작된 것이라고 생각한다.

원래 창도의 대본은 창도자가 저작하지 않고 전승대본 을 사용했다고 전한다. 처음에는 전승대본을 사용했지만 후대는 창도자의 개성에 따라 창도대본도 변천했을 것으로 생각된다.

---

5) 『大正藏』 50권, 418a "經師轉讀, 事見前章, 皆以賞悟適時, 拔邪立信, 其有一分可称, 故編高僧之末"

2. 창도문학의 전개와 발전

창도는 轉讀, 讚唄, 講經으로 이루어진다. 전독은 문장의 한 구절을 계속 염송 하는 것이며, 讀經, 轉經, 誦經, 諷經이라고도 한다. 전독은 주술적인 공덕이 강조되어있기 때문에 많은 불자들이 정성을 모아서 念誦하고, 자신이 신앙하는 경구를 몸에 지니는 신자도 있다고 한다. 讚唄는 범패, 梵音, 聲明, 天音, 漁梵 魚唄 라 고 해서 律文的인 唱詠을 말한다. 포교하는 스님 중에는 전독과 찬패를 주로 하는 經師가 있었으며, 강경은 경전에 나타난 설화를 강연하는 것이다. 결국 창도는 송경과 율문적 唱詠 하는데 唱詠 할 때는 악기의 반주에 맞추어서 노래도 했다고 하며, 경전내용을 중심으로 한 강연도 흥겹고 자유롭게 전달하는 재능이 풍부한 스님들의 기록을 접할 수 있다. 이상과 같이 창도가 불교 교의를 대중에게 재미있고 쉽게 이해시켜 주는 것을 목적으로 한다면, 창도의 대본에서 사용된 경전을 소재로 한 내용 즉 불교경전은 廣義적인 의미의 창도문학이라고 할 수 있을까?

창도를 대중적 포교라고 이해하면 그 대중적 포교의 소재는 불교사상이기 때문에 창도의 목적은 포교였다는 점은 틀림이 없다고 생각된다. 그러나 경전을 창도문학 이라고 말 할 수는 없고, 다만 창도 전승대본에서 사용되었다 고하는 경전에 나타난 인연설화, 비유설화, 연기설화, 우화의 내용을 넓은 의미의 창도문학으로 정의 할 수 있지 않을까라고 생각된다. 창도사는 聲, 弁, 博, 才의 4조건을 갖춘 사람으로 경전의 내용을 기술한 대본을 개인의 음성과 몸짓으로 대중적 이해를 끌어내는 역할을 한 것이 라고 생각된다. 그러므로 각자의 개성적 특징에 따라서 4조건을 적절하게 활용해서 대중이 즐겁고 쉽게 불교교의를 이해할 수 있도록 접근할 수는 있었겠지만 그 내용은 경전의 사상을 벗어날 수 없었을 것이다. 그러므로 창도사는 소리와 몸짓의 기묘한 기교로 경전의 내용을 풀어내는 대중적인 포교사였을 것이라고 생각된다.

1) 중국적 전개

도교, 유교사상으로 깊이 축적되어온 중국사회에 외래종교인 불교가 전래된 이래 唐대에 이르러 비로소 불교는 중국대중의 지배적인 신앙을 갖는 종교로 발전했다. 그렇게 되어지기까지 불교는 노력을 계속해왔기 때문이다. 중국불교사상 불교는 교양을 갖춘 사람들에게는 불교의 철학과 사상의 대의를 제공하고, 일반사람에게는 신앙과 구제의 종교로서 역할을 해온 것을 살펴 볼 수 있다. 그런 불교의 활동이 중국불교 교의의 발전과 신앙의 성취라고 생각되기도 한다. 더불어서 동아시아의 불교발전에 많은 영향도 끼친 것은 사실이다.

창도의 기원은 道安(312~385)이 활동하던 무렵에 창도의 형태가 어느 정도 이루어졌고 그의 제자인 慧遠이 완성했다고 본다. 중국에 불교가 전래되어 빠르게 발전했던 東晋시대에 불교법회에 창도가 중요 구성요소로 되어 있다가 불교의 발전과 함께 창도도 개별 포교방법 기반을 구축해온 것이라고 생각된다. 그러다가 隋 · 唐시대에 이르러 창도는 각종법회의 중요한 구성요소가 되기도 한다.

창도는 불교교의의 대중적 접근이라고 생각되지만, 현대적 표현으로는 불교사회교육의 한 방법이었다고 라고 생각한다. 그런 교육이란 입장에서 제일 먼저 해야 할 일이 경전의 강설이었다고 생각한다. 그 강설은 經師 또는 강사에 의해서 설했다. 경사는 경전의 선생이고, 강사는 강의의 선생을 의미한다. 경을 해설 할 때 경사와 강사는 경을 창하기도 하고, 또는 경전을 독송하기도 했다. 그런 까닭에 경사의 자격을 중요시했을 것이라고 생각되어진다. 그래서 경사의 자격이 있었다. 경사자격은 "학문적 재능도 갖추고, 특히 그들이 지닌 소리(聲)의 좋고 나쁨이 중요한 자격요건"6)이 되었을 것이다.

경전의 講說者(법사)를 覆講師, 都講이라는 명칭이 전하는데 복강사는 복창하는 강사라는 뜻이고, 都講은 강사를 돕는 조수 즉 강사의 조교라고 할 수 있다. 중국에서 강설자는 高座에 올라서 경전을 강의하는 것이 관례였다고 한다. 이름 높은 講說者는 복강사와 도강과 함께 사찰을 순회하기도 했다고 한다. 청중이 학문에 관심 많은 스님과 신자도 있지만, 배움이 없는 문맹에게도 법사일행의 역할이 중요했다고 한다. 예를 들면 支遁스님이 『유마경』을 강설 할 때 도강 許詢과 같이 설했다7)고 하는데 이런 경우 법사가 경전을 독송하면 도강이 법사가 독송한 경문을 무학의 청중을 위해서 통속적인 언어를 사용해서 쉽게 설명한다. 여기서 법사는 도강보다 지위가 높지만 강설도중에 도강은 법사에게 질문하고 법사는 대답을 피할 수 없었다고 하는 문헌이 『고승전』에서 접 할 수 있다.

중국 불교사상 "唱導師"라는 단어는 南北朝를 비롯해서 隋唐時代

6) 『大正藏』 50, 415b. 『高僧傳』 券13.

7) 『大正藏』 卷50, 348c.

에 성립된 말로 의미는 대중에게 법을 설하는 사람을 뜻한다. 설교를 하고 계몽하는 사람을 의미한다.

> "창도자는 법리를 선창하고 중생의 마음을 인도하는 것이다. 옛적에 불법을 초전 할 때에 여러 법회에서 부처님 명호를 선창하고 문장으로 禮敬을 계속하다가 밤이 되어 피로하면 깨달음을 얻은 자나 자질이 있는 사람이 인도했다. 때로는 대덕을 청하여 높은 자리에서 설법했다. 대덕의 설법내용은 혹 인연담을, 혹은 비유담을 인용했다."8)

위의 인용문은 梁慧皎의 『高僧傳』 13권에서 밝힌 창도의 개념이다. 불교가 초전 시기에는 청중은 단순히 부처님 명호를 반복 염송하면서 밤을 세우고 아침이 되면 모두 피로하고 졸리게 된다. 그런 상황을 개선하기 위하여 덕 높은 법사를 초청하고, 법사는 높은 법좌에 올라서 불교에 대해 강의한다. 이럴 때 초청되는 법사는 모든 인연이야기와 비유담을 섭법해서 청중의 흥미를 끌어올리고, 불교에 대한 관심이 지속된다. 이러한 설법사(법사)들은 설교의 전문가이며 창도사라는 불렀던 것이다. 그런 창도사는 隋 · 唐시대에는 명성을 떨치고 일반 민중 속으로 널리 확대했다. 창도사는 뛰어난 말솜씨가 강물처럼 흐르고, 간단명료한 말을 사용해서 일반대중에게 불교의 가르침을 가장 효과적으로 전달했다고 한다. 일반 대중 속으로 뛰어든 창도사를 "遊行僧", "遊化

---

8) 『大正藏』 卷50, 417c. "唱導者 蓋以宣唱法理 開導衆心也. 昔佛法初傳. 于時齊集止宣唱佛名. 依文致禮. 至中宵疲極. 事資改悟. 乃別請宿德. 昇座說法. 惑雜序因緣. 惑傍引譬喩.

僧"이란 명칭도 있는데 이는 널리 다닌다는 의미에서 붙여진 명칭이다.

창도사의 자격조건에 대해서 살펴보면

> "창도에는 4가지 필요조건이 있는데 그것은 聲과 雄辯과 재능과, 博識이다. 소리가 좋지 않으면 대중을 각성시킬 수 없고, 웅변이 안 되면 상황에 적응할 수 없고, 재능이 없으면 적절한 언어를 사용할 수 없고, 박식하지 못하면 연설소재의 근거도 찾지 못한다."9)

위에서 살펴본바 창도사는 대중을 각성시킬 수 있는 소리를 지녀야 하고, 상황을 파악해서 적응 할 수 있는 웅변과, 적적한 언어를 구사할 수 있는 재능, 연설내용의 근원을 찾는 박식을 갖춘 사람이라야 창도사가 된다는 것은 그만큼 대중을 향한 포교의 중요함을 나타내는 것이라고 생각한다. 예를 들면 창도사가 出家者를 대상으로 설법할 때는 인생의 무상을 강조해서 참회의 필요성을 밝혀야 하며, 청중이 재가인 경우는 세속의 문학을 넓게 인용하고 아름다운 문학적 언어를 구사해서 재가의 마음에 감동을 주어야하고, 만약 청중이 천민이거나, 시골사람이면 그때는 창도사의 체험을 바탕으로 해서 솔직하게 표현한다. 그러한 청중을 향해서는 그 상황에 맞는 방언을 적절히 사용하면서 창도의 중심내용은 인연담을 주제로 業사상을 전달했다고 한다.

창도사의 활동이 성행하여 遊行僧의 수가 唐대에는 너무 많아져서

9)『大正藏』卷50, 417c.

당국에서는 그들의 유행을 금지하는 법을 발포했다. 과도하면 제재를 받는다는 말처럼 창도사도 그렇게 된 것이다. 그들은 개인의 집에 3박 이상 머물 수 없고, 또 먼 지방에 유행 할 때는 지방관청으로부터 여행 허가를 받아야했다. 창도사는 대중포교를 목적으로 했기 때문에 특정 경전에 의지하지 않고 종사했으나, 스님 중 일부는 포교의 핵심으로 특정 경전을 사용해서 포교했는데 이들은 "俗講師"라고 불렀다. 속강사는 원래 일반적인 강사를 의미했으나 漢字의 의미 그대로 俗講 즉 속인을 대상으로 하는 강의라고 해서 문제가 되기도 했다.

"속강사"라는 단어는 唐代문헌에서 찾을 수 있다고 전해지지만 이 사실에 대해서는 약간의 이설이 있기도 하다. 속강진행의 순서10)를 살펴보면 다음과 같다.

① 禮三寶

② 昇高座

③ 打聲靜衆

④ 讚唄

⑤ 正說

⑥ 樂聞応說

⑦ 講義終了後 他人功德回向

⑧ 讚唄反復

⑨ 儀式終

---

10) 『大正藏』 卷40, 404b.

위 순서를 살펴보면 법회모두에서 귀의삼보는 현재와 같음을 알 수 있고, 속강사가 高座(法床)에 오르고, ③번 打聲靜衆에서 타성은 뭔가를 쳐서 소리 내어 선정으로 대중의 마음을 청정하게(현재 죽비를 치고 선정하는 것과 같다), 부처님의 덕을 찬양하는 경문을 唱詠하고, ⑤번 正說은 속강사가 그 속강에 중심내용을 강의한다는 의미이며. ⑦번째는 상황에 따라서 청법의 환희를 말한다. 그 다음 공덕을 회향하고, 찬패를 반복하고, 속강사가 高座에서 내려오면 법회의식이 끝난다. 속강 순서를 고찰해본 결과 속강의식은 간결한 것처럼 보여 진다.

속강에 사용된 경전은 법화경, 화엄경, 금강경, 열반경등 대승경전의 강의였다고 圓仁은 『入唐求法巡禮行記』에서 밝히고 있지만, 속강 설교에 사용한 경전은 變文이라고 전한다. 變文이란 대중포교를 위한 수단으로 불전의 문체를 바꾸어 사용한 속강 텍스트라고 한다. 변문의 문체는 산문과 운문으로 이루어졌고, 불교경전 의 逸話를 토대로 청중이 흥미를 느낄 수 있도록 하기 위해서 그 일화를 공상적으로 가공해서 쓴 것이라고 한다. 변문은 속강의 텍스트였으며, 사찰의 각종齊會에 모인 사원 경내의 청중에게 경전을 강의하면 의미가 전달되지 못하여 속강을 통해서 불교교의를 전했다.

현재까지 불교경전으로 알려진 유명한 변문은 『木蓮變文』, 『維摩詰經變文』을 들 수 있다. 불교에서 변문은 대중포교를 위한 방법이라고 전한다. 어려운 경전내용을 대중의 눈높이에 맞추어 바꾸거나 문체를 쉽게 표현하다보면 자연스럽게 확대되어 지기 때문에 변문은 經典原典보다 확대되어지는 경우가 있었다고 전한다. 『維摩詰經變文』을 예를 들어보면 다음과 같다. 부처님이 미륵보살에게 유마거사 병 문안을 의

뢰하는 장면의 문장은 14문자로 되어있으나, 변문에서는 그 일화를 산문으로 633字, 韻文으로는 각행 7字 56행으로 되어있는 점이 그를 증명한다고 생각된다.

그러나 중국에는 불교경전을 주제로 성립 된 변문이 있었고, 비 불교적 주제의 변문도 있었다. 예를 들면 페리오의 돈황문서에 나타난 "舜子至孝变文", "漢興王陵変" 등 과 같이 중국역사서와 관련된 변문을 이 그것이다. 그러므로 변문은 대중을 개도하는 한 방법이었다고 생각된다. 중국문학사에서도 변문을 "俗文學"이라는 갈래를 설정하기도 한다.

그러나 변문은 변문에서 그치지 않고 경전 내용과 삽화를 주제로 하는 변상이 나타난다. 변상은 그림을 통해서 경전내용을 이해하려는데 목적이 있다고 생각한다. 다시 말해서 변상은 변문을 시각적으로 심화시킨 것이라고 생각된다. 변문을 기반대중포교를 위한 경전이라면 변상은 경전내용과 삽화를 그림으로 바꾸는 것을 의미하는데 변상도 변문과 동일한 의의에서 표출된 것이라고 생각한다.

이상에서 내용을 정리 해보면 창도는 중국불교 초전에 성립된 대중포교의 방법이었다고 파악되었다. 창도사의 자격과 규범의 내용을 살펴보았다. 결국 포교는 일종의 교육이라고 할 수 있는데, 창도도 어떤면에서는 교육이 될 수도 있다고 할 수 있다면 포교와 교육은 넓은 의미에서는 같은 목적아래서 동일한 의의를 지니는 것이라고 할 수 있을까?

문헌에 의하면 속강사, 복강사, 도강의 강의에서도 창도승의 역할이 나타나고, 각종 齋會에서도 강사와 창도승의 역할의 중요성을 인식되어지기도 하는데 그것은 당시의 창도와 창도승의 영향을 미루어 짐작해 볼 수 있는 것이 아닌가라고 생각된다.

창도문학은 창도사의 경전창도에서 기원한다고 본다.

엄격한 의미에서 창도의 대전제는 포교를 위한 교육 내지는 설교라고 주장하는 일본의 關山和夫선생의 설에 의미 있다고 생각하지만. 필자는 중국불교에 있어서 창도는 불교포교의 종합예술적 방법이라 고 정의한다. 왜냐면 종합예술이란 음악과 무용과 연희적인 것과 문학적인 요소가 함께 어우러져 있음을 말하는데 그러한 의미에서 볼 때 창도는 불교포교의 종합예술임에 틀림이 없다고 생각하다. 대본에 음률을 넣어 가창하는 것은 음악적이라고 할 수 있고, 그에 어울리는 몸짓으로 대중에게 재미를 주는 것은 무용적인 요소라고 할 수 있고 교의의 서술은 문학적이라고 할 수 있기 때문에 중국불교에서 창도는 불교포교를 위한 종합예술이라고 감히 정의한다. 그러한 종합예술에서의 핵심, 즉 창도의 본질은 불교교의의 전법을 목표로 하는 문학적 서술이 중요한 위치였을 것이라고 생각되기 때문에 필자는 關山和夫선생이 창도를 설교라고 한 정의에 대해서 조금 더 심화된 정의를 덧 붙여보았다. 그는 중국의 창도(설교)를 전독, 찬패, 강경의 3법문을 기초로 성립했다고 기술하고, 설교사는 전독과 범패를 주로 했고, 강사는 강경과 속강을, 창도는 설교와 설법을, 재가불교단체로는 邑師(義邑, 邑會)의 활동을 지적11)했다.

결국 창도는 중국불교에서 서민대중을 대상으로 포교했다고 볼 수

---

11) 關山和夫, 前偈書, p41.

있는 종합 예술적 성격을 지닌 불교교의의 전달수단이었다. 교의의 전달 방법으로 창도사의 조건을 갖춘 사람이, 대본의 내용을 음률과 몸짓으로 통해서 대중을 인도했고, 법사와 강사는 강경, 전독, 범패 등을 활용했고, 창도의 대본이나 강경, 찬패, 범패의 내용은 문학적인 내용이었다고 생각된다. 또한 중국 문학사에서 속문학으로 분류된 변문과, 변문의 소재를 그린 변상도 등을 통해서 전개되는 불교의 창도문화는 중국 불교포교의 종합예술이라고 할 수 있을 만큼 포교와 교육을 위한 설교 내지는 설법의 근원적 형태라고 생각된다.

2) 變文의 기원과 전개

변문의 變자의 어원에 대하여 두 가지 설이 있는데 첫째 變자를 범어의 전역이라고 보는 견해고, 다음이 漢語釋義에 연원을 주장하는 두 견해가 전한다. 첫 번째 경우는 變자는 변상에서 유래된 것이고 변상의 어원은 mandala의 音譯語라고 전하고, 또 다른 견해로는 變자는 범어 citra로 회화의 의미가 있고, 변화, 변기 등으로 전한다.

또한 漢語釋義에서 의미를 찾는 경우에는 위의 기술내용과는 달리 신비하고 괴이한 성질에 속하는 것을 靈變, 神變, 轉變으로 해서 變을 신통변화의 變으로 지옥변상이나 化胡成佛變相과 같이 神異의 결과를 의미하고 있다.

변문을 인도불교에서 기원했다고 보는 견해가 있는데 이 인도 기원설의 대표를 鄭振鐸씨이며, 그의 저서 『중국속문학사』에서 변문의 인도 기원에 대해서 기술하고 있다. 불교의 전래와 역경사업이 이루어졌다. 불교경전이 산문과 운문을 병용했기 때문에 변문문체는 중국의 산물이 아니고 인도에서 들어온 불교의 새로운 문체였을 것이다. 경전의 서술 구조가 먼저 산문으로 기술한 후 운문의 唱頌(불교 경전 중 諷誦, 伽陀)으로 연결되고 있다. 산문 전에 운문 게송 우다나를 사용했는데 이러한 인도문학 체제가 중국문학에 끼친 영향 때문에 당대에 변문이 성행하지 않았나 하는 생각이 든다. 또한 향달은 "唐代俗講考"에서 변문의 근원을 중국 南朝의 淸商舊樂에 두고 있다. 그러나 우리가 막연히 알고 있는 변문은 중국 돈황장서를 통해서부터라고 생각한다.

변문은 敦煌장서에 나타난 講唱문학작품을 뜻한다. 돈항은 감숙성 기련산 아래의 서부지역 사막 가운데 녹지대루 동・서문회 교류의 관문이었다. 한나라부터 당에 이르기까지 실크로드의 집산지였고 돈황 예술의 보고라고도 한다. 막고굴을 비롯해서 서천불동, 裕林窟, 소천불동은 석굴조형예술의 보고라고 한다. 돈황장서는 藏經洞장서를 의미한다. 그것은 청나라 광서 26년(1900년) 5월 수도승 왕도사가 발견한 것을 의미한다. 돈황석실에서 거주하던 그가 석굴통로의 모래를 쓸다가 석실을 발견했는데 그 석실규모는 높이가 약 160㎝, 폭이 270㎠였다고 한다. 그 안에 많은 경서와 필사본들이 차곡차곡 쌓여있고, 불상이 그려진 견직물 法器 등등이 많이 있었다. 이 장경동 석실의 자료는 고대사회의 종교, 역사, 철학, 문학, 예술과 관련 있는 중요한 자료였고, 20세기의 대발견이라고 한다. 자료의 중요성을 인식하지 못한 결과 귀중한 자료는 대부분이 영국의 Stein(당시 인도 주재의 서북부지역의 總督學官)을 비롯해서(1907년), 프랑스 학자 P. pelliot, 일본 오오타니 탐험대 등에 의해서 영국과 프랑스, 일본 등으로 이송되었다. 돈황에서 발견된 장서는 2만여 권으로 그중 대다수가 필사본이고, 일부 목각본이 있었다고 전한다. 신라 혜초스님의 『왕오천축국전』이 페리오가 가져간 장서에서 발견했다는 것 은 이미 알려는 사실이다.

돈황문학의 내용은 가사, 시가, 변문, 畵本소설, 속부 등의 다양한 문학양식을 갖고 있기 때문에 여기서 변문은 강창문학 작품을 뜻하는데 八相变, 木蓮变 등을 지적 할 수 있다. 변문은 당대의 속강승과 민간예인들이 이야기를 강설하던 대본인데, 불교의 내용을 부연하는 것도 있고, 역사적인 서사와 민간전승 설화를 소재하기도 한 통속문학의 양식이었다. 결국 돈황문학에는 민간의 통속적인 작품이 많았다고 할 수 있고, 통속문학은 민간대중의 환영을 받았다. 특히 돈황변문은 당대 민간의 강창문학은 전통문학의 기초 위에서 변화 발전해온 새로운 문체라고 할 수 있다. 변문의 특징은 언어가 구어체로 통속적이고, 운문과 산문이 결합되어있고 불경을 소재로 하고 있으며, 당나라 때 전해오는 민간의 강창에는 화본, 강창, 俗賦, 詞 등의 3문체가 있었는데, 이 세 문체의 출현은 중국 강창문학의 새 지평을 이루게 된다. 송, 원 이래의 話本, 諸宮調, 寶卷, 彈詞의 문학양식은 변문과 밀접한 관계를 갖고 있다.

변문이라는 강창문학이 왜 당나라 때 나타난 것일까? 그것은 당시의 사회경제의 발전과 문화의 번영과 사상의 발전에서 나타난 결과였다고 생각한다. 그러한 결과로 나타난 변문은 불교와의 관계에서 시작된 것이라고 볼 수 있다. 위에서도 언급했지만, 중국 전래 이래 널리 유행되었던 불교는 魏, 晋시대에 이미 전독, 창도 등의 강경형식이 나타나서 통속적인 宣講으로 잡서인연과 傍引譬喻를 통해서 불교교의를 가창방식으로 민간화 하여 사회에 포교해 나갔다. 당대에는 사원에서의 강경이 성행되어 짐에 따라 통속화는 더욱 가속되어 속강형식이 나타나고 속강스님을 육성하고, 문학적 의미가 풍부한 경전내용을 통속적으로 기술하여 강창형식을 이용해서 속강했다고 한다. 이같은 속강 대본이 변문이며, 이러한 변문은 대중의 환영을 받았고, 당의 중기에서 말기까지 장안의 많은 사찰에서 속강을 했다고 한다. 당시 속강상황을 시인 韓愈는

> "거리마다 불경을 강창하고 종소리, 피리소리로 궁정이 시끄럽다"12)

위의 소개한 간단한 시는 당시 속강상황을 잘 나타내고 있다고 생각한다. 속강변문이 대중을 접촉하면서 점진적으로 불교교의를 전달하는 본래의 의미를 이탈하는 현상이 나타난다. 그것은 직업적인 민간인이 등장해서 속강하는 것이다. 그들은 재미있는 민간전설, 역사적인 내용, 현실생활을 주제로 하는 변문을 만들어 사용했다고 하는데 이는 불교교의의 포교방법으로 활용된 변문이 민속문학으로 전이되는 과정이라고 할 수 있다.

변문의 발생은 唐전기 7세기 말경으로 추정하고 널리 알려진 속강대사는 文溆이라고 한다. 문숙은 불경을 잘 읊었는데 목소리가 곱고 카랑카랑하여 사람들을 감동시켰다고 한다. 당의 敬宗이 문숙의 속강을 참관할 만큼 속강대사 문숙의 속강이 유명했다고 할 수 있다. 그러나 문숙도 불교교의에서 벗어난 속강으로 문인들에게 비난을 받기도 했다.

---

12) 韓愈 "華山女", "街東街西講佛經, 撞鐘螺開宮廷"

중국에서 변문을 최초로 정리한 사람은 羅振玉이다. 그는 『敦煌零拾』에서 "佛曲三種"이라고 표현하고 불곡 3종을 수록했는데 여기서 나진옥이 변문을 佛曲으로 지칭했다는 것을 후에 알게 된다. 후에 변문제목이 있는 사본이 발견되는데 『降魔变文』, 『大目乾連冥間救母変文』, 『舜子至孝変文』, 『八相成道変』 등으로 변문이라는 제목이 있는 사본이다. 이 사본발견으로 인해서 나진옥이 지칭한 佛曲은 변문이었다는 것을 알게 되었고, 변문은 일종의 새로운 문체였다는 것을 알게 되었다고 한다.

唐代에는 이미 민간문학에서도 변문연구가 진행되었음을 볼 수 있고, 뒤에 출판된 『敦煌変文滙錄』, 『敦煌変文集』은 변문연구의 자료집으로 알려있다.

돈황장서 중 문학과 관계있는 자료가 많은데 講唱體작품이 많다. 그리고 그 강창체 작품내용은 佛典을 소재로 하지만, 민간전래의 전설, 설화, 역사적인 내용을 소재로 하기도 했다.

특히 돈황변문집에 수록된 78편의 변문은 그 제명이 다양한 것을 볼 수 있는데 変, 講經文, 因緣, 緣, 緣起, 傳文, 傳, 詞文, 話, 詩, 記, 詩詠, 書, 賦, 吟, 論 등이며 이를 통칭 변문이라고 전한다. 이런 변문이 나타남에 따라서 돈황문학의 형식과 내용이 중국 민속문학의 전개발전에 커다란 영향을 주었다고 생각한다.

돈황변문 중 변문으로 분류된 8종류 중에서 "大目乾連冥間救母変文" 이 6종이 되는데 이는 시사하는 바가 크다고 생각한다. 목련변문은 현재도 불교에서 孝사상을 장려하는 대표적인 가르침으로 한국사찰에서는 매년 정성스럽게 백중 조상천도의식을 수행한다.

인도 전래의 목련구모설화 즉 불교의 우란분이 중국도교의 3官신앙과 3元 중 밭농사 收穫祭인 中元(음력 7월 15일)과 결합되어 중국의 효사상이 극대화한 것으로 전한다.

"大目乾連冥間救母变文"은 佛 在世時 제자 목련의 재속 출가시의 이름 나복의 출가연기를 서술한다. 그러나 "목련연기"는 설화적 구성이 복잡하면서 흥미가 깊어진다. "목련보권"이 민간에 널리 회자되면서 효행장려 테마가 부각되어졌다고 할 수 있다. 이는 육조시대에서 시작되어 당대성행을 이룬 지옥사상에 관계되어 지옥공포의 묘사가 결합 된 것이 "목련변문"이었다고 생각한다.

이상에서 간단하게 변문에 대해서 기술해 보았다. 변문의 기원은 인도기원과 중국 한자석의에 있다고 하는데 목련변문은 인도기원인 것임을 확인 할 수 있었다. 변문이 중국 민속문학의 전개발전에 역할이 지대했음은 물론 불교교의의 대중적 접근으로는 강창적 방법을 활용했기 때문에 창도문학에서는 강창, 송영 등이 중요한 위치를 점하고 있다고 생각한다.

Ⅲ. 결론

이상에서 창도문학을 불교교의의 대중적 접근에 관심을 두고 살펴보았다. 불교가 중국에 전래된 이후 불교의 중국적 정착과정을 통해서 특히 대중적인 포교방법이 무엇이었을까 라고 생각해 보았을 때 창도에 관심을 갖게 되었다. 사실 창도에 대한 해석은 많다. 창도를 설교라고도 할 수 있고, 포교, 또는 설법이라고도 한다. 그러한 해석이 틀린다고 할 수 없는 것도 사실이다. 창도는 창도의 조건을 갖춘 창도사가 불교교의를 쉽게 전하기 위하여 정해진 대본을 창도하는 것으로부터 시작되었다. 처음에는 불교교의를 소재로 했지만 후대에는 역사적인 내용 전승설화도 소재로 창도했다고 한다. 시대의 변천과 함께 창도문화도 많은 변천이 있었던 것도 사실이고 후대에 이르러서는 창도사의 자질변화문제를 비판하는 설이 나타나기도 했다. 비록 현재 창도사를 비롯한 창도는 전하지는 않지만 현재까지 불교를 수용하는 곳에서 창도의 맥을 문학에서 발견할 수 있다고 생각하는데 그것은 불교문학에 있다고 생각된다. 강창문학, 송영문학이 그것이라고 생각하며, 변문과 변상은 사찰의 각종 제의식을 통해서 창도의 요소가 남아 전해지고 있음을 볼 수 있다. 하지만 현행 각종 제의식을 통해서 창도의 의미를 이해하기에는 쉽지 않다. 왜냐면 의식의 내용이 대중화되어있지 않기 때문이다. 대표적으로 영산제에는 창도적인 요소를 많이 포함하고 있지만 오히려 일반대중은 그 내용에 쉽게 접근하기 어려운 상황이라고 생각된다.

일찍이 唱導는 불교의 종합 예술적인 포교였다고 생각한다. 불교교의의 대중화를 위한 포교방법으로 음율과 몸짓을 통한 무용적 표현과, 교의의 전달을 위해서 쉽고 재미있는 설법내용으로 대중에게 접근했다는 의미에서 불교포교를 위한 종합예술이라는 표현을 해 보았다. 이때의 唱導師는 경전내용에서 벗어나 쉽고 통속적인 방법으로 법을 설하는 것이 특징이었다고 한다. 즉 불타의 깨달음의 내용을 대중이 쉽게 이해 할 수 있도록 소재를 선택하고, 轉讀, 講經 등의 설화를 이용해서 시각, 청각적인 효과를 낼 수 있는 방법을 이용했다고 할 수 있는데 현대적인 표현을 한다면 시청각을 동원한 설법이라고 생각한다. 더 쉽게 표현을 한다면 불교교의의 눈높이를 대중에 맞추어서 포교한다는 것이다. 중국 불교사상 창도를 통한 대중교화운동은 東晋시대이전부터 시작해서 隨나라, 唐나라 때까지 계속되었다. 대중화운동에 참여한 창도사(포교사)의 명칭은 經師, 唱導師, 說法師, 俗講師, 化俗法師, 流行僧, 邑師, 社僧 등 다양하게 전해지고 있으며, 그들의 역할에 약간의 차이를 발견 할 수 있었다. 여기서 說法師, 화속법사는 대중교화를 목적으로 하는 창도사를 뜻하고, 邑師는 재가불교 信行단체를 지도하는 스님을 뜻한다. 그들이 사용한 포교방법은 대체로 시각적 포교, 청각적 포교, 일반포교의 방법을 이용했다고 할 수 있다.

창도는 轉讀, 讚唄, 講經 3과로 이루어진다. 전독은 문장의 한 구절을 계속 염송 하는 것이며, 讀經, 轉經, 誦經, 諷經이라고도 한다. 전독은 주술적인 공덕이 강조되어있기 때문에 많은 불자들이 정성을 모아서 念誦하고, 자신이 신앙하는 경구를 몸에 지니는 신자도 있었다고 한다. 讚唄는 범패, 梵音, 聲明, 天音, 漁梵 魚唄라고 해서 律文的인 唱詠을 말한다. 포교하는 스님 중에는 전독과 찬패를 주로 하는 經師가 있었으며, 강경은 경전에 나타난 설화를 강연하는 것이다. 결국 창도는 송경과 율문적 唱詠을하는데 唱詠 할 때는 악기의 반주에 맞추어서 노래하고, 경전내용 중심의 강연으로 흥겹고 자유롭게 전달하는 재능이 풍부한 스님들의 기록을 접할 수 있다. 이상과 같이 창도가 불교교의를 대중에게 재미있고 쉽게 이해시켜 주는 것을 목적으로 한다면, 창도의 대본에서 사용된 경전을 소재로 한 내용 즉 불교경전은 廣義적인 의미로 창도문학이라고 할 수 있을까?

지금까지 창도문학을 중심으로 한 불교교의의 대중적 접근에 대해서 고찰했는데 그 내용을 정리하면 다음과 같다. 첫째, 창도의 인도 起源설에 필자도 의견이 같다고 생각하는데 그 이유는 불교경전의 서술에 근거를 둔다. 경전의 서술은 산문과 운문이 병용되고, 특히 운문을 통해서 창도표현의 가능성이 있고 실지로 범패, 범음이라는 불교음악의 기원을 인도에서 찾는 것과 맥락을 같이한다고 생각한다. 둘째, 불교의 중국 전래와 더불어 창도는 불교교의의 대중적 포교방법으로 성행했기 때문에 중국에서는 漢語釋義라는 의미로 해석한 경우도 있지만, 이는 창도의 중국에서 발전하고 성행한 결과로 창도는 중국에서 널리 활용된 포교방법이라고 생각한다. 그런 의미에서 필자는 창도를 불교포교를 위한 종합예술이라는 정의를 한 것이다. 셋째, 창도의 중심은 어디까지나 불교경전의 내용을 소재로 한 것으로 이를 광의의 불교문학이라고 할 수 있다고 생각한다. 더욱 주목되는 것은 돈황변문의 영향이다. 변문의 발견은 중국 민속문학의 발전에 지대한 영향을 주었다. 대표적인 법문인 『우란분경』으로 목련구모 설화는 이미 부처님 재세시 설화가 원류지만 이는 변문을 통해서 민중에 널리 회자되었고, 현대까지도 조상숭배와 효사상을 권장하고 계승하는 중요한 의식으로 남아있다. 이상과 같이 정리 할 수 있다고 생각한다. 창도를 통해서 불교교의를 전달하고 포교하는 의미에 대해서 고찰했는데 창도가 대중적 접근방법으로 수용된 포교의 한 방법이었던 점에는 틀림이 없었다고 할 수 있으며, 그러나 필자는 창도의 정의를 넓은 의미로는 불교포교를 위한 종합예술이라고 할 수 있으나 창도의 핵심은 문학이며 그것을 창도문학이라고 정의한다. 불교문학에서 송영과 강창은 창도의 대표적인 위치를 점하고 있으며, 각종 齊의식에 전해지는 창도는 좀더 대중적인 변화를 필요로 한다고 생각된다. 또한 창도문학은 변문을 통해서 각종 민속과 결합해서 민속문학의 장르발전에도 지대한 영향을 미쳤기 때문에 그 부분에 대한 연구도 계속되어져야 할 부분이라고 생각된다.

[參考文獻]

1.『大正藏』, 卷 40.

2.『大正藏』, 卷 50.

3. 鎌田茂雄,『中國佛敎史』卷1, 동경대학 출판회, 1982.

4. 橫超慧日, S.56,『中國の佛敎』, 大藏출판주식회사.

5. 關山和夫,『庶民藝術と佛敎』, 대장출판, 2002.

6. 水野弘元,『經典その成立と展開』, 佼成출판사, 1980.

7. 山崎ひろし, S.42,『隋唐佛敎史の研究』, 法藏館.

8. 岩本裕, S.53,『佛敎說話の原流と展開』, 開明書院.

9. 田上太秀,『釋尊 の譬喩と說話』, 第三文明社, 1981.

10. 滋野井恬, S.48,『唐代佛敎史論』, 平樂寺書店.

11. 福井文雅,岡本天晴譯, S.56,『佛敎と中國社會』. 金花舍.

12. 伊藤唯眞, S.59,『佛敎と民俗宗敎』, 國書刊行會.

13. 五來重, S.51,『佛敎と民俗』, 角川書店.

14. 福田晃, 廣田哲通編,『唱導文學研究』5集, 三彌井書店, 2007.

15. 花岡大學,『佛敎文學』, 集英社, 1987.

16. 間中富士子,『佛敎文學入門』, 세계성전간행협회, 1982.

17. 사재동,『한국문학유통사의연구Ⅱ』, 중앙인문사, 1999.

18. 김운학,『불교문학의 이론』, 일지사, 1981.

19.「佛敎藝能と法華經」,『國文學解釋と鑑賞』790, 至文堂, 平成 9년.

20. 加地哲也,『中國佛敎文學研究』, 同朋社出版, 1979.